금융소비자보호의 이해와 관리

원대식
·
박종철
·
김민정

박영사

금융상품이 다양해지고 복잡해짐에 따라 금융소비자보호에 대한 이슈들이 많아지고 이에 따른 금융소비자보호 문제는 점점 더 그 중요성이 커지고 있다. 최근에는 전통 금융자산뿐만 아니라 가상자산으로 불리는 디지털 금융자산의 등장으로 관련 금융상품에 투자하는 금융소비자는 더욱 큰 혼란에 빠지게 되었다.

금융정책당국에서도 그동안의 「금융소비자보호 모범규준」에 의한 금융소비자보호에서 벗어나 금융소비자보호에 대한 법적 체계를 갖추고자 「금융소비자보호에 관한 법률」을 2020년 3월 24일자로 제정하고, 2021년 12월 30일자로 시행하였다.

동 법은 금융소비자의 권익 증진과 금융상품판매업 및 금융상품자문업의 건전한 시장질서 구축을 위하여 금융상품판매업자 및 금융상품자문업자의 영업에 관한 준수사항과 금융소비자 권익 보호를 위한 금융소비자정책 및 금융분쟁조정절차 등에 관한 사항을 규정함으로써 금융소비자보호의 실효성을 높이고 국민경제 발전에 이바지한다는 목적을 명확히 밝히고 있다.

금융감독당국 및 각 금융기관은 금융소비자보호 전담부서를 설치하여 금융소비자보호를 강화하고 있지만, 금융소비자보호의 문제는 현재 진행형으로 금융소비자보호에 대해 더욱 세밀하고 정교한 이론적 근거와 방법이 마련될 필요가 있다.

저자들은 금융업 등에 종사하는 분들이 금융소비자보호 및 금융소비자 관리방안에 대한 이론과 실제 감독기관 및 금융회사에서 이루어지고 있는 금융소비자 관리업무를 충분히 이해할 수 있도록 하고, 향후 금융회사 진출을 희망하는 취업준비생들이 금융소비자보호에 필요한 이론과 지식을 함양할 수 있도록 하는 데 목적을 두고 이 책을 저술했다.

본서는 우리나라의 금융시장 및 금융소비자보호제도는 물론 금융상품 및 금융시장의 메커니즘을 상세하게 설명하고, 금융시장에서 나타나는 다양한 소비자 문제를 다루고 있으며, 금융회사에서 금융소비자보호 업무를 어떻게 실질적으로 수행하는지를 자세히 보여주고 있다. 또한 금융소비자와 금융회사의 상호관계를 이해하는

데 도움을 주고자 관련 내용을 충실히 서술하여, 금융기관 취업 시 금융소비자보호 업무를 수행하는 데 필요한 이론과 실무지식을 함양할 수 있도록 하였다.

저자들은 금융감독원 및 금융기관에서 수십년간 금융감독 및 금융소비자보호 업무를 수행하였으며, 현재 금융감독원에서 사용하고 있는 「금융소비자실태평가제도」를 직접 만든 경력 및 유수의 대학 및 기관에서 금융 및 금융소비자보호 과목을 강의한 경험을 바탕으로 본 도서를 저술하여 실무적인 지식을 제공하고자 한다.

금융기관은 금융소비자가 없으면 결코 존재할 수 없다. 본서가 금융소비자보호 업무에 체계적으로 활용되어 금융기관과 금융소비자가 상생할 수 있도록 하는 방안을 마련하는 데 토대가 되었으면 하는 마음이 무엇보다도 간절하며, 독자들의 많은 성원을 기대한다.

끝으로 바쁜 출판 일정 속에서도 흔쾌히 본서의 출판을 마다하지 않으신 박영사의 안종만·안상준 대표님과 성균관대학교 손지현 학생을 비롯한 여러 관계자분에게 감사의 말씀을 드린다.

2023년 8월
저자들을 대표하여 경제학박사 원대식

사례연구

내가 골드만 삭스를 떠나는 이유, Greg Smith[1]

오늘은 골드만 삭스에서의 마지막 날입니다.

스탠포드에서 여름 인턴으로, 다음에는 뉴욕에서 12년, 그리고 런던에서 거의 10년을 보낸 후, 저는 골드만 삭스의 기업문화, 임직원, 정체성을 이해할 수 있을 만큼 오랫동안 일했다고 생각하지만, 작금의 회사경영방식이 제가 경험한 이래로 가장 해롭다고 고백합니다.

현재의 문제를 간단하게 표현하자면, 회사의 경영과 영업방식에서 고객의 이익은 지속적으로 외면당하고 있습니다. 골드만 삭스는 세계에서 가장 크고 중요한 투자 은행(Investment Banking) 중 하나이므로 이러한 회사 운영방식은 글로벌 금융시장에 전혀 도움이 되지 않습니다. 지금의 회사는 제가 대학졸업 후 즉시 입사한 그 당시의 회사와 너무나 다르게 변해버렸습니다.

건전한 기업문화는 골드만 삭스에서의 성공에 있어서 항상 가장 중요한 요소였으며, 팀워크, 성실·겸손의 정신, 그리고 항상 고객에게 올바른 일을 하는 것을 중심으로 구성되었습니다. 이런 기업문화는 골드만 삭스를 위대하게 만들고 143년 동안 고객의 신뢰를 얻을 수 있게 해준 비밀 요소였습니다. 단순히 돈을 버는 것만으로는 회사가 지속성장할 수 없으며, 조직에 대한 자부심과 믿음에 기반을 둔 기업문화가 중요합니다. 제가 수년 동안 이 회사에서 근무하는 것을 좋아하게 만든 훌륭한 기업문화의 흔적이 사라졌다는 점이 슬프게 하며, 저는 회사에 대해 더 이상 자부심이나 믿음이 없습니다.

10년 넘게 저는 힘든 면접 과정을 통해 후보자를 모집하고 멘토링했으며, 전 세계 모든 대학 캠퍼스에서 활용하는 채용 비디오에 출연할 10명 중 한 명으로 선정되기도 했습니다.

2006년 뉴욕에서 80명 대학생을 위한 영업 및 운용 분야의 여름 인턴 프로그램을 관리했는데, 지원한 수천 명 대학생들의 눈을 바라보며 골드만 삭스가 일하기 좋은 기업이라고 말할 수 없다는 것을 깨달았으며, 제가 떠날 때라는 것을 인식했습니다.

미래에 골드만 삭스의 역사책이 쓰여진다면, 현재 최고 경영자인 로이드 C. 블랭크 페인(Lloyd C. Blankfein)과 게리 콘(Gary D. Cohn) 사장이 회사의 문화를 무참히 버렸다고 기술될 것입니다. 저는 이러한 도덕적으로 무감각한 상황이 회사의 지속가능성에 심각한 위협이 된다고 진심으로 믿습니다.

저는 지구상에서 가장 큰 2개 헤지펀드, 미국에서 가장 큰 5개 자산운용사, 중동과 아시아에서 가장 유명한 3개 국부펀드의 자문을 제공하는 특권을 누렸으며, 1조 달러가 넘는 고객자산(AUM)을 관리했고, 회사에게 작은 수익을 창출하더라도 고객에게 항상 올바른 일을 하도록 조언하는 데 자부심을 가지고 있었지만, 이런 생각은 골드만 삭스에서 점점 인기를 잃고 있습니다.

떠날 시간이라는 또 다른 신호는 리더십과 관련됩니다. 회사는 리더십에 대한 생각을 바꿨습니다. 리더십은 아이디어, 모범, 올바른 일에 관한 것이었지만, 요즘은 회사를 위해 많은 수익을 창출하기만 하면(그리고 현재 도끼 살인자가 아니라면) 영향력 있는 위치로 승진됩니다.

리더가 되는 세 가지 빠른 방법은 무엇입니까?
a) 골드만이 말하는 회사의 "축(Axis)"을 실행하라.
  고객의 잠재적 이익이 많지 않으므로 포지션을 축소하려는 주식이나 기타 투자상품에도 투자하도록 설득하라.
b) "코끼리 사냥(Hunt Elephants)"하라.
  골드만 삭스에 가장 큰 이익을 가져다줄 수 있는 것은 고객들이 무엇이든 거래하도록 하라.
c) 세 글자의 약어로 유동성이 떨어지고 불투명한 투자상품을 거래하는 자리에 앉아 있는 당신을 찾아라.

오늘날 이러한 리더는 정확히 0%의 골드만 삭스 문화 지수를 보여줍니다. 파생 상품 판매 회의에 참석하곤 하는데, 이 회의에서 고객을 도울 수 있는 방법에 대해 질문하는 데 단 1분도 할애하지 않고, 온전히 우리가 그들로부터 최대한의 돈을 벌 수 있는 방법에 관한 내용만 다룹니다. 당신이 화성에서 온 외계인이고 이러한 회의 중 하나에 참석했다면 고객의 성공이나 발전이 회의 주제가 아니라고 믿을 것입니다. 회의에 참석한 임직원들이 고객을 찢어 버리는 것(ripping their clients off)에 대해 얼마나 냉담하게 이야기하는지 저는 너무 마음이 아팠습니다.

지난 12개월 동안 저는 다섯 명의 전무이사들이 자신들의 고객을 "머펫(muppets)"이라고 말하거나 내부 이메일로 언급하는 것을 목격했으며, 이제 정직성(Integrity)은 무시되고 있습니다. 임직원들은 고객의 목표와 가장 직접적으로 일치하는 투자가 아니더라도 고객을 설득합니다.

고객이 당신을 신뢰하지 않으면 결국 당신과의 거래를 중단할 것이라는 가장 기본적인 진실을 고위 경영진이 무시한다는 사실에 놀랐습니다.

요즘 파생 상품에 대해 주니어 애널리스트로부터 가장 많이 받는 질문은 "고객으로부터 얼마나 많은 돈을 벌었습니까?"입니다. 회사 상사들이 그들에게 그렇게 행동하기를 원하기 때문에 그렇게 질문하므로 그런 말을 들을 때마다 저는 괴롭습니다.

이제 10년 후의 미래를 계획하십시오: 주니어 애널리스트가 "머펫(muppets)," "눈알을 찢어 버리는 것(ripping eyeballs out)," "돈을 받는 것(getting paid)"을 이해하기 위해 로켓 과학자(rocket scientist)가 될 필요는 없습니다.

1년차 애널리스트였을 때는 화장실이 어디인지, 신발끈을 어떻게 묶어야 하는지도 몰랐지만, 파생상품, 금융 및 고객을 이해하고 그들이 성공하는데 우리가 할 수 있는 일을 배우는 데 관심을 가지도록 교육받았습니다.

인생에서 가장 자랑스러운 순간 - 남아프리카 공화국에서 스탠포드 대학으로 전액 장학금을 받은 것, 로즈 장학생 전국 결선 진출자로 선정된 것, 유대인 올림픽으로 알려진 이스라엘의 마카비아 게임에서 탁구 동메달을 딴 것 - 은 모두 열심히 노력한 결과입니다. 오늘날 골드만 삭스는 성취감보다는 손쉬운 방법에 대해서만 생각하는데, 옳지 않다고 생각합니다.

  이 글이 이사회에 경종을 울릴 수 있기를 바라며, 고객을 다시 비즈니스의 중심에 두십시오. 고객이 없으면 돈을 벌 수 없으며, 여러분도 존재하지 않을 것입니다. 비도덕적인 임직원들이 회사를 위해 많은 돈을 벌어오더라도 그들을 내치고, 기업문화를 다시 바로잡아 임직원들이 올바른 이유로 여기에서 일하도록 하십시오. 돈을 버는 데만 관심이 있는 임직원들은 회사를 지속성장하게 하거나 고객 신뢰를 오래동안 유지하게 할 수 없습니다.

  오늘 Greg Smith는 골드만 삭스 전무이사 겸 유럽·중동 및 아프리카 지역의 미국 주식·파생상품사업 이사직을 사임합니다.

Contents

2000년 후반, 미국발 금융위기와 더불어 일련의 금융사고가 발생하고 금융소비자 피해가 가시화되자 금융소비자보호 강화가 금융산업의 중요 이슈로 떠올랐다. 금융소비자보호란 과연 무엇이며 왜 필요할까? 금융전문가라면 이에 대한 답변이 마련되어 있어야 할 것이다. 나아가 금융소비자보호를 위해 어떤 실천방안이 있으며, 관련 규제 및 그 내용은 무엇인지를 숙지하여 금융 분쟁을 예방하는 자세가 필요하다.

제1장

금융소비자보호의
필요성

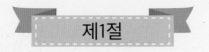

금융소비자보호의 개념

1 금융과 금융소비자

금융(金融)은 '자금의 융통'을 줄인 말로 일반적으로 돈을 빌려주고 빌리는 활동을 의미한다. 자금공급자는 이자 등을 조건으로 자금수요자에게 돈을 대여해주고, 자금수요자는 지급해야 할 이자 이상의 수익을 기대하며 돈을 빌린다. 한편, 금융산업이 성장하면서 금융의 범위는 단순히 돈을 빌리고 빌려주는 데에 그치지 않고, 자금공급자가 자금수요자를 통해 직접적으로 자금의 운용에 참여하여 더 높은 수익을 추구할 수 있도록 다양한 상품과 서비스를 제공하고 있다. 또한 일상의 다양한 위험이 금융소비자의 재무생활에 나쁜 영향을 미치지 않도록 해당 위험의 발생으로 인한 재무적 손실을 최소화하거나 보상하는 서비스도 다양하게 제공하고 있다. 최근에는 급속도로 발전하고 있는 IT기술을 통해 핀테크(FinTech)라 불리는 다양한 디지털 금융서비스가 결제, 송금, P2P, 로보어드바이저 등의 형태로 등장함에 따라 더욱 빠른 속도로 금융생활이 편리해지고 있다.

그러나 이러한 금융산업의 성장과 변화는 금융소비자들에게 금융소외와 금융의사결정의 어려움을 초래하기도 한다. 금융소외란 금융소비자가 자신의 필요에 맞는 금융상품과 서비스를 적절한 방법으로 이용하지 못하여 자신의 금융적 니즈를 충족시키지 못하고 있는 것을 의미한다. 금융소비자가 금융시장에서 소외되는 이유로서 금융상품에 대한 접근을 어렵게 하는 지리적, 경제적 요인들이 지적되었으나, 최근에는 신용제약이나 금융시스템의 구조로 인한 소외, 금융소비자의 낮은 역량이나 금융시장 및 산업에 대한 신뢰 부족 등이 주요 요인으로 꼽히고 있다. 이러한 금융소외는 금융시장으로부터의 혜택을 양극화시키는 것은 물론, 소외된 금융소비자들이 정교해진 금융사기나 범죄의 대상이 되도록 하는 요인이 되어 회복할 수 없는 경제적 피해를 초래하기도 한다.

금융의사결정의 어려움도 금융시스템이 복잡해진 데 따른 문제점으로 꼽힌다. 복잡한 금융환경 속에서 금융소비자들은 스스로 금융거래의 실질적인 가치를 판단하고 의사결정을 하는 데 어려움을 겪고 있다. 이로 인하여 금융소비자들이 금융회사 및 금융전문가에게 더욱 의존하게 되고, 반대로 금융거래와 관련한 피해가 발생할 경우 금융회사에게 강한 책임을 묻는 경우도 증가하고 있다.

　　금융소비자들의 펀드 투자에 대한 책임의식을 분석한 연구에 따르면[2], 소비자들이 펀드 투자 시 인식하는 자기책임의 비율이 평균적으로 63.11%인 것으로 나타났다. 그 외 나머지에 대해서는 금융회사나 금융회사 직원의 책임으로 인식하고 있었다.

표 1.1　금융소비자의 펀드투자에 대한 자기책임 인식 수준

응 답	인원(명)	백분율(%)
0%	35	0.6
1~10%	166	2.9
11~30%	462	8.0
31~49%	185	3.2
50%	**1,622**	**28.1**
51~70%	1,306	22.7
71~90%	1,463	25.4
91~99%	119	2.1
100%	**406**	**7.0**
소계	5,764	100

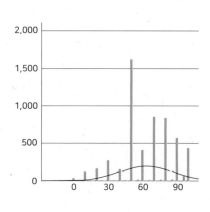

- 평균: 63.11%

(출처: 강지영·최현자, 2021)

　　본래 투자와 관련하여 불법적인 사항이 없다면 투자 의사결정에 대한 책임은 금융소비자에게 100% 귀속되지만, 실제 금융소비자들은 이보다 훨씬 낮은 수준으로 자기 책임을 인식하고 있는 것이다. 이러한 결과는 금융소비자들이 자기책임을 인식할 수 있도록 해야 한다는 결론으로 이어질 수도 있다. 하지만 나날이 복잡해져가는 금융환경을 고려할 때 금융회사에 의존하여 금융상품을 선택할 수밖에 없는 상황과 금융소비자들의 입장을 고려한다면 실질적으로 금융소비자를 보호할 수 있는 방법은 무엇인지 고민이 필요할 것이다.

　　금융회사에서 근무하는 직원도 자신이 속하지 않은 금융영역에서는 금융소비

자이다. 전직을 하거나 은퇴한 후에는 오로지 금융소비자로서 거래를 하게 된다. 그렇다면 우리는 금융소비자로서 어떠한 보호를 받을 필요가 있을까?

2 금융소비자보호의 개념

금융소비자보호란 무엇일까? 금융소비자보호를 판매현장에 적용하기 위해서는 금융소비자의 개념에 대한 명확한 이해가 필요하다.

1) 금융소비자

「소비자기본법」에 의하면 소비자(consumer)는 '사업자가 제공하는 물품(goods) 또는 용역(service)을 소비생활을 위하여 사용하거나, 생산활동을 위하여 사용하는 자'를 말한다. 「금융소비자보호에 관한 법률(이하 '금융소비자보호법')」에서는 금융소비자를 '금융상품에 관한 계약의 체결 또는 계약 체결의 권유를 하거나 청약을 받는 것에 관한 금융상품판매업자의 거래상대방 또는 금융상품자문업자의 자문업무의 상대방인 전문금융소비자 또는 일반금융소비자'라고 지칭하고 있다.

이러한 정의를 풀어보면 금융소비자는 '개인 또는 법인을 불문하고 금융회사와 직접·간접적으로 금융서비스, 금융상품 및 자문계약 체결 등의 거래를 하는 상대방'으로 정의할 수 있다. 금융소비자에는 은행의 예금자, 금융투자회사의 투자자, 보험회사의 보험계약자, 신용카드사의 신용카드 이용자 등 금융회사와 거래하고 있는 당사자뿐만 아니라 잠재적으로 금융회사의 상품이나 서비스를 이용하고자 하는 자도 포함된다[3].

금융소비자보호법에서는 금융소비자를 전문금융소비자와 일반금융소비자로 구분하여 보호의 강도를 달리하고 있다. 전문금융소비자는 금융상품에 관한 전문성 또는 소유자산규모 등에 비추어 금융상품 계약에 따른 위험감수능력이 있는 금융소비자로서, 한국은행, 금융회사, 한국거래소 등에 상장된 법인 등이 이에 해당한다. 그러나 전문금융소비자 중에서도 규모가 다소 영세하거나 전문투자자로 등록한 개인 등 금융소비자보호법에서 지정하는 일부 대상이 스스로 일반금융소비자와 같은 대우를 받겠다는 의사를 금융회사에 알리는 경우 일반금융소비자로서의 보호를 받을 수 있다.

표 1.2 금융소비자의 범위

구분		기준	비고
광의의 금융 소비자	전문 금융소비자	전문예금자, 전문대출채무자, 전문투자자, 전문보험계약자 (예: 국가, 금융회사 등)	전문거래자 중 금융소비자보호법 시행령으로 정하는 자에 한하여 일반소비자로 전환 가능
	일반 금융소비자	전문금융소비자 이외의 자 (예: 개인, 중소법인 등)	협의의 금융소비자: 주된 보호대상

영국의 「금융서비스 및 시장법(Financial Service and Market Act)」에서도 '은행 증권 보험 등 금융당국의 규제대상이 되는 업무를 수행하는 자가 제공하는 서비스를 현재 이용하고 있거나 과거에 이용했거나, 향후 이용할 계획 등이 있는 자'를 금융소비자로 지칭하고 있다. 정리해보면 금융소비자보호의 대상은 주로 일반금융소비자이며 전문금융소비자에 대한 과도한 보호는 오히려 시장의 비효율성을 초래할 수도 있다.

2) 보호

다음으로 금융소비자보호의 개념에서 '보호'를 무엇으로 정의하는가도 중요하다. 단순히 금융회사에 비해 열위에 있는 금융소비자의 위치를 공정한 거래가 가능하도록 보완해 주는 것을 의미하는지, 혹은 금융소비자의 이익을 적극적으로 증진시키는 것인지 등 그 개념에 따라 금융소비자보호를 위한 규제와 제도는 크게 달라질 것이기 때문이다.

김병연(2009)[4]은 금융소비자보호를 3국면으로 나누고 현재 세계적인 금융소비자보호 추세가 소극적 보호 수준에서 적극적 보호 수준으로 나아가고 있다고 평가하였다. 제1국면은 금융질서의 확립을 통해 소비자를 보호하는 것으로 이해상충 문제를 해결하고 시장교란 요인을 없앰으로써 소비자가 부당하게 피해를 보지 않도록 방지하는 한편, 시장규율을 확립하여 소비자 신뢰 및 합리적 선택을 제고하고 금융기관 파산 후의 구제조치를 명확히 하는 형태이다. 제2국면은 공정거래를 확립하는 것으로 담합이나 독과점 행위를 규제하여 불합리한 가격이 책정되지 않도록 하고 부당광고 행위의 적발, 끼워팔기 행위 억제 등 공정계약이 이루어지게 하여 피해를 방지하는 것을 의미한다. 제3국면은 소비자의 7대 기본 권리를 보호하는 것으로, 소비자의 권리 보장을 위해 어떠한 조치와 노력이 필요한지 보다 포괄적으로 근본적으로 접근하는 국면이다. 소비자의 안전할 권리, 알 권리, 선택할 권리, 피해보상을 받을 권리는 물론 소비자의 의견이 시장에 적극적으로 반영될 수 있도록 하고 나아가 소비자가 역량을 갖출 수 있도록 교육을 제공할 수 있도록 노력해야 한다. 소비자의 권리를 보장한다는 것은 이러한 권리 행사가 가능한 소비자 친화적인 시장 환경을 조성되어야 한다는 것을 의미하므로 정부와 생산자 등 다른 시장참여자에게는 관련한 책임과 의무가 부과될 수 있다.

지금 세계 각국의 금융소비자보호 국면은 첫 번째, 두 번째 국면에서 점점 세 번째 국면으로 바뀌어 가고 있으므로, 금융소비자권리가 무엇인지 살펴 이를 실현할 수 있는 금융시장환경을 조성하는 것이 금융소비자보호이자 중요한 과제가 될 것이다.

표 1.3 금융소비자보호의 3국면

제1국면 <금융질서>	제2국면 <공정거래>	제3국면 <소비자의 기본권리>
이해상충문제 해소, 시장교란요인 제거, 시장규율확립 금융기관 파산 후 구제조치	담합행위 근절 독과점가격결정행위 구축 부당광고행위 적발 끼워팔기 행위 억제 불공정계약 방지를 통한 소비자보호	알 권리 선택할 권리 의견을 반영할 권리 피해보상을 받을 권리 교육받을 권리 안전할 권리

(출처: 김병연, 2009)

금융소비자보호법은 금융소비자의 기본적 권리로 6개의 권리를 열거하고 있다. 첫째, 금융상품판매업자 등의 위법한 영업행위로 인한 재산상 손해로부터 보호받을 권리, 둘째, 금융상품을 선택하고 소비하는 과정에서 필요한 지식 및 정보를 제공받을 권리, 셋째, 금융소비생활에 영향을 주는 국가 및 지방자치단체의 정책에 대하여 의견을 반영시킬 권리, 넷째, 금융상품의 소비로 인하여 입은 피해에 대하여 신속·공정한 절차에 따라 적절한 보상을 받을 권리, 다섯째, 합리적인 금융소비생활을 위하여 필요한 교육을 받을 권리, 여섯째, 금융소비자 스스로의 권익을 증진하기 위하여 단체를 조직하고 이를 통하여 활동할 수 있는 권리이다. 이러한 권리가 실현되기 위해 구체적으로 필요한 조건들이 무엇인지 금융시장의 현 상황을 고려하여 도출해 본다면 금융소비자보호를 위한 각종 정책과 제도의 의미를 이해할 수 있을 것이다.

3 금융소비자보호의 목적

금융소비자보호는 소비자의 관점에서 금융시장의 불균형을 시정하여 소비자들이 금융기관과 공정하게 협상할 수 있는 기반을 확보하고, 금융소비자들의 금융시장에 대한 신뢰를 제고함으로써 금융소비자가 금융상품 및 금융서비스를 적절히 소비할 수 있는 환경을 조성하고자 하는 것이다. 나아가 금융소비자가 자신의 권리를 충분히 행사하도록 하여 궁극적으로는 금융소비자의 재무적 행복을 증진시키는 것이 그 목적이다.

1) 공정한 금융질서의 확립

대량생산, 대량판매, 대량소비방식의 현대사회에서는 소비자가 사업자에 비해 열악한 지위를 가질 수밖에 없는데, 특히 정보력과 협상력 면에서 열위에 놓인다.

정보력이란 해당 상품에 대한 전문적인 지식 및 대체재에 관한 정보를 의미한다. 해당 상품에 대한 정보가 부족할 경우, 올바른 상품의 가치를 판단할 수 없고 대체재에 대한 정보가 부족할 경우 시장 경쟁 시스템에 의한 가격 결정력이 약화되므로 소비자에게 불리한 가격이 책정될 우려가 있다. 이러한 정보의 비대칭은 거래와 관련한 협상력에도 큰 영향을 미친다.

협상력이란 거래 조건을 자신에게 유리하게 끌어오는 힘으로 다양한 대안이 존재하고 다른 상품으로의 전환이 용이해야 한다는 전제조건이 필요하다.

금융상품 및 서비스는 전문성이 높고 상품의 다양성에 제한이 있으며, 그 가치가 미래에 발현되는 특징이 있어 정보력과 협상력 면에서 그 불균형이 더욱 심하다. 그러므로 금융당국의 보다 적극적인 개입을 통해 양당사자의 거래 대등성을 확립하여 불공정한 거래가 일어나지 않도록 하는 것이 중요하다. 금융소비자보호는 기본적으로 이러한 금융거래에서 발생 가능한 불공정성의 시정을 목적으로 한다.

금융시장이 효율적으로 잘 움직이는 경우에도 금융소비자는 여전히 그 과실에서 제외되어 있을 수 있다. 행동경제학은 인간이 항상 합리적인 선택을 하는 것이 아니라 환경과 심리적인 영향으로 편향과 오류에 의한 의사결정을 하는 경향이 있음을 밝혔다. 금융소비자는 제한적인 합리성을 가진 인간으로서 현재 선호, 손실 회피 등 행동적인 오류와 한계가 있기에 정보력과 협상력이 충분한 금융환경에서도 최적 선택을 하지 못할 가능성이 있다. 이에 따라 분배적 정의의 차원에서[5] 금융소비자보호의 필요성이 제기되는 경우도 있다.

효율성 제고 근거	시장 실패 , 완전 경쟁의 부재/한계 진입장벽, 상품차별화의 문제 정보 비대칭 문제, 외부효과 문제 거래 비용 문제 , 불완전한 정보 문제 과도한 정보 , 소비자 자원 배분의 실수 시장에서 정보력, 정보처리과정의 문제
공평성 근거	분배적 정의(Distributive Justice) 교정적 정의(Corrective Justice) 공공 가치(Public Value)
기타근거	조직의 필요 온정주의, 협상에서 지위의 비대칭 정치적인 이유

(출처: Ramsay, I. (1985). Framework for regulation of the consumer marketplace, Journal of Consumer Protection8(4), 353-372.)

2) 금융소비자 신뢰 제고와 금융산업의 발전

금융산업은 다른 산업과 달리 상대방에 대한 신뢰가 거래에 상당히 중요하게 작용한다. 금융시장에서는 현재 눈에 보이는 재화를 거래하는 것이 아니라 양당사자의 약속을 기반으로 미래에 발생 가능한 가치를 거래하기 때문이다. 이렇게 거래 대상이 무형일 경우 정보력의 열위에 놓인 금융소비자는 상품 및 서비스 구입에 대한 불확실성이 커져 거래비용[6]이 증가하므로 거래 자체를 꺼려할 염려가 있다. 거래

비용에 있어 시장에 존재하는 '신뢰'를 긍정적인 외부성(positive externality)으로 볼 수 있는데, 긍정적인 외부효과는 거래비용을 감소시키는 역할을 하여 시장 형성 및 활성화에 도움을 준다[7]. 아래 그림은 신뢰로 인해 거래비용이 감소하여 거래가 이루어지는 과정을 간단한 수요·공급 그래프로 나타낸 것이다. 금융시장의 경우 제품의 실질가치가 아닌 유가증권화된 자산가치를 거래하는 것이므로 시장 규범에 대한 신뢰가 반드시 필요하다[8].

그림 1-1 **거래비용과 신뢰의 영향**

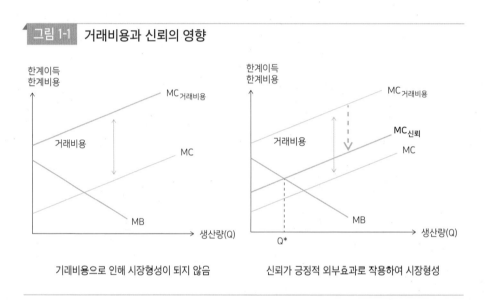

기래비용으로 인해 시장형성이 되지 않음   신뢰가 긍정적 외부효과로 작용하여 시장형성

그렇다면 금융산업에 대한 신뢰를 어떻게 제고할 수 있을까? 가장 중요한 것은 소비자와의 약속을 잘 지켜 신뢰를 저버리지 않는 것이다. 소비자를 가장 실망시키는 일은 금융소비자에게 피해를 발생시키는 것인 만큼 소비자 피해예방과 적극적인 피해구제를 실천하여 금융산업에 대한 소비자의 신뢰를 얻는 가장 첫 걸음이라고 봐야 할 것이다. 금융소비자보호와 금융산업의 성장이 결코 배치될 수 없는 이유이다.

급속한 산업발전 시기가 지나고 거래 주체의 권리와 책임이 강화되면서, 경제적 자본, 인적자본과 구별되는 제3의 자본인 사회적 자본(규범, 네트워크, 신뢰)이 경제성장과 양(+)의 상관관계가 있음이 입증되고 있다. 사회적 자본의 축적은 금융산업의 성장을 위해서도 필요하다. 이는 금융소비자보호 관련 규범 구축과 함께 금융시장에 대한 신뢰를 제고하고, 금융산업 참여자들 간의 네트워크를 형성함으로써 달성할 수 있다[9].

　전통적으로 금융산업은 자본금 기준이 높아 진입장벽이 높은 편이며 금융당국
에서는 여러 정책을 통하여 금융시장의 안정성을 확보하기 위한 노력을 기울이고
있다. 그러나 금융산업이 제대로 발전하기 위해서는 금융업 보호 및 육성 정책에 기
대는 것만으로는 불충분하다. 특히 금융소비자는 거래에 있어 금융회사에 비해 얻
을 수 있는 정보의 양이 적고 상대적으로 교섭력이 약하다. 따라서 금융소비자를 보
호하여 거래 상대방의 신뢰를 얻고 시장 참여자 층을 두텁게 하여 그 결과로 금융업
자의 수익구조를 개선함으로써 경쟁력을 강화해야 한다. 미국 재무부에서도 보고서
를 통해[10] 2009년 금융위기의 원인 중 금융소비자보호를 소홀한 것이 주요 원인이
라는 점을 지적한 바 있다. 이와 같이 금융소비자보호는 금융산업의 발전을 위해 반
드시 필요하며, 서로 양립해야 하는 것이다[11].

3) 금융소비자의 재무적 행복 증진

　금융산업은 금융소비자가 있기 때문에 존재한다. 금융소비자가 금융상품 및 서
비스를 활용하는 이유는 더 나은 재무적 상황을 기대하기 때문이다.

　일반 금융소비자는 개인 또는 가계의 재무웰빙(Financial Well-being)을 추구한다.
재무웰빙은 개인 재무(Personal Finance)와 웰빙이 결합된 것으로, 개인의 재무적 행동
이 웰빙(행복)과 분리될 수 있다는 인식에서 개인재무 분야의 학계와 정책입안자들
사이에서 주목을 받고 있는 통합적 개념이다[12]. 재무웰빙은 가계가 '일상생활에서의
금융문제를 처리할 수 있고, 미래의 재무 충격으로부터 안전하다고 느낄 수 있으며,
삶을 즐길 수 있는 선택의 자유를 보장하는 상태'로 개념화할 수 있다.

　재무웰빙은 금융환경의 맥락 내에서 개인 및 가계의 삶의 질과 밀접하게 연관
되어 있으며, 경제적·사회적·정치적 구조에 영향을 미치기 때문에 주요 선진국에
서는 국가의 최우선 과제 중 하나로 가계의 재무웰빙 향상 전략 설정을 다루고 있다
[13·14]. 특히 개인재무 분야에서는 재무적으로 건전한 소비자를 육성하기 위해 재무
이해력, 재무역량, 재무교육 등 다양한 분야에 대한 연구 및 실무적 노력을 기울여
왔는데, 이러한 노력이 얼마나 성공적인지를 측정하는 최종적인 도구는 재무적 웰
빙이 되어야 한다는 합의가 설득력을 얻고 있다[15·16].

　금융소비자의 재무적 행복, 즉 재무웰빙을 증진시키기 위해서는 금융거래에서

의 피해를 선제적으로 예방하기 위한 금융소비자보호 정책을 마련하고 소비자의 역량을 강화하기 위한 금융소비자교육이 선행되어야 한다. 그리고 금융거래 이후 발생하는 문제에 대해서는 피해구제 및 사후관리가 유기적으로 작동되어야 한다.

그와 더불어 금융에 대한 니즈가 절실한 금융소외자들을 대상으로, 계좌개설, 대출, 보험 등의 금융서비스에 쉽게 접근할 수 있도록 하고 보편적 금융을 확대하는 것[17] 또한 금융소비자보호 측면에서 중요하게 다루어질 필요가 있다. 금융소외자의 경우 특히 제도 금융권에서 대출서비스를 이용하기 어려울 뿐만 아니라, 만일 대출서비스를 이용한다 하더라도 이자율이나 대출한도에 차등이 있어서 스스로 이용하고자 하는 만큼의 서비스를 받지 못하는 경우가 많다. 금융소외 문제 해결을 위해 금융포용이 강조되고 있는데, 금융포용은 금융기관의 물리적 접근성이나 거래편의성, 거래비용 등으로 판단되고 있지만 공정한 거래를 통한 금융서비스 이용 기회를 보장한다는 의미도 지니고 있다. 즉 정당한 가격에 합당한 품질의 금융서비스를 이용할 수 있도록 한다면 이 또한 소외된 금융소비자들의 재무웰빙을 향상시키는 효과를 가져올 것이다.

이제까지 금융업계에서 바라보는 금융소비자보호는 피해예방 및 피해구제 등 소극적인 금융소비자보호에 머물러 있었으나, 더 나아가 소비자의 선택권을 확대하고 소비자 니즈의 충족을 위한 노력 등 적극적인 개념에서의 금융소비자보호가 필요할 것이다. 금융소비자의 역량을 강화하고 보호하기 위한 금융업계의 선제적인 노력은 금융기관의 서비스개선 촉진 및 업그레이드로 이어져 핵심 경쟁력을 강화하는 방향으로 작용할 수 있음을 주지해야 하겠다.

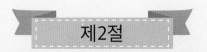

제2절

국내외 대규모 불완전 판매 사례

1 | 국내 사례
2 | 해외 사례

불완전판매(mis-selling)는 일반적으로 금융회사가 금융소비자에게 금융상품을 판매하는 과정에서 지켜야 할 중요사항들을 지키지 않고 판매하였거나 허위·과장 등으로 오인에 이르게 하여 판매한 행위를 말한다. 다음의 사례를 살펴보자.

1 국내 사례

1) 우리파워인컴펀드(2008년)

우리파워인컴펀드는 2005년부터 매우 안전한 정기예금인 것처럼 판매되었다. "대한민국 국가 신용등급(A3)과 같은 위험도를 가진 상품으로 국고채 금리 + 1.2% 수익추구" 등의 내용으로 안내되어 약 1,500억원이 불완전판매된 상품이다. 우리파워인컴펀드는 실제로 해외주식에 연동되어 수익률이 변하는 장외파생상품에 투자하는 상품으로 확인되었다. 2008년 11월 금융감독원 분쟁조정위원회에서는 판매사로 하여금 손해금액의 50%를 투자자에게 배상하도록 결정하였으며 2014년 대법원은 피해 고객에 대해 손해배상비율 20%~40%를 인정하였다.

그림 1-2

2) 키코(KIKO)(2008년)

2007년 ~ 2008년 중 수출대금의 환율 변동 위험에 대비하고자 하는 다수의 중소기업들에게 판매된 통화옵션상품(일명 "키코"(Kock-In Knock-Out))이다. 2008년초 금융위기로 환율이 급등함으로써 키코 거래 중소기업의 막대한 손실이 발생하였다.

KIKO(키코)는 녹인(Knock-In), 녹아웃(Knock-Out) 개념을 도입하여 기업의 은행에 대한 녹아웃(Knock-Out) 풋옵션과 은행의 기업에 대한 녹인(Knock-In) 콜옵션을 주로 1:2비율로 결합한 상품으로, 중소기업들이 수출대금의 환율변동위험을 회피하기 위해 매입하였다. 2008년 환율이 상승하고 중소기업들이 자금위기에 놓이게 되면서 소송으로 이어졌으나, 대부분 중소기업이 패소하였다. 그러나 2010년 8월 19일 열린 제재심의위원회에서는 키코사태와 관련하여 14개 은행 중 9개 은행 72명의 임직원에 대해 '감봉'에서 '주의' 등의 조치를, 비정형 파생상품 취급 시 개별 거래별 가격정보 미제공을 사유로 8개 은행에 대해 '기관주의' 조치를 취하였다[18].

2019년 12월 금융감독원 분쟁조정위원회에서는 4개 기업에 손해금액의 15% ~ 41%(평균 23%)를 배상하도록 하였으며, 2013년 9월 대법원에서는 23개 기업에 대해 손해배상비율 5%~50%(평균 26.4%), 총 105억원을 인정하였다[19].

3) 저축은행 후순위채(2009년)

2009년 금융당국에서는 부실 저축은행을 회생시키고자 고금리 후순위채 발행을 허용하였는데, 부산저축은행 등에서 투자자에게 후순위채의 위험성을 거의 설명하지 않고 고금리만을 강조하면서 후순위채를 판매하였다. 이후 여러 저축은행에서 대주주의 비리, VIP특혜, 부동산프로젝트 파이낸싱 대출 시 부실심사 등의 문제가 밝혀지면서 영업정지를 당하게 되었고, 그 과정에서 후순위채를 고령자 등에게 불완전판매했던 사실이 드러나 심각한 사회문제로 대두되었다.

2011년 10월 금융감독원 분쟁조정위원회는 투자자별 손해금액의 20%~55%(평균 42%)인 약 166억원을 배상하도록 결정하였으며, 2013년 이후 법원은 피해를 입은 투자자에 대해 다수의 일부 승소판결을 하였다.

(출처: 연합뉴스, 2011.06.13.)

4) 동양 CP 회사채(2013년)

2013년 동양증권에서 동양그룹 계열사 발행의 CP 회사채 등을 판매하면서 부적합한 투자자에게 판매하거나 충분한 설명을 하지 않아 약 2조원의 투자자 피해가 발생하게 된 사건이다. 동양그룹이 자기 그룹회사의 자금조달을 위해 회사채 및 기업어음(CP)을 발행하면서 투자부적격 회사채임에도 불구하고 투자자에게 불완전판매를 한 것이 문제가 되었다.

2014년 7월 금융감독원 분쟁조정위원회는 투자자별 손해금액의 15%~50%인 약 625억원을 배상하도록 결정하였고, 2018년 대법원은 피해 투자자에 대해 손해배상비율 60%를 인정하였다.

5) 해외금리연계 DLF(2019년)

은행이 초고위험상품인 해외금리연계 DLF를 판매하면서 부적합한 투자자에게 이를 판매하거나 '손실확률 0%', '안전한 상품' 등을 강조하고 '원금전액 손실 가능성' 등의 투자위험을 제대로 설명하지 않았다. 은행에서 주로 1억원 이상 투자 가능한 "개인투자자"를 대상으로 독일 국채 등 해외금리연계 파생결합증권(DLS)을 편입한 "사모펀드"를 판매하였다.

2019년 12월 금융감독원 분쟁조정위원회는 투자자별 손해금액의 40%~80% 배상 결정을 하였다.

6) 라임펀드(2019년)

라임자산운용은 2017년부터 해외의 무역금융펀드에 분산투자하는 펀드를 설정하여 여러 은행 및 증권사를 통해 판매하였다. 이 중 2018년 11월 이후 판매된 라임무역금융펀드의 경우, 펀드판매 시점에 투자원금의 상당부분(최대 98%)에 달하는 손실이 발생한 상황을 금융회사가 인지하고도 핵심정보가 허위 부실 기재된 투자제안서를 투자자에게 그대로 제공 및 설명하였기에 2020년 6월 금융감독원 분쟁조정위원회는 동 펀드의 판매에 대하여 착오에 의한 계약취소를 이유로 판매사가 투자원금 전액을 반환하도록 결정하였다.

한편, 2018년 11월 전에 판매된 라임무역금융펀드 및 그 밖의 라임펀드(라임 AI스타, 라임레포플러스, 라임TOP밸런스 등)는 2020년 12월 이후 투자자별 손해금액의 60%~70% 배상을 결정하였다.

1) 영국 이자율 헤지 상품

2000년대 초중반 영국 은행들은 금리가 상승할 것으로 전망하고 여신기업 등을 대상으로 이자율 헤지상품(IRHP)[20]을 적극적으로 판매하였다(총 30,784건). 2008년 글로벌 금융위기 이후 양적완화로 인하여 시장금리가 급락함에 따라 해당 상품에 가입한 기업에 대규모 손실이 발생하였다. 손실을 입은 여신기업 중 일부는 영국 법원에 이자율 헤지상품 불완전판매로 인한 피해를 배상해달라는 소송을 제기하였고, 법원은 영국 계약법 원칙상 계약의 형식과 안정성을 중시하여 계약서에 자필서명한 경우 계약자 책임 원칙을 인정하여, 2011년에서 2015년 사이에 제기된 9건의 소송에서 모두 기업이 패소하였다. 이 사건은 실질적인 불완전판매 행위가 있었음에도 사법적 절차를 통해서는 구제할 방법이 없게 된 것으로 사회적으로 큰 이슈가 되었다.

영국 영업행위감독청(FCA)은 사법적 절차와 별개로 피해 여신기업의 구제를 위하여 판매은행들과 협의하여 자율적 피해배상을 위한 가이드라인을 마련하도록 하였다. 판매은행들은 2001년 이후 판매건을 전수조사[21]하여 상품의 복잡성, 부실 설명 여부 등을 기준으로 사례별 불완전판매 여부를 심사하였다. 그 결과 불완전판매가 인정된 계약 13,936건[22]에 대해 자율적으로 2013년~2016년, 판매건수 대비 45.3%를 배상하였다.

2) 영국 지급보증보험

영국에서는 또한 2005년부터 2010년까지 부가보험상품의 하나인 지급보증보험(PPI)[23]에 대한 불완전판매 민원이 급증하였다. 2009년 하반기 3,500여개 금융회사에 접수된 PPI 민원은 전체 민원의 7%(17만 4천건)였으나, 2010년 하반기에는 전체 민원의 24%(43만 4천건)를 차지하였고, 이후에도 PPI 민원은 계속 급증하여 2012년 하반기에는 63%(217만 1천건)에 달하였고 민원 중 약 70%가 회사에 책임이 있는 것으로 확인되었다.

FSA는 2010년 12월 소비자보호 강화방안을 실시하는 한편, 2011년 1월 판매회사에 불완전판매로 판명될 경우 수수료(보험료)는 물론 이자까지 환급토록 명령하였다. 2013년 FSA는 PPI 판매의 주요 원인을 판매직원에 대한 부적절한 인센티브 제공으로 판단하여 성과보상체계 관련 문제점을 분석하여 가이드라인을 제시하였고, 2015년 FCA는 부가상품 판매체계가 소비자 행동에 미치는 영향을 분석하여 제도 개선안을 제안하였다.

3) 일본 외환 파생 상품

일본 은행들은 엔화약세가 예상되던 2004년~2007년 중 수입기업 등을 대상으로 외환파생상품[24]을 적극 판매하였다. 2008년 글로벌 금융위기 이후 안전 통화로 인식되는 엔화의 가치가 상승하여 동 상품에 가입한 기업에 대규모 손실[25]이 발생하였다.

일본 금융청(FSA)과 의회는 피해발생 즉시 실태조사를 실시하여 대응방안을 마련하였다. 금융분쟁을 담당하는 전국은행협회 산하 중재위원회(ADR)가 판매은행과 피해기업간 조정을 추진하였고, 주로 적합성원칙[26]으로 불완전판매 여부를 심사하여 화해안을 권고하였다. 판매은행들은 약 2천건의 화해 권고를 대부분 수용하여 배상하였으며, 2011년~2017년 중 1,526건, 화해성립비율 76.6%에 해당되었다.

금융소비자보호를 위한 주요 방안

1 | 금융소비자보호에 대한 상위원칙
2 | 금융소비자보호 10가지 실천 현황
3 | 글로벌 금융소비자보호 현황

1 금융소비자보호에 대한 상위원칙

금융위기로 인해 금융시스템의 장기적 안정을 위해서 금융소비자보호가 중요하다는 사실이 부각되면서 2011.11월 칸에서 열린 G20 정상회의에서 G20 재무장관회의 요청에 따라 FSB 협조로 OECD 금융소비자보호 10대 원칙이 작성되었다. 동 원칙은 "금융소비자보호에 대한 상위원칙(High Level of Principles on Financial Consumer Protection)으로 G20 정상회의에서 보고되었는데, 이후 전 세계 각국의 금융소비자보호 가이드라인의 바탕이 되었다.

G20의 금융소비자보호 10대 원칙을 살펴보면 첫째, 법과 규제, 감독체계의 틀을 정립하는 것으로 국제기준 및 각국의 금융시장 특성에 맞는 체제가 필요하고, 둘째, 금융소비자보호에 책임이 있는 자원과 역량을 가진 독립적인 기구를 마련해야 하며, 셋째, 금융소비자를 공평하고 공정하게 대우해야 한다는 내용이다. 금융소비자를 공평·공정하게 대우한다는 것은 모든 금융소비자에게 다른 금융소비자와의 차별 없이 공정한 서비스를 제공하는 것을 의미하며, 취약계층의 경우에는 한층 강화된 보호를 해야 한다는 것을 의미한다. 넷째, 정보를 제대로 공시하여 투명성을 갖추어야 하는데, 금융소비자는 기본적으로 금융업자가 제공하는 정보를 바탕으로

의사결정을 하므로 금융업자 및 금융당국은 적절하고 중요한 정보가 오인되지 않고, 정확하고 이해할 수 있게 전달되도록 조치를 취해야 한다. 다섯째, 금융소비자의 금융역량을 강화할 수 있는 금융교육이 이루어져야 하며, 이는 금융소비자가 쉽게 접근할 수 있어야 한다. 특히 각국의 금융환경을 고려하여 금융소비자보호의 일환으로 금융교육의 전략이 확립되어야 하여 인생단계(life stage)에 따른 적절한 교육, 특히 취약계층에 대한 교육이 적극 이루어져야 한다. 여섯째, 금융업자와 금융당국의 책임감 있는 영업행위가 요구된다. 금융업자와 금융당국은 고객 이익의 증진을 목적으로 일해야 하며, 그들이 소비자에게 행한 행위에 책임을 져야 한다.

표 1.4 금융소비자보호 상위원칙

< G20 금융소비자보호 상위원칙 >
* High Level Principles on Financial Consumer Protection

1. 법, 규제, 감독체계(Legal, Regulatory & Supervisory Framework): 금융소비자보호는 법, 규제·감독 체계의 필수적 요소여야 하며, 규제는 금융상품과 소비자의 특성·다양성을 반영해야 함
2. 감독기구의 역할(Role of Oversight Bodies): 금융소비자보호에 대해 책임과 권한을 보유한 감독기구가 존재해야 함
3. 소비자에 대한 공평한 대우(Equitable & Fair Treatment of Consumers): 소비자는 거래의 모든 단계에서 동등·공정·타당한 대우를 받아야 함
4. 공시와 투명성(Disclosure and Transparency): 금융기관은 소비자에게 주요 정보(상품 혜택, 위험, 조건, 보수, 이해상충 등)를 제공하여야 함
5. 금융 교육과 인식(Financial Education and Awareness): 감독기구와 금융기관은 소비자가 위험과 기회를 적절히 이해할 수 있도록 노력하여야 하며, 취약계층을 위한 특별한 프로그램과 접근 필요
6. 금융기관의 책임있는 영업행위(Responsible Business Conduct of Financial Services Providers & Their Authorized Agents): 금융기관은 고객에게 가장 큰 이익이 돌아가도록 영업해야 하며, 직원 보수는 책임있는 영업을 유도하는 방향으로 고안되어야 함
7. 소비자 자산 보호(Protection of Consumer Assets against Fraud Misuse): 소비자 자산은 통제·보호체계를 통해 사기·횡령 등으로부터 보호되어야 함
8. 개인정보 보호(Protection of Consumer Data & Privacy): 소비자의 금융·개인정보는 적절한 통제·보호체계를 통해 보호되어야 하며 부적절한 정보의 수정·삭제가 자유로워야 함
9. 불만처리(Complaints Handling and Redress): 금융기관은 소비자가 저비용·신속하게 이용할 수 있는 불만처리와 변상 제도를 확립해야 함
10. 경쟁(Competition): 소비자의 금융선택권 제고를 위해 적절한 비용을 지불하고 자유로이 금융상품·금융기관 변경이 가능해야 함

(출처: OECD(2011), G20 High-level Principles on Financial Consumer Protection, 2011)

이를 위해 고객의 금융역량이나 상황, 니즈 등을 먼저 파악하여야 하며, 금융업 종사자는 훈련 등을 통해 전문성을 갖추어야 한다. 만약 서로의 이해가 상충할 경우, 금융업자와 금융당국은 소비자에게 이를 반드시 공시해야 한다. 일곱째, 금융사기나 오용으로부터 금융소비자의 자산을 보호해야 한다. 여덟째, 금융소비자의 개인정보를 적절하게 보호하기 위한 체계를 갖추어야 한다. 개인정보보호체계는 반드시 정보를 수집, 처리, 제3자 제공 등에 관한 목표를 명확히 하고 이를 소비자에게 알려야 하며 부적절하고 불법인 정보는 즉각 삭제해야 한다. 아홉째, 금융소비자의 민원을 처리하는 적절한 체계가 마련되어야 하며, 이는 쉽게 접근할 수 있고 독립적이며, 공정하고 전문성과 자원 등의 역량을 갖춘, 효율적으로 시의적절한 대응이 가능한 체계여야 한다. 마지막으로 열 번째 원칙은 경쟁으로, 금융업자에 대한 경쟁 압력은 금융소비자에게 더 나은 선택을 가져다 줄 것임을 의미한다. 이를 위해 금융소비자들이 손쉽게 상품을 찾고, 비교하고, 전환할 수 있도록 해야 한다.

2 금융소비자보호 10가지 실천 현황

우리나라의 금융소비자보호 정책 및 흐름을 살펴보면 OECD의 10가지 원칙과 맥락을 같이 함을 알 수 있다. 본 원칙이 발표되기 전부터 금융감독원에서는 금융소비자보호 부분을 독립시키는 쌍봉형체제(twin-peak)를 논의하는 등 금융소비자보호를 위한 기구 마련을 검토하였다. 또한 지속적인 정보공시의 개선, 금융교육의 국가전략 수립, 취약계층에 대한 보호 강화, 영업행위 규제, 금융사기 예방 및 구제, 개인정보보호 정책 강화, 금융업자의 자발적인 민원처리를 위한 민원등급 공시 강화, 규제개혁을 통한 경쟁촉진 등이 추진되어오고 있다.

최근 금융당국에서 발표한 금융소비자보호 관련 정책 및 제도를 중심으로 OECD의 상위원칙에 따른 주요 현황을 살펴보자.

1) 법, 규제

국내에서는 금융소비자보호법 제정 이전부터 여러 금융 관련 법규에 금융소비자보호 관련 내용이 일부 포함되어 있었으나, 2008년 세계 금융위기 이후 금융소비자보호의 필요성이 전 세계적으로 강조되고 금융시장의 변화로 인해 금융소비자보호의 공백 등이 발생하자 2011년부터 금융소비자보호와 관련한 여러 법안이 검토되다가 2020년 3월 금융소비자보호에 관한 법률이 제정되어 2021년 3월부터 시행되었다. 동 법은 금융상품을 예금성, 대출성, 투자성, 보장성으로 나누어 규제하고 있으며 금융소비자를 앞서 살펴보았듯이 전문금융소비자와 일반금융소비자로 나누어 보호하고 있다. 상세한 내용은 제3장에서 다루었다.

2) 감독체계 및 감독기구의 역할

금융소비자보호 관련 직접적인 감독 업무를 하는 곳은 금융감독원의 금융소비자보호처로, 2012년 금융감독원 내부의 민원분쟁 관련 일부 부서를 개편하여 금융소비자보호처를 최초(3국 1실, 4개 지원의 금융소비자보호실) 설치한 이후, 지속적인 확장 및 개편을 거듭하였다. 2023년 기준, 총 12개의 부서와 11개 지원의 금융민원팀 등이 소비자보호 업무를 하고 있다.

그림 1-3 **금융소비자보호처 조직도**

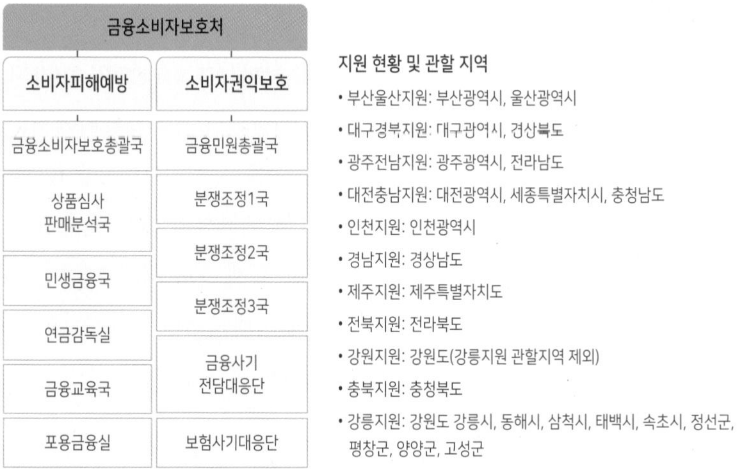

금융소비자보호처

소비자피해예방	소비자권익보호
금융소비자보호총괄국	금융민원총괄국
상품심사 판매분석국	분쟁조정1국
민생금융국	분쟁조정2국
연금감독실	분쟁조정3국
금융교육국	금융사기 전담대응단
포용금융실	보험사기대응단

지원 현황 및 관할 지역
- 부산울산지원: 부산광역시, 울산광역시
- 대구경북지원: 대구광역시, 경상북도
- 광주전남지원: 광주광역시, 전라남도
- 대전충남지원: 대전광역시, 세종특별자치시, 충청남도
- 인천지원: 인천광역시
- 경남지원: 경상남도
- 제주지원: 제주특별자치도
- 전북지원: 전라북도
- 강원지원: 강원도(강릉지원 관할지역 제외)
- 충북지원: 충청북도
- 강릉지원: 강원도 강릉시, 동해시, 삼척시, 태백시, 속초시, 정선군, 평창군, 양양군, 고성군

그러나 금융소비자보호는 금융시장 및 산업의 건전성 확보와 함께 금융감독의 두 가지 주요 목적 중 하나에 해당한다. 따라서 금융감독원 내부의 다른 업권별 감독 및 검사부서 등에서도 금융소비자보호와 관련한 업무를 수행하고 있다. 금융감독 및 검사와 관련한 다양한 민원을 접수하여 업무에 반영하는 등 소비자의견을 수

렴하고 있으며 금융회사가 금융소비자보호법 등 주요 금융규제를 위반하여 소비자에게 피해를 끼치지 않았는지 검사하여 제재 및 시정 조치를 하고 있다.

3) 소비자에 대한 공평한 대우

공평한 대우라는 것은 특정 요소를 고려하여 금융소비자를 차별하여서는 안 된다는 것이다. 금융소비자보호법 제15조에서는 "금융상품판매업자 등은 금융상품 또는 금융상품자문에 관한 계약을 체결하는 경우 정당한 사유 없이 성별·학력·장애·사회적 신분 등을 이유로 계약조건에 관하여 금융소비자를 부당하게 차별해서는 아니된다."고 규정하여 소비자가 금융거래 시 동등한 대우를 받을 수 있도록 규정하고 있다. 그러나 동 규정을 위반한 것에 대한 처벌 규정은 금융소비자보호법에 명시되어 있지 않아 다소 선언적인 조항으로 볼 수 있다.

그럼에도 불구하고 금융소비자의 성별, 학력, 장애, 사회적 신분 등을 이유로 차별하여 피해가 발생할 경우, 해당 차별로 인한 손해가 발생하였다면 손해배상 책임이 발생할 수 있으며, 무엇보다 금융회사의 평판과 신뢰에 나쁜 영향을 미칠 수 있다.

한편, 금융회사가 고객의 재무적 특성이나 선호 등을 고려하여 소비자를 집단으로 분류하고 다양한 상품과 서비스를 개발하는 것은 마케팅 행위이므로 차별이라고 보기 어렵다. 그러나 우리 사회가 점차 공정과 공평에 대해 민감해지고 있다는 점을 고려할 때, 무엇이 금융소비자에게 차별적 요소로 인식될 수 있는지는 끊임없이 고민되어야 할 과제이다.

4) 공시와 투명성

정보공시의 대상이 되는 내용은 기본적으로 경영상황과 관련된 것, 상품 및 서비스와 관련된 내용, 금융업자가 수취하는 비용으로 크게 나눌 수 있다. 보통 경영상황에 대한 공시의무는 자본시장법, 은행법, 보험업법, 여신금융법, 상호저축은행법 등 업권별 법규에 명시되어 있으나 상품 및 서비스를 공시하도록 명시하고 있는 규정은 많지 않다. 다만, 금융소비자보호법은 비교공시 규정을 두어 금융위원회가 금융상품의 주요 정보를 알기 쉽게 제공하도록 하고 있다. 이에 금융감독원에서는 금융소비자정보포털 '파인'의 '금융상품한눈에'에서 주요 금융상품을 비교공시하고 있다.

그림 1-4 금융소비자포털 '파인'의 '금융상품한눈에'

(출처: 금융감독원 홈페이지)

그 밖에 금융상품 등과 관련한 정보 공시 규정으로 자본시장법 제58조의 투자자로부터 받은 수수료 및 부과기준과 절차에 관한 공시 부분, 제90조의 집합투자재산에 관한 비교공시, 보험업법 제108조, 제124조 및 제175조의 보험상품에 대한 공시 및 비교공시 규정 등이 있으며, 소비자기본법 제10조의 국가로 하여금 표시의 기준을 마련토록 한 것, 표시광고법의 '표시' 부분에 관한 전반 등이 있다. 현재 대부분의 금융회사, 협회 및 상품공시에 관한 자율규제 등에 따라 금융회사 홈페이지를 통해 공시 또는 비교공시를 하고 있다.

5) 금융교육과 인식

금융교육은 금융소비자 또는 투자자의 금융상품에 대한 이해를 높이고, 위험을 인식하여 금융의사결정을 할 수 있도록 하며, 정보를 평가하는 능력 및 이에 대한 자신감을 향상시키고, 문제가 발생하였을 때 도움을 요청할 곳을 알게 함은 물론 재무복지 개선을 위한 효과적인 조치를 취할 수 있는 능력을 발전시키는 과정으로 정의되고 있다[27].

우리나라는 2000년대 들어 신용카드 사태로 가계부실과 채무불이행자가 급증하면서 금융감독원, 신용회복위원회, 일부 금융협회를 중심으로 금융소비자교육을 추진하기 시작하였다. 2008년 세계금융위기를 거치며 양적으로 크게 성장하였고 2013년 9월에는 미국 및 영국 등의 금융교육 국가전략을 참고하여 「금융교육 활성화 방안」을 발표하였다(금융위·금감원, 2013). 이를 통해 금융소비자의 금융역량 강화를 최종 목표로 하여 ① 일관적·체계적인 금융교육 시스템 구축, ② 언제, 어디서나, 누구나 쉽게 교육을 받을 수 있는 환경 조성, ③ 금융소비자의 니즈(needs)에 부합하는 맞춤형 교육 제공이라는 3대 과제를 제시하였다.

그림 1-5 금융소비자의 금융역량 강화 3대 과제

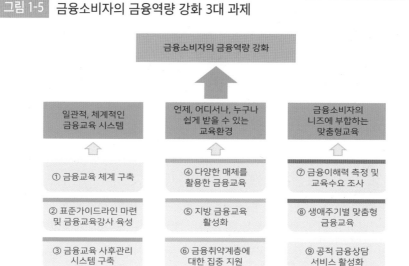

(출처: 금융감독원(2013), 보도자료[28])

2021년 3월부터는 금융소비자보호법이 시행되어 금융교육을 국가 차원에서 추진할 법적 근거가 마련됨에 따라 국가의 지원과 예산 등을 기대할 수 있게 되었다. 금융소비자보호법 제7조 5항에서는 금융소비자의 기본적 권리 중 하나로 "합리적인 금융소비생활을 위하여 필요한 교육을 받을 권리"를 적시하고 있으며, 제30조에서는 "금융위원회는 금융교육을 통하여 금융소비자가 금융에 관한 높은 이해력을 바탕으로 합리적인 의사결정으로 내리고 이를 기반으로 하여 장기적으로 금융복지를 누릴 수 있도록 노력하여야 하며, 예산의 범위에서 이에 필요한 지원을 할 수 있다."고 규정하고 있다. 제31조에서는 금융교육에 대한 정책을 심의·의결하는 기구로 금융교육협의회의 설치를 명시하였다.

6) 금융기관의 책임있는 영업행위

영업행위란 소비자와의 접점에서 상품이나 서비스를 구입하도록 정보를 제공하고 청약을 유인하여 계약을 체결하도록 하고, 계약이 해지 또는 완료될 때까지 이루어지는 일련의 활동이다. 광고, 정보공시, 상품의 권유와 판매, 약관 등 계약내용 관리, 계약유지를 위한 사후관리, 민원처리뿐만 아니라 영업행위를 하는 직원교육 및 자격관리 등까지 다양한 범위를 포괄한다. 금융소비자보호법에서는 이러한 영업행위가 책임있게 수행될 수 있도록 제4장에서 금융상품판매업자 등의 영업행위 준수사항을 명시하고 있으며, 동 규정의 해석 및 적용 시 금융소비자의 권익을 우선하도록 하고 있다.

영업행위의 일반원칙에는 앞서 살펴본 차별금리 조항 외에도 업무의 내용과 절차를 공정히 하고 정당한 사유 없이 금융소비자의 이익을 해치면서 자기가 이익을 얻거나 제3자가 이익을 얻도록 해서는 안된다는 신의성실의무가 있다. 또한 금융회사는 직접 고용한 직원 외에 모집판매 등을 대리 중개하는 판매대리업자도 법규 등을 준수하여 영업행위를 하도록 관리할 책임이 있다.

금융감독원에서는 금융업자의 성실하고 정직한 영업 관행에 관한 규정과 가이드라인을 마련하고 이의 준수여부를 감독하는 형태의 규제, 소비자보호 관점의 정보 공시 및 제공, 금융업자 및 임직원의 전문성 등의 자격과 정직성(honesty)·순수성(integrity)의 감독, 금융서비스 및 상품을 제공하는 회사의 역량(competence), 금융상품의 마케팅 방법 등에 대한 규범설정 및 감시 등과 함께 민원처리나 분쟁조정과 관련된 제도 등도 본 영역에 속하는 업무로 보고 있다.

7) 소비자 자산 보호

소비자 자산의 보호란 금융사기나 금융회사 직원의 횡령 등 금융범죄로부터 금융소비자의 재산이 피해를 입지 않도록 예방 및 구제하는 것을 말한다. 대표적인 금융사기는 스마트폰이나 PC 등 다양한 통신매체를 이용한 전기통신금융사기로서 보이스피싱, 스미싱, 파밍, 메신저 피싱 등 유형이 다양하다. 보이스피싱으로 인한 피해는 2006년 최초 발생 이후 꾸준히 증가하였다가 검찰, 경찰, 금융당국 등의 범죄 예방 및 수사 노력으로 최근 다소 감소하고 있다. 그러나 금융범죄수법은 날이 갈수록 고도화, 조직화되어 가고 있어 방심하기는 어려운 실정이다. 우리나라는 2011년 '전기통신금융사기 피해 방지 및 피해금 환급에 관한 특별법'을 제정하여 시행하

고 있다. 금융회사는 내부에 금융사기 예방 등을 위한 업무매뉴얼과 이상거래탐지
(Fraud Detection System)를 위한 알고리즘을 마련하여 구축 및 운영하고 있으며, 지속적
으로 업무매뉴얼과 알고리즘을 정비하여 금융사기 등의 예방에 노력하고 있다.

표 1.5 보이스피싱 피해현황

(단위: 억원, 명, %, %p)

구 분	'18년	'19년	'20년	'21년	'22년	전년대비 증감(률)
피해금액	4,440	6,720	2,353	1,682	1,451	(△13.7)
환급액	1,011	1,915	1,141	603	379	(△37.1)
환급률	22.8	28.5	48.5	35.9	26.1	(△9.8)
피해자수	48,765	50,372	18,265	13,213	12,816	(△3.0)

* 피해구제신청접수(1차 계좌) 기준(출처: 금융감독원 보도자료, 2023.4.21.)

울산 은행원, 수상한 낌새 눈치채고 보이스피싱 막았다

울산북부경찰서는 농협은행 양정지점에서 발생한 보이스피싱 범죄예방에 도움을
준 은행원에게 감사장을 전달했다고 13일 밝혔다.

은행 직원 A씨는 지난 달 12일 오후 은행을 찾은 고객이 아들과 계속 메시지를 주
고 받는 것을 이상하게 여겨 휴대전화를 확인했다.

직원 A씨는 '직원에게 아무 말을 하지 말고 은행을 나오라'는 메시지를 보낸 것을
확인하고 피해자 상황 파악에 나섰다.

A씨는 피해자 휴대폰에 악성앱이 깔려 있는 것을 확인 후 이를 즉시 제거하고, 아
들과의 연락을 취하며 유선통화 및 카카오톡 대화 사실이 없다는 것을 확인했다.

이후 통장 입/지급 정지, 비밀번호 변경, 인증서 발급 해지, 개인정보 노출자 등록,
신용카드 금융사기 거래 제한 등 적극적인 조치를 취했다.

직원의 이같은 적극 조치로 보이스피싱 범죄를 막을 수 있었다. 이에 경찰은 "은행
원의 적극적인 조치와 신고 덕분에 더 큰 피해를 막을 수 있어 다행"이라며 감사의
뜻을 전했다.

경찰 관계자는 "최근 보이스피싱 범죄 수법이 날로 다양화되고 있어 예방이 정말 중요하
다"며 "앞으로도 노인층 등 대상으로 보이스피싱 예방 홍보에 노력하겠다"고 밝혔다.

(출처: 뉴스1(김지혜 기자). 2023.05.13.)

8) 개인정보 보호

금융거래는 기본적으로 계약이므로 본인 또는 대리인의 확인이 필요하며, 다른 산업의 영역과 달리 민감한 재산과 신용에 관한 정보를 다루기 때문에 무엇보다 개인정보의 보호가 중요하다. 개인정보 보호의 범위와 내용은 기본적으로 2011년 제정된 '개인정보 보호법'에서 다루고 있지만 금융 영역의 경우 별도로 금융거래에서 수집 및 거래되는 개인의 신용정보와 관련한 '신용정보의 이용 및 보호에 관한 법률', '금융실명거래 및 비밀보장에 관한 법률' 등의 적용을 받는다.

최근에는 IT기술의 발달로 지문이나 홍체 등 생체정보 등이 금융거래에 폭넓게 사용되는 등 보호하여야 할 개인정보의 범위가 확대되고 있으며, 정보 주체인 개인이 자신의 정보를 적극적으로 관리 및 통제하는 '금융마이데이터'서비스가 도입되고 개인정보의 공유와 사용이 활발히 이루어지면서 새로운 개인정보 보호 이슈가 등장하고 있다.

금융회사는 금융거래 시 필요한 정보만을 적합하게 수집하여야 하고, 그 목적 외의 용도로 활용해서는 안 되며, 개인정보가 침해받지 않도록 안전하게 관리하여야 한다. 금융회사는 금융소비자의 개인정보 수집 및 사용 시 직원 등이 준수할 수 있도록 개인정보 보호지침을 두고 있으며, 개인정보의 유출 사고 등을 예방하기 위해 자체 시스템의 점검 및 타당성 평가 등을 실시하고 있다.

참고

2014년 카드사 개인정보 대량 유출 사건

2013년 6월경 주요 카드사 고객의 약 1억건이 넘는 개인정보가 대출광고업자와 대출모집인 등에게 판매된 사건으로, 7개월 후에 유출이 밝혀져 수사가 착수되었다. 당시 카드사들은 즉시 사과문을 올리고 자신의 개인정보가 유출되었는지 확인할 수 있도록 시스템을 마련하였으며, 카드 부정사용으로 인한 피해 발생 시 전액 보상을 약속하였다. 당시 3개 카드사는 부분 영업정지를 당하였으며 대표이사들은 개인정보 유출에 대한 책임을 지고 사표를 냈다.

9) 불만처리

금융회사의 VOC(Voice Of Customer) 또는 민원은 소비자들의 요구와 불만에 대응하여 사후처리하는 과정으로만 인식되는 것이 일반적이다. 그러나 금융소비자들의 각종 질문에 응대하고 의견을 수렴하면서 고객이 거래과정에서 어떠한 불편을 겪고 있는지를 확인하여 해결하고, 이를 상품 및 서비스 개선에 반영하는 등 소비자중심경영을 위해 중요한 정보의 보고로 활용될 수 있다.

금융민원은 금융회사의 상품 및 서비스에 대한 불만이나 부당함을 호소하는 것이므로 금융소비자가 금융회사를 대상으로 제기하는 것이 원칙이지만 금융소비자 개인의 호소만으로는 해결이 어렵다는 점을 고려하여 금융감독원에 금융회사에 대한 불만이나 민원을 제기하여 해결할 수 있는 제도를 두고 있다. 민원처리와 관련하여서는 제4장 금융민원과 분쟁조정에서 보다 상세하게 다루었다.

10) 경쟁

경쟁은 시장시스템이 독점이나 과점없이 원활하게 작동되는 상태이다. 금융회사가 더 나은 상품 및 서비스, 소비자에게 유리한 비용 등을 책정하기 위해서는 선의의 경쟁이 일어날 수 있는 금융시장 환경의 조성이 필요하다. 이를 위해서는 앞서 다룬 공시 및 투명성, 금융교육 등도 중요하지만 금융소비자의 금융회사 또는 상품 및 서비스에 대한 선택권이 보장되어야 한다. 다시 말해 금융회사간 이동, 상품이나 서비스 간의 이동이 수월해야 한다. 우리나라의 경우, 약관의 규제에 관한 법률 제9조에서 계약의 해제와 해지 관련, 그 행사를 배제하거나 제한하는 조항은 무효로 보고 있다. 또한 계약의 해제나 해지로 인해 고객에게 과중하게 원상회복의무를 부담시키거나 반대로 고객의 원상회복청구권을 부당하게 포기하도록 하는 것도 무효로 하는 등 고객의 소위 '탈퇴권'을 보장하고 있다.

3 글로벌 금융소비자보호 현황

1) 미국

미국에서는 1980년대 이후 완화된 금융규제 기조가 지속되었으나, 글로벌금융위기를 겪으며 느슨한 금융규제가 금융위기의 주요 원인으로 지적되면서 금융규제

강화 필요성이 크게 대두 되었다[29]. 이후 2010년 7월 금융규제의 근본적이고 포괄적인 개혁을 통해 금융위기의 재발을 방지할 목적으로 '도드-프랭크 법'을 제정하고, 기존 FRB, OCC, FDIC 등 여러 감독기구에 산재되어 있는 소비자보호기능을 통합한 금융소비자보호국(CFPB: Consumer Financial Protection Bureau)을 신설하였다. CFPB는 은행·비은행 부문 중 대형금융회사(자산 100억달러 이상 금융기관)에 대한 검사와 제재를 담당하고, 대출회사가 차입자의 상환능력을 확인하도록 의무화하는 등 구체적인 소비자보호기준을 제정하였다.

2) 영국

영국은 통합감독기구인 금융감독청(FSA)에서 영업행위 감독과 건전성감독의 균형있는 시행이 어렵다는 판단으로 Twin-peak형 감독체계로 전환하고 금융안정위원회 및 독립된 금융소비자 교육기구를 신설하였다. FCA(Financial Conduct Authority)를 설치하고, 공매도 금지, 공매도자에 대한 정보공개요구권 부여, 인허가취소, 영업정지 등과 과징금을 병과할 수 있도록 제재권 대폭 강화, 집단소송허용 및 금융회사에 대한 소비자보상계획 수립요구권을 부여하여 FCA의 권한을 강화하였다. FCA는 특히 금융회사가 영업행위와 관련하여 준수해야 할 기본사항 규정의 12번째 원칙으로 회사가 원칙적으로 모든 행위를 소비자 입장에서 고려하도록 하는 내용의 '소비자 보호 의무(Consumer Duty)'를 추가하고, 소비자원칙(Consumer Principle), 지배규정(Cross-cutting Rules), 성과기준(Outcomes)의 3단계를 제시하여 이를 위반할 경우 제재할 수 있도록 하였다.

영국 FCA의 Customer Duty

1) 소비자 원칙(Consumer Principle): 금융회사 문화의 전환을 목표로 긍정적 성과(outcome)를 소비자에게 제공하는 것을 목표로 금융회사의 적극적 행동을 요구
2) 지배규정(Cross-cutting Rules): 소비자에게 신의를 다하여 행동(Act in good faith), 예측가능한 피해를 예방(Avoid foreseeable harm), 소비자의 재무목표 추구를 지원(Enable and support retail customers)
3) 성과기준(Outcomes): 상품 및 서비스, 가격 및 가치, 소비자 이해, 소비자 지원을 제시
   - 상품 및 서비스(Products and Services): 소비자 필요에 적합한 상품 및 서비스를 설계하고, 그 필요에 맞는 소비자에게만 이를 판매하고 제공할 것
   - 가격 및 가치(Price and Value) : 금융회사는 상품 및 서비스의 가격 및 비용 설정 시, 소비자의 관점에서 상품의 가치를 평가하여 공정한 가격을 제공할 의무

- 소비자 이해(Customer Understanding): 소비자가 금융상품 및 서비스에 대해 적절한 정보를 바탕으로 올바른 의사결정을 내릴 수 있도록 권유단계부터 해지단계에 이르기까지 필요한 정보를 소비자 수준에 맞추어 적기에 제공
- 소비자 지원(Consumer Support): 상품해지, 보험금 청구 등에 있어 불합리한 장애물이 없도록 하는 등 소비자가 취하고자 하는 조치를 지원

3) 일본

일본에서는 2009년 '금융상품거래법 등의 일부 개정에 관한 법률'에 따라 금융 ADR제도(금융분야에서의 재판외 분쟁해결제도)를 도입하고 2010년 10월부터 금융기관에 대해 적어도 하나의 '지정분쟁해결기관'과 계약체결을 의무화하였다. 지정분쟁해결기관은 행정청이 지정, 감독하고 중립성·공정성을 확보할 수 있도록 하였으며 사안의 특성 및 당사자의 상황에 맞는 분쟁해결을 통해 금융소비자의 신뢰를 강화할 수 있도록 하였다.

참고

글로벌 금융감독체계의 변화

국제적인 감독체계는 통합형(Integrated Approach)과 트윈픽스(Twin-peaks Approach)가 주류이다.

통합형은 단일 규제기구가 전체 금융업에 대해 건전성과 영업행위 규제를 총괄하는 우리나라와 같은 방식이고, 트윈픽스 방식은 목적에 따른 규제로 건전성감독과 영업행위 규제 기능이 별도의 규제 기능에 의해 수행하는 호주, 네덜란드, 캐나다의 방식이다. 이외에 은행, 증권 등 각 금융업자의 법적 지위에 기초한 기관별 접근 방식과 수행업무에 기초한 기능별 접근이 있다.

최근에는 목적에 따른 규제(Regulation by Objective)를 추구하는 트윈픽스 접근에 관심이 집중되고 있다. 통합형의 장점을 취하면서 건전성 규제의 목적과 소비자보호 및 투명성 확보라는 목적 간에 발생할 수 있는 이해상충구조를 해결할 수 있는 방안으로 여겨지기 때문이다. 트윈픽스 접근 하에서 소비자보호와 건전성감독 간에 이해상충이 발생하면 금융안정과 밀접한 관계가 있는 건전성 감독에 우선권을 주는 방안을 적용할 수 있으며, 상이한 규제목적간의 갈등을 해소하고 과도한 권력집중을 방지하고자 하는 것이다.

Institutional Approach	The Institutional Approach is one in which a firm's legal status (for example, a bank, broker-dealer, or insurance company) determines which regulator is tasked with overseeing its activity from both a safety and soundness and a business conduct perspective.
Functional Approach	The Functional Approach is one in which supervisory oversight is determined by the business that is being transacted by the entity, without regard to its legal status. Each type of business may have its own functional regulator.
Integrated Approach	The Integrated Approach is one in which a single universal regulator conducts both safety and soundness oversight and conduct-of-business regulation for all the sectors of financial services business.
Twin Peaks Approach	The Twin Peaks approach, a form of regulation by objective, is one in which there is a separation of regulatory functions between two regulators: one that performs the safety and soundness supervision function and the other that focuses on conduct-of-business regulation.

글로벌 금융위기 이후 금융감독권 개편하는 선진국들		
국 가	시 기	내 용
미 국	2010년 7월	금융개혁법 제정으로 연준이 대형 금융기관의 건전성 기준을 마련하고, 직접 검사하거나 자료를 요청할 수 있도록 함.
영 국	2009년 2월	영란은행 설립 목적에 '금융 안정'을 추가하고, 지급 결제와 관련된 권한을 확대.
	2010년 6월	금융감독청(FSA)을 폐지하는 대신 금융기관 건전성 감독권을 내년 말까지 영란은행으로 이관.
독 일	2009년 10월	기민당·사민당 연정 협상을 통해 금융기관 건전성 감독 기능을 독일연방은행으로 이관 추진.
프랑스	2010년 1월	은행·보험·증권이 나눠져 있었음. 은행과 보험의 통합 감독기구를 신설하고 대표를 중앙은행 총재가 겸임하도록 함.
스위스	2009년 1월	분산됐던 금융 건전성 감독을 금감원과 비슷한 FINMA로 통합.

우리 모두는 금융생활을 영위하는 금융소비자이다. 금융소비자는 시상경세의 수제이며, 경제학에서는 금융소비자가 기본적인 합리성을 갖추고 있다고 전제한다. 하지만 금융소비자는 스스로의 비합리적인 행동에 따라 손해를 보기도 하고, 사업자에 비해 정보가 부족하기 때문에 복잡한 금융환경 속에서 전문가의 추천에 의존하여 의사결정을 하는 취약한 존재이다.

그렇다면 금융소비자는 무조건 보호해야 하는 대상일까? 불완전판매가 아닌 경우 금융소비자에게는 기본적으로 거래의 당사자로서의 역할과 책임이 부여된다. 또한 무리하게 자신의 권리만을 주장하고 과도한 요구를 하는 악성 불평행동소비자들도 분명 존재하기 때문에 금융소비자를 무조건 약자로 여기고 보호하기란 어렵다. 금융소비자보호 측면에서 이들을 어떻게 대해야 할지 이해하기 위해서는 금융소비자를 정확히 알고, 금융소비자보호의 범위와 역할을 이해해야 한다.

제2장

금융소비자에 대한 이해

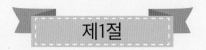

제1절

금융소비자의 주요 특성

1 금융소비자 행동 특성

금융소비자는 전통적으로 금융상품 및 서비스의 거래자로서 존재해 왔다. 금융소비자는 기본적으로 소비생활을 하는 경제인 임에도 불구하고 '소비자'로서 인식된 것은 얼마 되지 않았다. 전통경제학적 관점에서는 가계의 소비성향과 저축성향을 구분하듯 소비를 저축이나 투자와 반대되는 개념으로 보았다. 이런 이유로 금융시장에서의 소비자는 예금자, 보험이용자, 투자자, 대출자 등의 용어로 주로 지칭되어 왔다.

그러나 저축이나 투자행동 또한 소비자의 확장된 소비활동에 해당한다. 소비자가 저축이나 투자를 하는 것은 미래를 준비하기 위한 합리적 소비행위의 관점으로 바라볼 수 있기 때문이다. 또한 금융소비자는 금융기관의 고객으로서 예금상품, 투자상품, 대출상품과 보험상품에 이자, 수수료, 소비유예 등의 비용을 지불하고 구매하는 역할을 한다.

금융소비자행동에 관한 이론은 경제학에서 출발하고 발전되어 왔다. 신고전경제학 이론에 따르면 '소비자를 포함한 모든 경제주체는 합리적이다'라는 가정에서부터 금융소비자의 특성이 정의된다. 소비자는 자신의 욕구를 충족하기 위해 주어진 자원의 제약 하에서 합리적인 선택을 해야 하는데, 여기에는 세 가지 가정이 필요하다. 첫째, 모든 경제주체에게 의사결정에 필요한 모든 정보가 주어진다는 가정이 성립해야 한다. 이때 정보의 격차나 비용이 없어야 하며, 소비자 스스로 자신이 무엇을 좋아하는지, 상품과 서비스를 선택함으로써 어느 정도의 효용을 느끼는지를 잘 알고 있어야 한다. 둘째, 목적의 달성을 위해 가장 최선의 행동을 취하는 수단을 합리적으로 선택할 수 있다는 가정이 성립해야 한다. 셋째, 소비자는 주어진 선택안들에 대해 체계적인 선호를 갖추고 있어야 한다. 그러나 이와 같은 경제이론의 규범적인 가정은 현실적으로 충족되기가 어렵다. 소비자는 다양한 욕구와 동기를 지니고 있고, 가치관과 심리적 특성이 각기 다르다. 뿐만 아니라 모든 정보가 주어지더라도 어떤 소비자들은 비합리적인 선택을 하게 되어 현실에서의 금융소비자 행동은 효용이론에서의 예측과는 다른 모습으로 나타나게 마련이다[30].

최근에는 현실에서 관찰되는 금융소비자의 저축, 투자, 차용행동, 자산관리 등의 행동을 행동학적 이론(behavioral theory)에 기반한 행동재무학(behavioral finance)으로 설명하는 경우가 많다. 행동경제학에서는 소비자의 합리성을 가정하지 않고, 심리적 특성에 따라 행동학적 접근법을 활용하여 소비자가 비합리적으로 행동하는 방식을 발견하고자 하고 있다. 소비자는 제한된 정보나 시간부족, 인지부족으로 인해 '제한적으로 합리적'이거나 '비합리적'일 때가 많기 때문이다.

행동경제학에서는 특히 소비자가 이득보다 손실에 더 민감하다고 보는 전망이론(prospect theory)를 바탕으로, 금융소비자의 다양한 휴리스틱이나 편향들을 연구해 왔다. 그중 몇 가지를 살펴보면 동일한 현상이라도 현상을 보는 틀이나 정보를 제공하는 방식에 따라 소비자의 현상에 대한 태도나 행동이 달라진다는 '프레이밍 효과(framing effect)', 개인이 각자의 마음 속에 회계시스템을 가지고 있어, 같은 양의 돈일지라도 달리 인식하고 사용방식도 다르게 적용하게 된다는 '심적회계(mental accounting)', 자신의 능력을 과대평가하거나, 투자 결과를 예측할 때 자신이 실수할 확률이 적다고 믿는 '자기과신(overconfidence)', 실제 후회를 경험하기도 전에 후회할까 걱정하면서 의사결정하는 '후회회피(regret aversion)', 의사결정을 할 때 주어진 초기의 정보에 영향을 받는 '닻내리기 효과(anchoring effect)', 자신이 가지고 있는 자산의 가치를 더 높게 평가하는 '소유효과(endowment effect)', 나중에 실현되는 수익보다 가까운 시일의 수익을 더 선호하여 서로 다른 할인율을 적용하는 '쌍곡형 할인

(hyperbolic discounting)' 등이 있다[31].

위의 논의를 종합해보면, 소비자의 합리성이 발휘되기 위한 경제적 조건인 완전정보, 경쟁적 시장구조는 현실에서 구현되기 어렵다. 현실에서의 금융소비자는 정보부족이나 정보과부하 등의 이유로 금융회사 또는 판매자가 제공하는 정보가 아무리 많고 정확하더라도 다양한 욕구와 동기, 제한된 합리성 등의 심리적 요인에 따라 비합리적인 행동을 할 때가 많고, 결과적으로 금융생활에 있어 합리적인 의사결정을 하기가 매우 어렵다.

금융상품이나 서비스는 전문가를 믿고 구매하는 신뢰재의 성격을 지니는 경우가 많다. 즉 금융소비자는 상품이나 서비스에 대한 정보를 이해하고 구매하는 것이 아니라, 전문가를 믿고 선택해야 하는 것이다. 이러한 상황에서 정보력이 풍부한 금융회사 소속 전문가와 금융소비자의 이해가 상충되는 경우 누가 피해를 보게 될지는 자명하다. 이와 같이 정보의 부족, 정보의 비대칭성, 금융상품의 전문성 등으로 인해 금융소비자는 금융기관과의 거래에서 상대적으로 열등한 지위를 가지게 되며, 금융당국에서는 상대적으로 약한 소비자에게 정부의 힘을 실어주자는 보호주의적 관점을 취하고 있다[32].

그림 2-1 **금융소비자 권리 실현을 위한 경제주체의 책임**

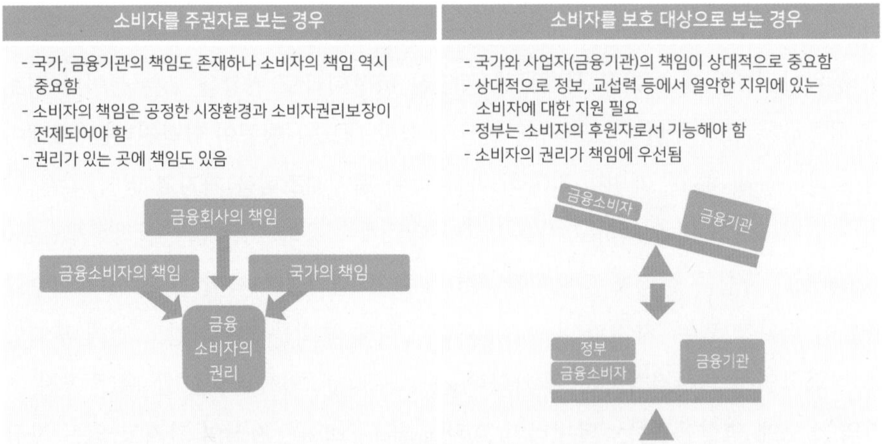

소비자를 주권자로 보는 경우
- 국가, 금융기관의 책임도 존재하나 소비자의 책임 역시 중요함
- 소비자의 책임은 공정한 시장환경과 소비자권리보장이 전제되어야 함
- 권리가 있는 곳에 책임도 있음

금융회사의 책임
금융소비자의 책임   국가의 책임
금융소비자의 권리

소비자를 보호 대상으로 보는 경우
- 국가와 사업자(금융기관)의 책임이 상대적으로 중요함
- 상대적으로 정보, 교섭력 등에서 열약한 지위에 있는 소비자에 대한 지원 필요
- 정부는 소비자의 후원자로서 기능해야 함
- 소비자의 권리가 책임에 우선됨

금융소비자   금융기관
정부
금융소비자   금융기관

(출처: 성영애(2015). 금융소비자의 권리와 책임. 한국금융소비자학회 금융소비자보호를 위한 정책세미나.)

이러한 상황에서 금융소비자들은 금융시장에서 제공하는 상품과 서비스를 이용해 재무관리를 하고 있다. 특히 최근에는 전자통신기술의 발전으로 전자금융 서비스[33]가 가능해져 새로운 소비자문제에 직면하고 있다. 2016년 비대면 실명확인이 가능해지면서 이론적으로 모든 금융서비스의 비대면 거래가 가능해진 이래로, 모바일 기기 등을 활용한 비대면 금융거래는 이미 대세로 자리잡았다. 핀테크[34]의 확산은 전통적인 금융업과 비금융업의 경제가 무너지는 효과를 낳았고, 비금융기관인 스마트폰 제조사, 이동통신사, 플랫폼 사업자, 물류유통서비스사 등에서 다양한 금융서비스를 제공하고 있다.

금융소비자에게 있어 비대면 금융거래의 혜택은 다음과 같다. 첫째, 거래의 편의성이 증진되었다. 기존 금융회사 창구에서 오프라인으로 수행해야 했던 업무를 소비자가 원하는 공간과 시간에 개인 디바이스로 간편하게 처리할 수 있게 되어 24시간 금융거래가 가능해졌다. 둘째, 소비자의 선택권이 증대되었다. 비대면 거래가 가능한 금융상품이 계속 개발됨으로써 효율적인 자산관리가 가능해졌다. 셋째, 정보탐색비용이 감소하였다. 금융상품이나 서비스에 대한 정보제공도 온라인으로 이루어지며, 영업소에 찾아가 정보를 탐색할 필요가 줄어들어 소비자의 시간과 금전적 비용을 줄여주고 있다. 넷째, 소비자 역량 강화에 기여한다. 온라인 탐색채널이 활성화되어 소비자의 자기주도적 정보탐색을 가능케 하며, 소비자의 역량강화에 기여할 수 있다. 다섯째, 금융거래비용이 감소된다. 비대면 거래는 금융회사의 임대료, 인건비 등을 줄여줄 수 있어 소비자의 금융거래 비용이 감소된다. 마지막으로 비대면거래 활성화는 금융회사의 상품과 서비스의 경쟁을 촉진시켜, 수수료나 금리 경쟁으로 이어질 수 있으므로 궁극적으로 소비자의 이익으로 돌아올 수 있다.

그러나 비대면 거래에는 잠재적인 불완전판매 위험이 존재한다. 첫째, 거래의 신속성과 편의성만이 강조된다면 소비자에게 정보가 제공되더라도 상품설명서나 약관을 제대로 읽고 이해한 후 거래를 하는 것인지 알 수 없다. 실제로 증권사 펀드 가입의 경우 대부분 모바일트레이딩시스템(MTS)을 통해 이루어지고 국내 4대 은행에서 최근 판매된 펀드 중 80% 이상이 온라인을 통해 신규 가입이 이루어졌으나, 소비자가 설명 내용을 자세히 읽지 않고 가입하는 경우가 많아 판매자 입장에서 금융소비자 보호 의무가 적용될 수 있는 범위가 제한적이다[35]. 둘째, 적합성원칙 측면에서도 문제점이 나타나는데, 먼저 온라인 채널에서는 투자자의 투자성향을 고려하기보다는 수익률이 높거나 계열사의 펀드를 우선적으로 추천해줄 가능성이 높기 때문에 보수적 투자자라도 고위험의 펀드에 가입하게 될 수 있다. 셋째, 온라인 거래 시 정보탐색부터 가입까지의 모든 단계에서 소비자가 스스로 의사결정을 내려야 하므로, 소비자의 금융역량에 관계 없이 자기책임원칙이 강조된다. 그 결과 피해가 발생해도 보상받기 어려워진다는 문제가 발생한다. 넷째, 디지털역량이 부족한 소비자의 경우 금융 접근성이 낮아지게 되어 자신에게 필요한 금융상품과 서비스를 다른 소비자와 견주어 공정한 가격에 제공받지 못하게 된다. 다섯째, 비대면거래를 통한 금융상품 경쟁 촉진은 장점이 될 수 있으나, 과도한 가격경쟁은 금융회사의 수익성 악화 및 건전성 악화로 이어질 수 있다. 여섯째, 보안 침해로 인한 전자금융사고 발생의 소지가 있으며, 다양한 경로로 개인정보가 활용되어 전기통신금융사기[36]의 확대 가능성이 있다. 이러한 잠재적 위험들은 궁극적으로 금융시스템의 불안으로 이어질 수 있어 소비자에게 위협 요인이 된다.

2 금융소비자의 재무적 특성

금융소비자를 이해하기 위해서는 금융소비자의 재무적 특성을 먼저 파악할 필요가 있다. 통계청에서는 매년 가계금융복지조사 및 가계동향조사 등 국가 단위의 데이터를 생성하여 전국 가계의 재무상황을 파악하고 있으며, 신한은행[37], 하나은행[38], KB금융지주[39], 미래에셋[40], NH투자증권[41] 등 시중 금융기관들도 국내 금융소비자들의 금융생활을 분석하는 보고서를 발간하고 있다.

통계청의 2022년 가계금융복지조사결과, 가구의 평균 자산은 5억 4,772만원으로 2021년 대비 9.0% 증가하였으며 이는 거주주택자산 및 전월세보증금의 증가에 기인하였다. 가구의 소득이 증가하거나 여유자금이 발생했을 때 주된 운용방법을 질문한 결과, 저축과 금융자산 투자 47.9%, 부동산 구입 26.3%, 부채상환 20.9%로 나타났다. 2022년 3월 말 기준 가구의 평균 부채는 9,170만원으로 전년대비 4.2% 증가하였으며, 특히 부채는 금융부채 74.2%(6,803만원)와 임대보증금 25.8%(2,367만원)으로 구성되었다.

그림 2-2 2022년 가계금융복지조사 결과

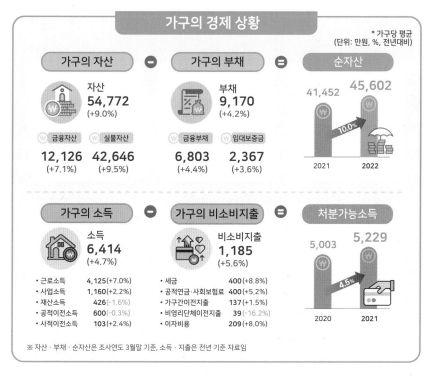

가구의 경제 상황

* 가구당 평균
(단위: 만원, %, 전년대비)

가구의 자산 ⊖ **가구의 부채** ⊜ **순자산**

자산
54,772
(+9.0%)

부채
9,170
(+4.2%)

41,452 → 45,602

10.0%

2021 2022

금융자산 실물자산
12,126 **42,646**
(+7.1%) (+9.5%)

금융부채 임대보증금
6,803 **2,367**
(+4.4%) (+3.6%)

가구의 소득 ⊖ **가구의 비소비지출** ⊜ **처분가능소득**

소득
6,414
(+4.7%)

비소비지출
1,185
(+5.6%)

5,003 → 5,229

4.5%

2020 2021

- 근로소득   4,125(+7.0%)
- 사업소득   1,160(+2.2%)
- 재산소득   426(-1.6%)
- 공적이전소득 600(-0.3%)
- 사적이전소득 103(+2.4%)

- 세금   400(+8.8%)
- 공적연금·사회보험료 400(+5.2%)
- 가구간이전지출   137(+1.5%)
- 비영리단체이전지출   39(-16.2%)
- 이자비용   209(+8.0%)

※ 자산·부채·순자산은 조사연도 3월말 기준, 소득·지출은 전년 기준 자료임

(출처: 통계청(2022), 가계금융복지조사 결과)

신한은행에서 우리나라 경제활동 인구 중 20~64세 취업자 10,000명을 대상으로 조사한 '보통사람 금융생활 조사'에 따르면, 2021년 20~64세 경제활동가구의 월 평균 가구 총소득은 493만원으로, 2018년과 비교할 때 저소득과 고소득층 간 소득 격차가 커져 양극화 현상이 나타나고 있다. 부채 상환액은 2018년부터 총소득 증감과 상관없이 주택담보대출 및 전월세자금대출을 중심으로 계속 증가하고 있었다. 지난 4년간 저축/투자액 비중은 지속적으로 줄고 예비자금 비중을 늘리는 것으로 나타났으며, 특히 20-30대의 경우 저축/투자액이 더욱 줄어들어 가구 내 저축 여력이 있더라도 금융상품을 이용하기보다는 여유자금 확보를 위해 계속 노력하고 있음을 알 수 있었다. 반면, 투자포트폴리오는 공격적으로 변화하여 수시입출식예금이나 CMA 등의 비중은 2018년 21.5%에서 2021년 13.6%로 줄고, 투자상품 비중은 7.8%에서 13.6%로 크게 늘어 낮은 예적금 금리와 투자 열풍이 맞물리면서 안정적

인 상품보다 위험은 크지만 수익성이 있는 투자상품 비중을 더욱 늘린 것으로 해석되었다. 한편 보험상품의 월 납입액 비중도 32.8%에서 37.8%로 크게 증가한 모습을 보였다.

모든 연령층에서 2020년부터 적금/청약 저축액은 감소한 반면 투자상품 비용은 증가했으며, 지출 후 남은 돈은 현금 또는 수시입출금 통장에 보유하는 모습을 보였다.

중산층의 경제생활과 노후준비현황을 파악하고자 한 NH투자증권 100세시대연구소의 '2022 중산층보고서'에 따르면, 우리나라 중산층의 45.6%는 스스로를 하위층으로 인식하고 있으며, 통산 중산층의 기준은 중간 정도의 소득수준에 해당하지만 한국에서는 중간 정도의 삶을 넘어 안정적이고 여유로운 삶의 수준을 가져야 한다는 생각을 하는 것으로 나타났다. 우리나라에서는 4인 가구 기준 월소득 686만원, 월소비는 427만원은 되어야 중산층이라고 생각했으며, 순자산 기준으로는 9억 4천만원 정도가 있어야 중산층이라고 여기는데, 이는 우리 나라 순자산 상위 11%에 해당한다.

미혼보다 기혼일 때, 가구원수가 많아질수록 중산층 계층 인식이 향상되었으며 보통 중산층의 기준은 소득으로 구분되나, 개개인이 생각하는 중산층의 개념은 소득, 자산, 소비수준, 삶의 질 등을 포함하는 객관적 지표와 주관적으로 느끼는 요소를 복합적으로 내포하고 있었다. 이는 이상과 현실의 괴리가 커지는 결과로 이어져, 국내 중산층은 부동산을 포함한 자산, 가족이 주는 정서적 안정감을 모두 충족해야 비로소 중산층이라고 생각하는 것으로 나타났다. 즉 한국형 중산층이 되는 지름길은 소득을 자산으로 만들어가는 자산관리에 있다는 것이다.

3 금융소비자의 역량 수준

1) 금융소비자역량의 개념

금융소비자역량(financial capability 또는 financial competency)은 소비자들이 평생에 걸쳐 재무적 안정을 유지하고 보유한 자원을 효율적으로 관리하기 위해 필요한 지식과 능력이다[42].

금융소비자역량은 금융역량, 재무역량, 재무관리역량 등으로도 지칭되며, 금용이해력(financial literacy)뿐만 아니라 재무지식, 태도, 행동, 기술 등을 포함하는 넓은 개념이다. 금융역량의 구성요소와 관련하여 미국의 CFPB(2015)에서는 소비자조사 결과를 바탕으로 '지식' 보다는 '방법'을 아는 것이 중요하다는 판단 하에 금융지식 사용에 영향을 미치는 행동 구성 요소 또는 기술(skill)을 별도로 구분하였다. 이때 기술은 효과적인 행동을 지원하는 것으로 정의되며 금융결정을 지원하기 위해 신뢰할 수 있는 정보를 찾는 방법, 정보 처리하는 방법을 아는 것, 영향을 모니터링 하는 것을 포함하여 금융 의사 결정을 실행하는 방법을 아는 것을 포함한다. 영국의 MAS(money advice service)에서는 재무역량에 인식, 기술·지식과 태도·동기로 구성된 심리적·내부적 요인들뿐만 아니라 금융서비스에 대한 접근성 및 소비자들과의 상호작용 용이성 등 외부적인 요인들까지 포함해야 한다고 하였다[43].

금융소비자보호를 사전적 보호와 사후적 보호로 구분할 때, 사후적 금융소비자보호(민원처리 및 피해구제 등)와 대비되는 사전적 금융소비자보호에는 금융정보공시와 더불어 금융소비자교육이 주된 역할을 한다.

사전적 금융소비자교육을 통해 개발하고자 하는 지식의 목표는 현상 자체를 우선 정확하게 이해하고, 이를 바탕으로 구체적인 상황해결을 가능하도록 하는 것이다. 즉 금융소비자의 역량이 높다면 경제가치의 지속적인 내면화를 통해 가치관을 형성함으로써 일련의 금융관련 의사결정에서 합리적이고 현명한 판단을 가능케 할 수 있다[44·45].

금융역량을 강화하기 위한 금융소비자교육에는 정보제공(information), 지도(instruction), 조언(advice) 등 다양한 활동이 포함된다[46]. 금융역량을 강화함으로써 금융소비자는 계획적인 금융생활을 영위하고 필요한 정보를 습득하고 활용할 수 있으며 금융자문(financial advice)의 시의성을 파악하고 내용을 이해할 수 있는 능력을 갖출 수 있다[47]. 이때 중요한 것은 개인의 상황에 적절한 금융 의사결정을 하는데 있어 지식, 이해, 기술, 동기, 그리고 자신감을 가지도록 하는 것이다[48].

국제기구와 주요 여러 국가들에서는 소비자의 금융이해력, 재무역량, 재무교육 향상 노력의 최종 효과를 평가하는 도구로서 '재무웰빙(Financial Well-being)'이라는 개념에 주목하고 있다. OECD[49]에서는 금융이해력의 정의를 '건전한 금융의사결정과 궁극적으로 개인의 재무웰빙을 달성하는 데 필요한 인식, 지식, 태도 및 행동의 조합'으로 설명하였고, 금융교육에 대해서도 '정보, 지침, 객관적 조언 등을 통해 금융상품의 개념과 위험에 대한 이해를 개선하고, 재무적 위험과 기회를 충분히 이해한 후 금융의사결정을 내릴 수 있으며, 재무웰빙을 개선하기 위해 효과적인 행동을 취할 수 있는 기술과 자신감을 개발하는 과정'으로 정의함으로써 금융이해력 향상과 금융교육의 궁극적 목표가 '재무웰빙'에 있다는 점을 명확히 하고 있다.

재무웰빙은 "금융소비자가 일상생활에서 금융문제를 처리할 수 있고, 미래에 발생할 수 있는 금융 충격으로부터 안전하며, 자유로운 금융 선택이 가능하여 자신의 금융목표를 달성할 수 있는 상태"[50]이다. 이러한 정의에 따라 재무웰빙의 수준을 측정할 때에는 대부분 '세금이나 공과금, 대출 등 재무적 필요를 감당할 수 있는지', '삶을 즐길 수 있는 여유가 있는지', '예기치 못한 재무적 충격에 대비할 능력이 있는지' 등을 살펴보게 된다. 향후 미국 CFPB(Consumer Financial Protection Bureau), 영국의 MAS(Money Advice Service)에서와 마찬가지로 국내에서도 금융역량 향상을 위한 금융교육 정책 수립과 정책 효과 측정에 재무웰빙을 활용하고, 각 금융기관에서도 금융소비자의 재무웰빙 향상을 금융소비자보호의 궁극적 목표로 설정할 필요가 있다.

2) 국내 금융소비자의 역량 수준

전 세계 금융시장에서는 2008년 글로벌 금융위기가 발생하게 된 원인 중 하나로 복잡한 금융환경에 비해 금융소비자들의 금융이해력이 매우 부족하다는 점을 지목하였다. 이후 OECD와 World Bank 등 국제기구 및 미국, 영국 등을 중심으로 취약계층을 위한 금융교육 및 금융포용 문제를 해결하고자 하는 노력이 지속적으로 이어져 왔다[51].

우리나라에서도 금융 관련 공공기관, 금융업계, 민간 등 각 주체들이 가계의 금융이해력 향상과 금융교육 확대를 위한 역할을 적극적으로 담당하고 있다. 또한 금융지식과 정보에 기초한 합리적인 의사결정능력을 갖춘 금융소비자를 육성하기 위한 목적으로 다양한 금융교육 사업과 프로그램을 수행하고 있다[52].

그중 금융감독원과 한국은행에서는 2년마다 함께 전국 2,400가구를 대상으로 우리나라 성인(만18세~79세)의 금융이해력(financial literacy) 수준을 측정하고, 경제·금융 교육 방향 수립 및 OECD 국가 간 비교 등에 활용하고 있다. 금융이해력조사에서는 OECD 산하의 경제·금융교육에 관한 글로벌 협력기구인 INFE[53](금융교육 국제네트워크)가 제시한 가이드라인에 따라 금융지식, 금융행위, 금융태도 부문별로 43개

문항을 조사하고 있다. 금융지식은 '화폐의 현재가치, 대출이자 계산, 원리금 계산, 복리이자 계산, 인플레이션 의미, 분산투자 개념, 위험과 수익관계를 질문하며, 금융행위는 소득과 지출 관리(구입 전 지불능력 확인, 기일 내 대금 납부, 가계예산 보유, 가계 적자 해소), 재무설계(평소 재무상황 점검, 적극적인 저축경험, 장기 재무목표 보유), 금융거래 (금융상품 선택) 등을 측정하고 있다. 금융태도 측면에서는 '미래보다 현재 선호, 저축 보다 소비 선호, 돈은 지출을 위해 존재함' 등의 질문으로 가치관과 선호가 포함되어 있다.

2022년도 금융이해력 측정 결과를 살펴보면, 우리나라 성인의 금융이해력 점수는 66.5점으로, 부문별로는 금융지식이 75.5점으로 가장 높았고 금융행위 65.8점, 금융태도 52.4점 순으로 나타났다. 특히 금융행위 항목 중에서는 장기 재무목표 설정(48.0점), 평소 재무상황 점검(55.7점) 점수가 낮아 장기 재무계획과 관련된 활동이 취약한 모습을 보였다. 따라서 현행 재무지식 제공 위주의 금융교육 외에도 복잡하고 새로운 금융상품을 선택하는 방법 등의 재무의사결정 및 재무관리지식 활용 등 실질적 재무관리기술 수준 향상 방안을 모색할 필요가 있다[54].

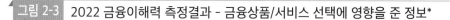

그림 2-3 2022 금융이해력 측정결과 - 금융상품/서비스 선택에 영향을 준 정보*

친구나 가족, 지인의 추천	58.4
금융상품을 제공하는 금융기관의 직원이 제공한 정보	46.2
전문가의 금융상품비교 또는 구매 추천 안내 정보	42.8
특정 금융상품에 대한 광고나 브로셔 정보	31.7
가격비교웹사이트	30.3
소셜 미디어 또는 인플루언서 등 귀하를 모르는 사람의 추천	14.8
독립투자자문업자의 추천 정보	12.6

* 복수응답

(출처: 통계청(2022), 가계금융복지조사 결과)

또한 최근 2년간(2020.9월~2022.8월) 친구·가족·지인의 추천으로 금융상품을 선택한 경우가 58.4%로 나타나, 금융상품 및 서비스 선택 시 금융기관 직원(46.2%), 전문잡지·전문가(42.8%) 등의 전문적인 정보를 찾기보다는 친구·가족·지인의 추천에 의존하는 경향이 있는 것으로 나타났다.

2022년 금융이해력 조사 결과에서는, 이전 조사에 비해 70대의 금융이해력 점수가 상승하여 계층간 격차가 다소 줄어들었음에도 불구하고 여전히 60~70대 노령층, 연소득 3천만원 이하의 저소득층, 고졸 미만의 저학력층에 있어서는 금융이해력이 상대적으로 낮은 모습을 보였다. 특히 디지털 금융이해력 점수는 42.9점으로 일반 금융이해력 점수(66.5점)에 비해 크게 낮았는데, 역시 70대 고령층(36.0점), 저소득층(39.4점) 및 고졸 미만(35.9점) 등의 디지털 금융이해도가 낮은 것으로 조사되었다. 즉 연령이나 소득, 학력이 낮은 소비자들의 경우에는 최근 등장하는 금융상품과 서비스의 구조를 이해하고 적절하게 선택할 수 있는 역량이 부족하다는 점을 숙지할 필요가 있다.

4 취약 금융소비자에 대한 이해

급변하는 금융환경 속에서 새로운 금융서비스와 금융상품이 발달하는 한편, 금융소비자의 피해도 급속도로 확산되고 있다. 특히 피해자에 대한 '경제적 살인'이라고 불리는 보이스피싱 사건은 매년 꾸준히 늘어 지난 5년간 매년 2~3만건에 이르는 피해사례가 보고되고 있다. 2022년의 경우 피해건수가 2만 2천건에 육박하며, 피해액은 5,438억원에 달했다[55]. 그 외에도 앞서 살펴본 KIKO 사태와 우리파워인컴펀드 사태, DLF 사태 등을 겪으며 금융업계에서도 불완전판매 근절 및 금융소비자보호에 대한 관심이 매우 높다.

금융소비자가 피해를 입는 이유는 금융시장과 상품의 구조적 문제와 불완전판매에도 원인이 있지만 금융소비자의 낮은 금융이해력 수준과도 무관하지 않다. 특히 금융이해력이 낮은 것으로 밝혀진 고연령·저소득·저학력 소비자 등 취약계층 금융소비자들은 일반 금융소비자와의 금융이해력의 차이뿐만 아니라 금융기술의 격차도 심각한 상황이다. 우리나라에서는 IMF 외환위기와 글로벌 경제위기 등을 경험하면서 서민금융시장의 초과수요가 만성화되었고, 고금리 사금융이나 불법 대부업이 대출 공급의 상당 부분을 담당하여 채무불이행자가 양산되었다. 1990-2010년 기간의 국내 거시경제자료를 통해 금융발전이 소득불평등에 미치는 영향을 실증분석한 연구에서는 국내의 경우 금융이 발전할수록 소득불평등이 확대되는 뚜렷한 경향이 나타나, 저소득층의 금융접근성을 확대하는 방안을 모색함으로써 소득불평등을 시급히 완화하여야 한다고 하였다[56]. 이와 같이 취약계층은 주택자산의 불평등, 소득불평등의 악화, 사회보장의 결핍[57] 등의 문제점을 안고 있으며, 저축액이 부족하여 개인파산을 겪는 비율도 높다. 특히 취약계층 금융소비자들은 적절한 금융기술을 가지고 있지 못하기 때문에 이러한 문제들이 금융시장 구조를 통해 더욱 악화되고 있다.

급변하는 금융환경 속에서 취약계층은 불완전한 금융상품으로 인한 피해를 더욱 극심하게 받게 되는 특성이 있다. 특히 금융서비스 공급자에 비하여 정보와 능력의 격차로 인한 문제점이 더 크게 발생할 수 있는 대상이다. 금융취약계층은 바쁜 생업 등으로 실생활에서 쉽게 금융교육을 접하기 어렵기 때문에 금융소외 지대에 놓인 취약 소비자에 대한 정책적·사회적 책임이 더욱 강조되고 있다.

취약계층에 대한 금융교육의 관심은 '금융포용(Financial Inclusion)'이라는 개념으로 더욱 활성화되고 있다. 2007년 금융위기가 촉발된 미국에서는 '취약 소비자들에게 우산을 빌려 주었던 금융회사들이 비가 오기 시작하니 우산을 걷어 갔다'는 부정적 인식이 확산되었고, 이러한 인식을 개선하고자 글로벌 금융회사들을 중심으로 다문화 가정이나 장애인 등 금융소외 계층을 위한 특화된 보험상품을 개발하고 금융문맹 문제를 해결하는 금융교육 활성화를 추진하였다. 더불어 금융회사는 포용금융 활동을 소비자 대상의 CSV(Creating Shared Value) 수단으로 삼아 경쟁 회사와 차별화하는 한편 장기적 수익 개선을 추구하기도 하였다[58].

금융위원회에서는 2018년 금융혁신 4대 전략 중 하나로 '포용적 금융'을 내세우고 ① 서민의 금융부담 완화, ② 채무자 특성을 고려한 맞춤형 금융지원 제공, ③ 취약채무자 보호 강화, ④ 금융권의 사회적 책임 강화 등의 정책목표를 설정한 바 있다[59]. 포용적 금융은 성인이 다양한 금융서비스에 접근할 수 있고 효과적으로 사용할 수 있도록 하는 데 초점을 맞추고 있고, 포용적 금융의 시작은 은행을 비롯한 각종 금융기관 또는 온라인뱅킹 제공자의 거래 계좌를 보유할 수 있도록 하는 데 있다. 그러나 2015년 World Bank의 조사 결과, 전 세계 성인의 38% 즉, 20억 명의 성인들이 거래 계좌를 가지고 있지 못한 것으로 나타났다[60]. 이와 같이 취약계층에 대한 포용적 금융은 주로 소비자가 물건을 구입하고 비용을 지불하거나 저축, 투자, 보험 상품에 가입할 수 있도록 하는 데 초점을 맞추고 있다. 2008년 세계은행에서는 금융소외가 발생하는 원인을 ① 낮은 소득 및 낮은 신용등급으로 인한 비적격성(ineligibility), ② 계층과 인종차별적 요인으로 인한 이용 불가능(non-availability), ③ 금융이해력 부족(financial illiteracy), ④ 금융상품의 높은 가격으로 인한 지불 불가능(non-affordability) 등 4가지로 제시하였다[61]. 이처럼 낮은 금융이해력으로 금융상품 정보가 복잡하고 이해가 어려워 이용하지 못하는 경우도 금융소외가 발생하는 주요 원인으로 지목되고 있다.

따라서 취약계층 금융소비자가 지닌 다양한 격차를 완화할 지속적인 해결책을 찾는 것은 경제적·정치적으로 매우 중요한 과제이며, 취약계층과 거래하는 금융회사에 있어서도 예외는 아니다. 취약계층 금융소비자를 보호하고 금융상품과 시장에 대한 이해의 수준을 높이는 데 노력을 기울인다면 금융거래에 대한 자신감을 고취시켜 불공정한 거래 가능성을 방지할 수 있고, 궁극적으로 금융시장에 대한 전반적 신뢰를 제고하는 데 기여할 수 있다. 소비자의 금융에 대한 신뢰는 저축 및 투자를 증가시키고 실물경제를 성장시키는 원동력이 될 수 있다.

우리나라 일반 소비자 및 취약계층의 금융역량은 다른 나라와 비교해 낮은 수준이다. 2012년 OECD/INFE 가이드라인에 따라 실시한 금융이해력 조사결과에서 한국은 전체 국가 중 중위권 수준의 금융이해력을 기록하였다. 저소득층의 금융역량은 더 낮은 수준으로, 한국은행(2013)이 발표한 계층별 금융지식(financial knowledge)과 금융행위(financial behavior) 점수에서는 저소득층의 금융지식점수(5.3점/8점 만점)가 중간소득층(5.8점)과 고소득층(6.2점)에 비하여 낮았으며, 금융행위점수도 5.0점(9점 만점)으로, 중간소득층(5.9점), 고소득층(6.2점)에 비하여 낮았다. 따라서 금융역량의 양극화는 소득의 양극화와 더불어 빈곤의 양극화를 심화시킬 우려가 크다.

우리나라 취약소비자의 문제적 특성을 조사한 연구에 따르면, 조사대상자 중 23.9%가 저축을 하지 않거나 월 소득의 10% 이하를 저축했고, 18.5%는 월 소득의 30% 이상을 부채상환에 사용하고 있었다. 24.8%는 비상자금을 보유하고 있지 않았다. 저축과 투자 부문에서 취약성을 보유한 소비자의 경우, 일반 소비자에 비해 금융교육 경험이 낮다. 신용과 대출 측면에서 취약한 소비자의 경우, 금융지식에 차이는 나타나지 않았으나 대출 이용에 허용적인 태도가 높았다. 또한 금융교육 경험이 부족한 소비자의 경우 위험관리와 보험 측면이 취약한 것으로 나타났다[62]. 그와 함께 취약계층의 보호를 위해서는 앞서 살펴본 바와 같이 최근 더욱 발전 속도가 빨라지고 있는 비대면 금융서비스에서 일어날 수 있는 소비자문제[63] 관련 정보를 잘 알리고 교육해야 할 것이다.

제2절

프로슈머와 악성불평행동 소비자

1 | 금융 프로슈머
2 | 악성불평행동 소비자

1 금융 프로슈머

프로슈머(Prosumer)라는 개념은 미래학자 앨빈토플러(Alvin Toffler)가 1980년 발간한 저서 '제3의 물결'에서 도입한 용어이다. 그는 "프로슈머(Producer 생산자 + Consumer 소비자)의 시대가 도래할 것이며, 산업사회의 가장 큰 특징 중의 하나인 생산자와 소비자간의 엄격한 구분이 사라지고 소비자의 역할이 커지는 시대가 올 것이다"라고 한 바 있다. 기존에 소비만을 담당하던 사람들이 생산활동에도 적극 참여하게 되면서 기존의 "소비"와 "생산"이라는 이분법적 한계를 뛰어넘는 새로운 상품들과 서비스가 발생할 수 있는 여지가 생겼다는 것이다.

금융의 영역에서도 과거에는 금융소비자들이 은행, 증권사 등 소수의 금융기관이 제시하는 금융투자상품을 일방적으로 소비해야만 했지만 크라우드펀딩, P2P대출, P2B대출 등의 방식으로 정보를 생산하고 공유하면서 소비자중심적 생태계로 탈시장화를 이끌고 있다. 단순한 투자자였던 사람이 자금을 직접 모집하는 발행인이 되고, 집단지성으로 새로운 금융투자상품을 만들어 다시 투자자를 적극적으로 모집하게 되는 알고리즘으로 발전될 수 있는 것이다[64]. 또한 IT를 통해 효율적으로 금융서비스를 제공하거나, 새로운 금융 플랫폼을 만드는 과정에도 소비자들이 적극적으로 참여하여 프로슈머들을 활용한 마케팅이 활성화되고 있다.

이 과정에서 투자하는 개인들은 적극적으로 금융 주권(The right of financing)을 행사할 수 있다. 금융 주권은 내가 키우고 싶은 기업에 직접 투자할 수 있는 권리를 의미함과 동시에 이와 같은 권리를 행사하는 사람들이 모여 한 기업을 키워나갈 수 있는 권리의 확장을 의미하기도 하며, 과거에 기존 금융기관이 수행하던 선택의 권리가 일반 금융소비자들에게 확산되는 계기가 된다고 할 수 있다.

2 악성불평행동 소비자

1) 악성불평행동소비자의 개념

일반적으로 보통의 상식선에서 인정할 수 있는 수준을 벗어난 정도의 소비자를 '블랙컨슈머(Black Consumer)'라고 지칭하고 있다[65]. 블랙컨슈머라는 용어는 부정적 의미의 블랙(black)과 소비자라는 뜻의 컨슈머(consumer)의 합성어로, 거래의 상대방 혹은 민원처리기관에 의도적·반복적으로 불만을 표출하고 영업행위를 방해하는 소비자를 지칭하는 용어로 통용되어 왔다[66]. 최근에는 소비자가 입은 피해에 대한 이의와 불만을 제기하는 다양한 유형의 소비자를 블랙컨슈머로 지칭하는 경우가 많다. 그러나 이 경우 불만호소행동을 하는 소비자의 경계를 모호하게 만들 우려가 있다[67]. 소비자의 권리를 정당하게 행사하고 민원을 제기하는 일반 소비자들의 불만을 악성 불평행동으로 오도할 여지가 있기 때문이다. 또한 블랙컨슈머라는 단어는 흑인 소비자를 연상케 하는 단어로서 보편적으로 사용하기에 바람직하지 않으므로 '문제행동'과 '악성민원'에 초점을 맞추어 '악성불평행동소비자'로 지칭하는 것이 바람직하다[68]. 이들은 '재산적 이익뿐만 아니라 사적인 만족을 포함한 부당한 이익을 취하기 위해 고의적으로 사업자를 상대로 민원을 제기하며, 기업을 상대로 과도한 보상을 요구하거나 이를 반복적으로 악용하는 소비자'로 정의된다.

악성불평행동소비자와 일반 소비자는 그 행위적 특성이 일반적으로 불량고객 행동과 유사하지만 행위전 기만할 목적이 있는가를 의미하는 '의도성'의 여부에 따라 구분된다. 이는 불만을 가진 일반 소비자가 구입한 서비스나 상품에 하자가 발견된 경우 또는 사용 시 불편, 불만족이 발생했을 때에 문제해결에 나서는 것과는 본질적인 차이가 있다.

또한 악성불평행동소비자는 과도한 금전적인 보상을 요구하며 악성 민원을 그 수단으로 이용한다. 악성불평행동은 소비자의 성향이나 상황에 기인하는 경우가 많으며[69], 제품의 하자나 불평, 불만족과 무관하게 애초부터 사익을 위한 목적 달성에 초점을 두어 과도한 보상을 요구하고 피해를 주는 것으로 여겨져 왔다[70]. 그리고 이러한 행동은 일반적으로 인정된 소비자 행동 규범을 위반함으로써 소비자와 기업 모두에게 재정적·심리적·사회적 비용을 야기하게 되며[71], 악성불평행동소비자로 인해 감정노동을 해야 하는 직원들의 정신적·육체적 피해가 큰 상황이다. 특히 금융소비자 보호의 중요성이 강조되면서 민원이 많거나 증가하는 회사에 대한 제재를 피하기 위해 금융회사들은 악성 민원인에 대한 법적 대응을 모색하기보다 이들의 요구를 수용해 당장의 어려움을 회피하는 전략을 사용해 온 경우가 많다. 이러한 정보가 무용담처럼 공유되면서 또 다른 악성불평행동소비자를 양산하는 악순환이 반복되고 있다[72]. 이러한 구조는 기업에 손해를 끼치는 것은 물론, 사회적 비용을 증가시키고 사회적 불신을 조장한다. 보험업계의 블랙컨슈머는 보험사기와도 직결되는데, 보험금이 과다 지급되면 보험료 인상으로 이어져 다수의 선량한 소비자가 피해를 보게 되는 문제도 발생한다.

한편 소비자에게 피해가 발생했을 때 제기하는 일반적인 민원이 악성민원으로 변질되는지의 여부는 불합리한 태도나 불합리한 보상 요구에 따라 구분된다. OCAP(2015) 연구에서는 블랙컨슈머와 강성소비자를 구분할 때 소비자의 과실여부를 떠나 소비자의 피해여부에만 기준을 두고 판단한 바 있다. 악성불평행동소비자와 강성소비자 모두 불합리한 요구를 하는 소비자이지만, 요구 내용이 사회통념상 인정할 수 있는 수준인지에 따라 차이가 있다는 것이다. 이때 사회통념상 인정할 수 있는 수준이란 상황에 따라 다르지만 일반적으로 법률적으로 문제가 없는 경우에 해당한다.

「소비자기본법」 제55조[73]에서는 악성불평행동소비자에 대한 사업자의 대응방안을 법정화하고 하고 있으며, 소비자가 사업자와 분쟁해결에 대해서 합의가 되지 않은 경우 사업자도 공공기관인 한국소비자원에 분쟁해결을 의뢰할 수 있도록 하고 있다. 또한 2019년 전면 개정된 「산업안전보건법」 제41조[74]에서는 종사자를 대상으로 폭언, 폭행, 성희롱 등을 한 경우 사업주의 적극적 대응 의무를 규정하고 있다[75]. 이와 같이 일부 법률에서 악성불평행동소비자 문제의 대응방안을 규정하고 있으나 현실적으로 악성불평행동소비자와 일반 소비자를 명확히 구분하기 어렵고, 법률상 보장된 소비자의 권리를 행사하는 데 대해 강력한 대응방안을 적용하는 데에는 어려움이 따른다. 따라서 기업들은 소비자의 정당한 권리행사를 제한하지 않는 범위 내에서 일반 소비자와 악성불평행동소비자를 명확히 구분하여 대응방안을 모색할 필요가 있다.

2) 금융분야 악성불평행동소비자

금융분야는 다양한 업종 중 민원의 수가 가장 많고 콜센터의 수도 많다는 특징이 있다. 금융감독원에 따르면, 금융민원은 2018년 8만 3097건, 2019년 8만 2209건을 기록하였으며 2020년 상반기 금융업권 금융민원 접수 건수는 총 4만5922건으로 전년 동기 대비 15% 가량 증가하였다. 민원은 은행, 중소서민, 생명보험, 손해보험, 금융투자 등 전 권역에서 증가하는 추세이다. 그러나 이처럼 증가하고 있는 금융분야 민원 중 악성불평행동에 해당하는 사례의 양적·질적 현황에 대한 객관적 조사는 아직 이루어지지 않은 상황이다[76]. 이는 악성불평행동의 유형이 정리되어 있지 않을 뿐만 아니라 일반 금융소비자와 악성불평행동소비자를 구분하는 기준이 명확하지 않아 업계 및 사회에서 공통적으로 활용할 수 있는 자료가 부족하기 때문이다.

악성불평행동소비자의 증가는 소비자 개인의 비윤리성과 고객가치에 대한 잘못된 인식에서 비롯되기도 하지만, 금융산업의 과다경쟁에 의한 과도한 친절서비스, 금융소비자보호 정책의 강화, 온라인상에서의 부정직한 정보의 범람 등 사회적·제도적 변화에서 야기된 것이기도 하다. 일반 산업 분야에서는 블랙컨슈머 즉, 악성불평행동소비자들에 대한 개념정의가 다양하게 논의되어 왔고 그들의 행동 양식에 대한 예방 방법도 논의되어 왔으나, 금융 분야에서는 악성불평행동소비자 문제가 상대적으로 중요하게 다루어지지 않은 경향이 있다. 그 원인은 금융소비자가 은행의 예금자, 금융투자회사의 투자자, 보험회사의 보험계약자, 신용카드사의 신용카드 이용자 등 다양한 지위를 가지고 있기 때문에 보호가 필요한 금융소비자로서의 지위로 인식되기 시작한지 그리 오래되지 않았고, 그에 따라 악성불평행동을 방지할 수 있는 표준화된 제도적 장치에 대한 논의가 활성화되지 못했던 점에서 기인하는 측면도 있을 것이다.

악성불평행동소비자에 대한 대응 방안 개선은 금융회사 내부 직원들의 처우개선 및 복지향상을 위해서도 중요한 문제이다. 악성불평행동소비자를 대응하는 담당 직원은 감정노동 피로도 및 스트레스가 높아져 정신적·심리적으로 소진될 가능성이 높다. 금융회사 창구대민 및 민원 전담 근무자를 대상으로 2014년에 조사한 결과 금융권 감정노동 원인 중 '민원인의 과도하고 부당한 언행이나 요구'를 1순위로 꼽은 경우가 34.6%로 가장 많았다. 다음으로는 '상시적 모니터링, 고객상담 내용 녹취, 암행감찰, 고객만족도 조사' 21.0%, '성과평가 시스템' 14.7%, '금융감독원의 민원발생평가 제도' 13.7% 등의 순으로 나타났다[77].

악성불평행동소비자로 인해 금융회사가 부담해야 하는 비용은 금융회사의 비용으로 인식될 수 있지만, 결국 다른 금융소비자의 비용으로 전가될 가능성이 높다. 또한 금융소비자보호가 강화되고 금융당국의 민원 감축 요구가 높아진 상황에서 금융회사 내부에서 금융소비자업무를 담당하는 직원들의 피로도가 높아지고 일반적인 금융소비자보호 업무 집중도가 낮아지는 상황도 우려할 만하다. 따라서 악성불평행동소비자로 인한 금융회사의 손실을 방치한다면 일반 금융소비자의 권익을 침해하고, 더 나아가 금융업계와 사회 전반의 물리적·시간적·심리적 비용을 야기하게 될 것이다.

이에 금융당국에서는 악성불평행동소비자의 문제행동점수 산출표를 통해 악성불평행동의 기준을 판단하고 금융회사 내 문제행동 소비자 선정 심의위원회를 구성하여 제재를 가할 수 있도록 하였으며, 문제행동 행위별 벌점 합계 점수가 60점 이상인 금융소비자에 대하여 민원처리 부서에서 심의위원회에 심의를 요청하였다. 이러한 매뉴얼에 따라 2015년 이후 현재까지 전화민원 및 내방민원에 대하여 문제행동 유형별로 단계별 대응가이드를 활용 중이지만, 이 같은 방침에도 불구하고 문제행동 여부에 대한 금융회사의 입증책임이나 판단기준이 모호하며, 주관적 판단의 개입여지로 인해 실효성에는 여전히 한계가 많은 것으로 평가된다. 특히 악성불평행동소비자 여부를 판단하는 증거가 불확실하고 충분하지 않아 법적인 규제로 접근하고 체계적인 시스템 보완으로 이어지기 어려운 실정이다.

3) 금융소비자보호법과 악성불평행동소비자

금융소비자의 권리를 실현하기 위해서는 권리실현을 위한 책임이 반드시 필요하다. 금융소비자를 약자로 여기고 보호의 대상으로만 본다면, 금융기관과 국가의 책임이 상대적으로 크게 부여된다. 특히 국가는 금융기관에 비해 상대적으로 열위에 있는 금융소비자의 편에서 힘의 균형을 이루도록 도와주는 후견인 역할을 수행해야 한다. 반면, 금융소비자를 주권자로 본다면 금융소비자의 책임 또한 매우 중요하다. 금융소비자보호법에서는 금융소비자의 권리를 실현하기 위해 금융소비자에게도 다음과 같은 선언적 의미의 책무를 부여하고 있다.

금융소비자보호에 관한 법률

제8조(금융소비자의 책무)
① 금융소비자는 금융상품판매업자들과 더불어 금융시장을 구성하는 주체임을 인식하여 금융상품을 올바르게 선택하고, 제7조에 따른 금융소비자의 기본적 권리를 정당하게 행사하여야 한다.
② 금융소비자는 스스로의 권익을 증진하기 위하여 필요한 지식과 정보를 습득하도록 노력하여야 한다.

소비자기본법이나 금융소비자보호법에서는 국가, 금융기관 및 금융소비자의 책임을 명시함으로써 금융소비자의 권리를 보호하고 증진시키고자 하고 있다. 그러나 정부, 금융기관, 금융소비자의 책임은 법에 명시된 것에 국한되어 있지는 않다. 모든 권리에는 각각의 책임이 따르므로 금융소비자에게 부여된 모든 권리를 위해 금융소비자, 금융기관, 정부 모두가 각자의 책임을 다 할 필요가 있다. 이에 금융상품 판매시에도 소비자의 악성불평행동에 대해 적극적으로 대처하는 것이 일반 금융소비자의 권리를 보호하고 강화하는 길이라는 인식을 가져야 할 것이다.

1. 의의 및 목적

일본 금융경제교육 의의 및 목적은 공정하고 지속가능한 사회 실현에 있으며, 교육을 통해 생활 스킬로서의 금융이용능력, 건전하고 질 높은 금융상품 공급을 촉진하는 금융이용능력 및 국내 가계금융자산의 유효한 활용으로 이어지는 금융이용능력을 제고하고자 한다.

표 2.1   일본 금융경제교육 의의 및 목적

금융경제교육 의의·목적		
◆ 공정하고 지속가능한 사회 실현		
생활 스킬로서의 금융이용능력	건전하고 질 높은 금융상품 공급을 촉진하는 금융이용능력	국내 가계금융자산의 유효활용으로 이어지는 금융이용능력
• 현대사회는 금융과 관련 없이 살아가는 것이 불가능 • 사회인으로서 경제적으로 자립하고 보다 나은 삶을 위해서는 생활 설계의 습관화와 금융상품을 적절히 이용하는 지식·판단력이 중요	• 이용자 보호의 실현은 정부 규제만으로는 한계 - 과도한 규제는 금융회사의 혁신을 저해할 우려 • 이용자의 금융상품을 선별하는 눈이 높아지면 보다 나은 금융상품의 보급도 기대 가능	• 약 1,500조 엔의 가계 금융자산의 과반은 예금 - 분신·징기 투자의 메리트에 대한 이해 부족도 그 요인 • 가계의 중장기 분산투자가 촉진되면 성장분야에 대한 지속적인 자금공급에 기여

2. 최소한 몸에 익혀야 할 금융이용 능력

일본 금융청은 2012년 11월 유식자·관계부처·관련단체를 멤버로 하는 금융경제교육연구회를 설치하고, 향후 금융경제교육 방향 등에 대하여 검토한 후 2013년 4월 금융경제교육연구회 보고서를 공표하였으며, 동 보고서에 '생활 스킬로서 최소한 몸에 익혀야 할 금융이용능력'을 4분야와 15항목으로 제시하였다.

1) 가계관리

(항목1) 적절한 수지관리(적자 해소·흑자 확보)의 습관화

2) 생활설계

(항목2) 라이프플랜의 명확화 및 라이프플랜을 감안한 자금 확보 필요성의 이해

3) 금융지식·금융경제사정 이해와 적절한 금융상품 이용선택

구 분	내 용
금융거래의 기본소양	(항목3) 계약에 관한 기본적인 자세의 습관화 (항목4) 정보 입수처 또는 계약 상대방인 업자가 신뢰할 수 있는 자인지 확인의 습관화 (항목5) 인터넷 거래는 편리성이 높은 반면 대면 거래와 달리 주의할 필요가 있음을 이해
금융분야 공통	(항목6) 금융경제교육의 기초가 되는 중요사항[78], 금융경제 정세에 따른 금융상품의 이용선택에 대한 이해 (항목7) 거래의 실질적인 코스트(가격)에 대하여 파악하는 것의 중요성 이해
보험상품	(항목8) 본인이 보험으로 커버해야 할 사건(사망·질병·화재 등)이 무엇인지 이해 (항목9) 커버해야 할 사건 발생 시 경제적 보장 필요 금액의 이해
론·크레딧	(항목10) 주택담보대출 시 유의점을 이해 　① 무리 없는 차입한도액 설정, 상환계획의 중요성 　② 상환 곤란 제 사정 발생에 대한 대비의 중요성 (항목11) 무계획·무분별한 카드론 등의 신용카드 이용을 하지 않는 것의 습관화
자산형성상품	(항목12) 사람마다 리스크 허용도는 다르지만, 더 높은 리턴을 얻으려고 하는 경우 더 높은 리스크가 수반된다는 점의 이해 (항목13) 자산형성에서 분산(운용자산·투자시기의 분산) 효과의 이해 (항목14) 자산형성에 있어서 장기운용 효과의 이해

4) 외부 지식의 적절한 활용

(항목15) 금융상품을 이용할 때 외부의 지식을 적절히 활용할 필요성의 이해

3. 금융이용능력 Map

금융이용능력 Map(초·중·고~고령자 각 단계)은 '최소한 몸에 익혀야 할 금융이용능력(4분야·15항목)'의 내용을 항목별·연령별로 체계화하였다.

각 단계별 금융이용능력에 따른 분류는 다음과 같다.

구분	내용
초등학생	사회에서 살아가기 위한 힘의 바탕을 형성하는 시기
중학생	장래 자립을 위한 기본적인 힘을 기르는 시기
고등학생	사회인으로서 자립하기 위한 기초 능력을 기르는 시기
대학생	사회인으로서 자립하기 위한 능력을 확립하는 시기
사회초년생	생활·경제면에서 자립하는 시기
일반사회인	사회인으로서 자립하고 본격적인 책임을 부담하는 시기
고령자	연금수입, 금융자산이 생활비의 주요 원천이 되는 시기

2014년 6월 금융경제교육추진회의(사무국: 금융홍보중앙위원회)가 발표하였으며 2015년 6월 수정 공표하였다.

표 2.2 금융경제교육추진회의

금융경제교육추진회의

○ (설치) '금융경제교육추진회의'는 금융청 금융연구센터에 설치된 금융경제교육연구회가 '13.4월 정리·공표한 '금융경제교육연구회 보고서'를 바탕으로
 - '13.6월 금융홍보중앙위원회(사무국 : 일본은행 정보서비스국내) 내에 설치

○ (목적)
금융경제교육연구회 보고서 방침 추진 시, 검토과제로 제시된 모든 과제에 대하여 심의

○ (구성)
관계부처(금융청·소비자청·문부과학성), 금융관계단체(전국은행협회·일본증권업협회·투자신탁협회, 생명보험문화센터, 일본손해보험협회, 일본FP협회, 일본거래소그룹, 운영관리기관연락협의회), 금융홍보중앙위원회

금융이용능력 Map은 지자체·업계단체·금융회사 등 실제 금융교육을 담당하는 자가 이용하도록 하기 위한 목적이며, Map을 통해 최소한 몸에 익혀야 할 내용이 명확해지고 보다 효과적·효율적으로 금융교육 추진이 가능하다.

1) 가계관리: 적절한 수지관리

구 분	금융이용능력내용
초등학생	필요한 것과 원하는 것을 구별하고 계획을 세워 구매할 수 있다.
중학생	가계의 수입·지출에 대하여 이해도를 높이고 학교활동 등을 통해 수지관리를 실천한다.
고등학생	자신을 위해 지불되고 있는 비용을 알고, 가계 전체를 의식하면서 더 나은 선택·의사결정을 할 수 있다.
대학생	수지관리 필요성을 이해하고, 필요에 따라 아르바이트 등으로 수지 개선을 하면서 자신의 능력 향상을 위해 지출을 계획적으로 실행할 수 있다.
사회초년생	가계의 담당자로서 적절히 수지 관리를 하면서 취미나 자기능력 향상을 위해 지출을 계획적으로 실시할 수 있다.
일반사회인	가계를 주로 지탱하는 입장에서 가계부 등으로 수입지출, 자산부채를 파악관리하고, 필요에 따라 수지의 개선, 자산 부채의 균형을 개선할 수 있다.
고령자	은퇴 후의 수지계획에 따라 수지를 관리하고 개선을 위해 필요한 행동을 할 수 있다.

2) 생활설계: 라이프플랜의 명확화 및 라이프플랜을 토대로 한 자금확보의 필요성 이해

구 분	금융이용능력내용
초등학생	일하는 것을 통해 돈을 버는 것과 장래를 생각해 금전을 계획적으로 쓰는 것의 중요성을 이해하고 저축하는 태도를 익힌다.
중학생	근로에 관한 이해를 제고하는 동시에 생활설계의 필요성을 이해하고 자신의 가치관에 근거해 생활설계를 해본다.
고등학생	직업 선택과 생활설계를 연관지어 생각하고, 생애 수지내용을 이해하고 생활설계를 수립한다.
대학생	졸업 후 직업과의 양립을 전제로 꿈과 희망을 라이프플랜으로 구체적으로 수립하고, 그 실현을 위해 면학, 훈련 등에 힘쓰고 있다. 인생의 3대 자금 등을 염두에 두면서 현실적인 생활의 수지 이미지를 갖는다.
사회초년생	선택한 직업과의 양립을 도모하는 형태로 라이프플랜의 실현에 임하고 있다. 라이프플랜의 실현을 위해 자금이 어느 정도 필요한지를 생각하고 계획적으로 저축·자산운용을 할 수 있다.
일반사회인	환경변화 등을 바탕으로 필요에 따라 라이프플랜과 자금계획, 보유자산을 재검토하면서 자신의 노후를 전망한 라이프플랜의 실현을 향해 착실하게 대응하고 있다. 학교와 연계하여 가정에서 자녀의 금융교육에 대응한다.
고령자	은퇴 후 라이프플랜에 대해서 여가 활용, 가족 및 사회에 대한 공헌도 배려한 검토를 하고 있다. 연금수령액 등을 베이스로 한 생활스타일로 적절히 전환하고, 안정적인 생활을 할 수 있도록 견실히 대응하고 있다.

3) 금융지식 및 금융경제사정의 이해와 적절한 금융상품의 이용선택

(1) 금융거래의 기본소양

구 분	금융이용능력내용	
초등학생	초등학생이 관련된 금융민원에 대해서 알고, 소비생활에 관한 정보를 활용하고 비교·선택하는 능력을 몸에 익힌다.	
중학생	계약의 기본을 이해하고 피해를 보지 않도록 한다.	
고등학생	계약 및 계약에 따른 책임에 관한 이해를 제고하는 동시에 스스로 정보를 수집해 소비생활에 활용할 수 있는 능력을 몸에 붙인다.	
대학생	• 수집된 정보를 비교·검토하여 적절한 소비행동을 할 수 있다.	
사회초년생		
일반사회인	• 금융상품의 판매·권유행위에 적용되는 법령·제도를 이해하고 신중한 계약체결 등 적절한 대응을 할 수 있다.	자산관리 면에서 고령자가 필요로 하는 기본적인 지식을 습득하고 필요에 따라 전문가와 상담하는 것이 가능하다.
고령자	• 사기 등 악질적인 자에 이용당하지 않도록 신중한 계약에 유의한다.	

(2) 금융분야공통

구 분	금융이용능력내용
초등학생	삶을 통해 돈의 다양한 기능을 이해한다.
중학생	돈과 금융·경제의 기본적인 역할을 이해한다.
고등학생	돈과 금융·경제의 기능·역할을 파악하는 동시에 예금·주식·보험 등 기본적인 금융상품의 내용을 이해한다.
대학생	• 금융상품의 3가지 특성(유동성·안전성·수익성)과 리스크관리 방법 및 장기적인 관점에서 저축·운용하는 것의 소중함을 이해한다.
사회초년생	• 돈의 가치와 시간과의 관계에 대해서 이해한다(복리, 할인, 현재가치 등).
일반사회인	• 경기 동향, 금리 동향, 인플레이션·디플레이션, 환율의 움직임, 금융상품의 가격, 실질가치, 금리(이자) 등에 미치는 영향에 대해서 이해하고 있다.
고령자	

(3) 보험상품

구 분	금융이용능력내용
초등학생	• 사고·질병 등이 생활에 큰 영향을 미치는 것을 이해하고 스스로 안전하게 행동한다. • 만일의 사태에 대비하는 방법으로 저축 이외 보험이 있음을 이해한다.
중학생	• 리스크를 예측해서 행동하는 동시에 타인을 다치게 하거나 물건을 망가뜨린 경우 변상해야 한다는 것을 이해한다. • 사고·질병 리스크와 부담 경감 수단 중 하나에 보험이 있다는 것을 이해한다.
고등학생	• 리스크를 예측·제어해서 행동 하는 동시에 가해사고를 낸 경우 책임과 보상 문제가 발생하는 것을 이해한다. • 사회보험과 민간보험의 상호보완 관계를 이해한다.
대학생	• 본인이 준비해야 할 리스크의 종류·내용을 이해하고, 그에 따른 대응(위험 감소, 보험 가입 등)을 할 수 있다. • 자동차 사고를 낸 경우 자동차 손해배상 책임보험으로는 커버되지 않는 것이 있다는 것을 이해하고 있다.
사회초년생 일반사회인	준비해야 하는 리스크와 필요 금액을 커버하기 위해 적절한 보험상품을 검토·선택하고, 가족 구성, 수입 등의 변화에 따른 재검토가 가능하다.
고령자	고령기의 보험 가입 필요성·유효성 및 보험 종류를 이해하고 있다.

(4) 론·크레딧

구 분	금융이용능력내용	
초등학생	아이끼리는 돈거래를 하지 않도록 한다.	
중학생	대출 등의 구조, 유의점에 대해서 이해한다.	
고등학생	• 대여형 장학금 등 대출구조를 이해하고 상환방법, 금리, 연체 시 영향에 대해서 생각한다. • 각종 카드의 기능, 사용상 유의점을 이해하고 적절히 행동하는 태도를 익힌다.	
대학생	장학금을 빌려 상환을 연체한 경우 영향 등을 이해하는 동시에 자력으로 상환할 의사를 갖고 상환계획을 세우는 것이 가능하다.	• 대출과 크레딧은 자금을 소비해 버리기 쉬운 점에 유의한다. • 신용카드 할부, 리볼빙 결제는 수수료(금리) 부담이 생기는 점에 유의한다. • 대출과 크레딧의 상환을 적절히 이행하지 않을 때에는 신용정보기관에 기록이 남아 다른 금융회사 등에서도 차입 등이 어려워지는 것을 이해한다.
사회초년생	주택담보대출의 기본 특징을 이해하고 필요에 따라 구체적인 지식을 습득하여 상환능력에 맞게 차입이 가능하다. 주택 수요를 고려한 라이프플랜을 수립하고 있다.	
일반사회인	현재와 은퇴 후 주택 수요를 고려한 라이프플랜을 착실히 실행하고 있다.	
고령자	은퇴 후 생활의 안정을 위해 필요에 따라 부채와 자산의 밸런스를 재검토시킨다.	

(5) 자산형성상품

구분	금융이용능력내용		
초등학생	금리계산(단리) 등을 통해서 주된 예금상품과 그 이자의 차이에 대해서 이해한다.		
중학생	• 리스크와 리턴의 관계에 대해서 이해한다. • 금리계산(복리)을 이해하고 계속해서 저축·운용에 임하는 태도를 익힌다.		
고등학생	• 기본적인 금융상품의 특징과 리스크·리턴 관계에 대해서 이해하고, 자기책임으로 금융상품을 선택할 필요가 있다는 것을 이해한다. • 리스크 관리의 방법과 정기적으로 저축·운용을 계속해 나가는 것의 중요성을 이해한다.		
대학생	• 다양한 금융상품의 리스크와 리턴을 이해하고 자기책임 하에서 저축·운용하는 것이 가능하다. • 분산투자를 통한 리스크 경감을 이해하고 있다. • 장기운용할 때 '시간 분산'의 효과가 있음을 이해하고 있다.		
사회초년생		• 리스크와 리턴의 관계를 바탕으로 요구하는 리턴과 허용할 수 있는 리스크를 파악하고 있다. • 분산투자·장기투자의 이짐을 이해하고 활용하고 있다.	스스로의 생활설계에서 어떻게 자산형성을 해 나갈지를 생각한다.
일반사회인	분산투자하고 있더라도 정기적으로 투자대상(투지하는 국가나 상품)의 재검도가 필요하다는 것을 이해하고 있다.		
고령자	• 스스로 이해할 수 없는 상품에 투자하지 않는다. • No Risk High Return을 가장한 금융상품에 의구심을 갖는 것이 가능하다. • 연령, 라이프 스타일 등을 바탕으로, 투자대상의 배분 비율을 조정할 필요가 있다는 것을 이해하고 있다.		

(6) 외부 지식의 적절한 활용: 외부 지식을 적절히 활용할 필요성의 이해

구 분	금융이용능력내용
초등학생	힘들 때에는 가까운 사람과 상담하는 태도를 익힌다.
중학생	필요 시 트러블 상담창구에 연락하는 방법을 익힌다.
고등학생	트러블에 대처할 수 있는 구체적인 방법을 배우고, 실제로 행사할 수 있는 기능을 익힌다.
대학생	• 금융상품을 이용할 때 상담 등이 가능한 적절한 기관 등을 파악할 필요가 있음을 인식하고 있다.
사회초년생	• 금융상품을 이용할 때 외부의 지식을 적절히 활용할 필요가 있는 것을 이해하고 있다.
일반사회인	• 금융상품 이용의 시비를 스스로 판단하는 데 필요한 정보의 내용과 상담 시 조언을 구
고령자	할 수 있는 적절하고 중립적인 기관·전문가 등을 파악하고 정확하게 행동할 수 있다.

우리나라를 비롯한 세계 각국이 금융산업의 건전성 및 소비자보호를 금융규제의 목적으로 하고 있다[79]. 금융산업의 건전성은 결국 금융소비자의 이익과 직결되므로 이 또한 금융소비자보호를 위한 것이라고 봐도 무방하다. 법체계에 따른 우리나라 금융규제의 현황 및 금융소비자보호법의 상세 내용 및 금융소비자보호법 외의 개별 법규의 금융소비자보호 내용을 살펴보도록 하자.

단순히 자신이 금융상품 및 서비스를 제공하는 과정에서 금융소비자에게 피해를 일으키지 않으려는 목적으로 법의 내용을 살피기보다, 고객의 권리를 적극적으로 보호하고 관리해줄 수 있도록 하여 금융소비자가 믿고 자산을 맡길 수 있는 금융인이 되려는 관점에서 본 내용을 살펴보는 것이 좋다.

제3장

금융소비자 관련 법규와
금융소비자보호법

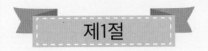

제1절

법체계와 단계별 규제

1 법체계의 이해

금융전문가로서 금융분쟁을 미연에 예방하고 분쟁 발생시 관련 조항을 찾아 스스로 해결책을 모색하기 위해서는 법 전공자가 아니더라도 우리나라의 기본적인 법체계에 대해 이해하고 있어야 한다. 금융관련 규제 현황을 파악하고 법규의 변화에 따라 올바른 판매 전략을 모색해야 하기 때문이다.

가장 상위의 법은 헌법(憲法)으로 국민의 기본권과 국가의 통치조직과 통치작용의 기본원리를 규정하고 있다. 법률(法律)은 헌법 다음의 국법으로 헌법의 이념에 따라 법치주의의 원리에 의해 구체화되고, 국회의 의결을 거쳐 대통령이 서명·공포함으로써 성립한다. 법률에는 일반법과 특별법이 있는데, 일반법은 사람, 사항, 장소 등에 제한없이 일반적으로 적용되는 법이고 특별법은 일정한 사람, 사항, 장소에 관하여만 적용되는 법이다. 이 둘의 구별은 상대적이며 특별법은 일반법에 우선하여 적용된다. 일반적으로는 일반법은 민법, 상법, 형법 등을 말하며 특별법은 「은행법」, 「자본시장과 금융투자업에 관한 법률」, 「보험업법」과 같은 특정 영역에 적용되는 법이다. 명령(命令)은 행정기관에 의해 제정된 것으로 대통령령과 총리령, 부령이 있으며 법에 의해 위임된 내용을 구체화하는 역할을 한다. 대통령령이 시행령이며,

총리령 및 부령을 시행규칙이라고 한다. 행정규칙[80]은 광의의 명령으로 행정기관이 정하는 규칙이며, 행정규칙은 원칙적으로 법규로 보지 않지만(행정내부의 사무처리 기준 등), 그 내용이 국민의 권리·의무에 관한 사항을 규율하고 있고 법령에 의해 그 구체적인 내용을 보충할 권한을 부여받았다면 상위법령과 결합하여 대외적인 구속력을 가진 법규명령으로 보고 있다[81]. 행정규칙에는 훈령·고시·예규·시행세칙 등이 있으며 금융영역의 경우 감독규정, 경우에 따라 금융감독원의 일부 모범규준(예: 금융소비자보호 모범규준)이 행정규칙의 지위를 갖는다.

그림 3-1 우리나라 법체계

헌법 ⇒ 법률 ⇒ 대통령령(시행령) ⇒ 총리령/부령(시행규칙) ⇒ 행정규칙* ⇒ 행정지도 ⇒ 자율규제

* 훈령, 예규, 고시, 감독규정, 시행세칙, 지시 등

그 밑에 행정지도는 행정객체에 대해 내리는 조언·요청·권장·주의·경고·통고 등을 말하며 원칙적으로 법적 효과는 없어 이에 따르지 않더라도 의무의 불이행이 되지는 않는다. 그러나 경우에 따라서는 개별적 법규명령에 의해 그 효과가 명문화되어 있기도 하며 현실적으로 행정지도에 따르는 편이 객체에게 유리하므로 그 효과를 무시할 수 없는 것으로 보고 있다. 자율규제는 규제대상이 스스로 자신을 규제한다는 의미로, 협회 등에 의해 주도되고 해당 업권의 거래질서를 형성한다. 이 또한 법적효과가 없으나 해당 업권의 참여자로서 따르는 편이 현실적으로 이익이다.

참고로 법제처의 「국가법령정보센터」에 가면 각 법의 상하위법 체계를 볼 수 있다. 특정 법규를 검색한 후, 우측 상단의 "법령 체계도"를 클릭하면 관련된 상하위법이 행정규칙까지 정리되어 나온다.

그림 3-2 국가법령정보센터(http://www.law.go.kr)의 법령체계도(예시)

(출처: 법제처 홈페이지)

2 금융소비자 관련 법규

여기에서는 2020년 3월 제정된 「금융소비자보호에 관한 법률」 외에 금융소비자보호와 관련한 법규를 살펴보려고 한다.

먼저 소비자와 관련하여 「소비자기본법」, 「독점규제 및 공정거래에 관한 법률(이하 '공정거래법')」, 「약관의 규제에 관한 법률(이하 '약관규제법')」, 「방문판매 등에 관한 법률(이하 '방판법')」, 「표시광고의 공정화에 관한 법률(이하 '표시광고법')」, 「전자상거래 등에서의 소비자보호에 관한 법률(이하 '전자상거래법')」, 「개인정보보호법」 등이 있고, 금융업과 직접 관련된 법으로 「자본시장과 금융투자업에 관한 법률(이하 '자본시장법')」, 「은행법」, 「보험업법」, 「여신전문금융업법」, 「대부업 등의 등록 및 금융이용자 보호에 관한 법률」, 「상호저축은행법」, 「전자금융거래법」, 「예금자보호법」, 「금융위원회설치 등에 관한 법률(이하 '금융위원회법')」, 「신용정보의 이용 및 보호에 관한 법률(이하 '신용정보보호법')」, 「유사수신행위의 규제에 관한 법률(이하 '유사수신행위법')」, 「전기통신금융사기피해방지 및 피해금 환급에 관한 특별법(이하 '통신사기피해환급법')」 등이 있다.

소비자 관련 법의 경우, 시장의 거래 질서뿐만 아니라 소비자보호를 직접적인 목적으로 하고 있으며, 금융 관련 법에는 금융소비자보호 조항이 부분적으로 들어가 있다. 금융소비자보호법은 기존 법질서 내에서 담고 있지 못한 내용을 보완하고 새로운 금융시장의 패러다임에 맞춘 금융소비자보호 관련 내용을 체계적으로 규제하고 있다.

1) 소비자 관련 법

(1) 소비자기본법

제11장 제86조로 구성되어 있으며 소비자기본법의 목적(제1장), 소비자의 권리와 책무(제2장), 국가·지방자치단체 및 사업자의 책무(제3장), 소비자정책의 추진체계(제4장), 소비자단체(제5장), 한국소비자원(제6장), 소비자안전(제7장), 소비자분쟁의 해결(제8장), 조사절차(제9장), 보직(제10장), 벌칙(제11장)의 규정을 두고 있다. 추상적이고 포괄적인 내용을 담고 있어 약관규제법이나 표시광고법 등 다른 법에 의해 그 내용이 구체화되는 측면이 있다. 금융소비자는 소비자기본법에 의해 설립된 한국소비자원에 상담(제53조), 피해구제(제55조) 및 분쟁조정(제60조)을 신청할 수 있으며(제60조)있으며 소비자단체를 통해 단체소송을 제기할 수 있으나(제70조), 단체소송[82]의 요건이 다소 까다로워 많은 문제제기가 이루어지고 있는 실정이다.

(2) 공정거래법

사업자의 시장지배적 지위의 남용과 과도한 경제력의 집중을 방지하고, 부당한 공동행위 및 불공정거래행위를 규제하여 공정하고 자유로운 경쟁을 촉진함으로써 창의적인 기업활동을 조장하고 소비자를 보호함과 아울러 국민경제의 균형있는 발전을 도모함을 목적으로 하고 있다(제1조). 공정거래위원회를 구성함에 있어서도 소비자분야에 경험 또는 전문지식이 있는 자를 포함하고 있으며(제37조), 한국소비자원의 관찰부처이기도 한다.

최근에는 사업자의 담합 등 시장지배적 행위의 남용으로 인한 소비자피해에도 관심이 커지고 있는 추세이다[83]. 현재 공정거래법에는 손해배상에 관한 조항이 있지만(제56조), 대부분 과징금 등의 행정벌, 3년 이하의 징역 또는 2억원 이하의 벌금(공정거래법 제66조) 등의 형사적 규제만이 이루어지고 있다.

표 3.1 금융소비자보호 관련 법규

구분	법	대통령령	총리령/부령	행정규칙(예)
금융 소비자	금융소비자보호법	금융소비자보호법 시행령	-	금융소비자보호에 관한 감독규정
소 비 자	소비자기본법	소비자기본법시행령	-	소비자분쟁해결기준
	공정거래법	공정거래법시행령	-	
	약관규제법	약관규제법 시행령	-	각종 기본/표준약관
	방문판매법	방문판매법시행령	방문판매법시행규칙	방판법 위반사업자 과징금 고시
	표시광고법	표시광고법시행령	-	기만적인 표시광고 심사지침
	전자상거래법	전자상거래법시행령	전자상거래법 시행규칙	전자상거래 등에서 의 소비자보호지침
	개인정보보호법	개인정보보호법 시행령	개인정보보호법 시행규칙	법위반과징금 부과기준
금 융	자본시장법	자본시장법시행령	자본시장법시행규칙	금융투자업규정
	은행법	은행법시행령		은행업감독규정
	보험업법	보험업법시행령	보험업법시행규칙	보험업감독규정
	여신업법	여신업법시행령	여신업법시행규칙	여신감독규정
	대부업법	대부업법시행령		
	상호저축은행법	상호저축은행시행령	상호저축은행 시행규식	상호저축은행 감독규정
	신용협동조합법	신용협동조합법 시행령	신용협동조합법 시행규칙	상호금융업감독규정
	전자금융거래법	전자금융거래법 시행령	-	전자금융감독규정
	온라인투자연계 금융업법	온라인투자연계 금융업법시행령	-	온라인투자연계 금융업감독규정
	예금자보호법	예금자보호법시행령	-	-
	금융위원회법	금융위원회법시행령	-	검사 및 제재에 관한 규정/시행세칙
	신용정보보호법	신용정보보호시행형	신용정보보호 시행규칙	신용정보업감독규정
	유사수신행위법	유사수신행위법 시행령	-	
	통신사기피해 환급법	통신사기피해환급법 시행령	-	신고포상금 관련규정/ 시행세칙

(3) 약관규제법

사업자가 불공정한 내용의 약관을 작성하여 통용하는 것을 방지하고자 약관의 내용과 해석 등에 관해 규정하고 있는 법률이다. 만약 약관의 내용이 신의성실의 원칙에 반하여 공정성을 잃으면 그 조항은 무효가 된다(제6조). 무엇이 불공정한가는 약관규제법에서 구체적으로 나열하고 있으며[84] 건전한 거래질서를 확립하고 불공정한 내용의 약관이 통용되는 것을 방지하기 위해 표준약관제도를 두고 있다. 특정 표준약관은 행정규칙의 지위를 갖는다(예 : 대부거래 표준약관, 상조 서비스표준약관 등).

(4) 방문판매법

교통·통신수단의 비약적인 발전, 디지털화, 세계화 등에 대처하기 위하여 사업자들이 개발한 방문판매, 전화권유판매, 다단계판매, 후원방문판매, 계속거래, 사업권유거래 등의 새로운 판매방식들을 공정하게 통제하고자 제정된 법률이다. 이름처럼 방문판매만 규제하는 법률이 아니며, 판매압력이 일반적인 상황보다 강한 특수거래 시 소비자가 더욱 보호받을 필요에 의해 만들어졌다. 방문판매법에서 중요내용은 청약철회[85]제도로 일정의 냉각기간(cooling off)을 소비자에게 주어 신중한 구매의사결정을 내리도록 하고 있다.

(5) 표시광고법

상품 또는 용역에 관한 표시·광고를 할 때 소비자를 속이거나 소비자로 하여금 잘못 알게 하는 부당한 표시·광고를 방지하고 소비자에게 바르고 유용한 정보의 제공을 촉진함으로써 공정한 거래질서를 확립하고 소비자를 보호함을 목적으로 한다(제1조). 이 법에 의한 몇 가지 대표적 규제제도가 있는데 첫째 '표시광고실증제도(제5조)'이다. 광고 시 주장하는 여러 사실들이 증명 가능해야 한다. 즉, 실증적인 데이터 등 근거가 없다면 광고를 통해 특정 주장을 할 수 없다. 둘째 '정정광고제도(제7조)'는 기만광고라고 판명된 부분 혹은 전체에 대해 공급자가 스스로 시정하는 광고를 내보내는 것이다. 셋째, '임시중지명령제도(제8조)'는 광고가 소비자에게 회복하기 어려운 손해를 발생시킬 것이라 예상되어 시급하여 제지할 필요성이 있는 사안에 적용된다. 공정위의 기만광고에 대한 시정조치는 짧아야 2~3개월이 소요되는데, 최근 상품 소비 및 광고 주기가 짧아지고 있는 시점에서 소비자의 피해를 최소화하기 위한 가장 실질적인 방법으로 일컬어지고 있다. 마지막으로 '중요정보고시제도'

가 있다. 소비자에게 반드시 전달되어야 할 정보를 명시토록 하므로 소비자가 기만될 여지를 줄이는 데 목적이 있으며, 빠르게 바뀌는 시장 환경에 대응하여 소비자에게 적정 정보를 주고자 고시[86]를 통해 반드시 전달되어야 할 주요 정보를 열거하고 있다. 금융상품 및 서비스에 관해서는 별도의 명시가 없다.

(6) 전자상거래법

전자상거래 및 통신판매 등에 의한 재화 또는 용역의 공정한 거래에 관한 사항을 규정함으로써 소비자의 권익을 보호하고 시장의 신뢰도를 높여 국민경제의 건전한 발전에 이바지함을 목적으로 하고 있다(제1조). 금융영역의 경우, IT를 기반으로 전자금융거래가 급속히 증가하자 2006년에 전자금융거래법을 제정하여 2007년부터 시행하고 있으므로 전자상거래법이 적용될 소지가 다소 적다.

(7) 개인정보보호법

정보화 사회에서 개인의 프라이버시에 관한 권리와 이익을 보호하기 위해 제정된 것으로 개인정보처리자에게 개인정보의 취득·관리·이용·제3자에의 제공 시 관련 의무를 부과하고 있다.

표 3.2 개인정보보호 원칙(제3조)

---

① 개인정보의 처리 목적을 명확히 하고, 목적에 필요한 범위에서 최소한의 개인정보만을 적법하고 정당하게 수집
② 개인정보의 처리 목적에 필요한 범위에서 적합하게 개인정보를 처리, 목적 외의 용도로 활용 금지
③ 개인정보의 정확성, 완전성 및 최신성 보장
④ 개인정보의 처리 방법 및 종류 등에 따라 정보주체의 권리가 침해받을 가능성과 그 위험 정도를 고려하여 개인정보를 안전하게 관리
⑤ 개인정보 처리방침 등 개인정보의 처리에 관한 사항을 공개, 열람청구권 등 정보주체의 권리를 보장
⑥ 사생활 침해를 최소화하는 방법으로 개인정보를 처리
⑦ 익명처리가 가능한 경우에는 익명에 의하여 처리
⑧ 이 법 및 관계 법령에서 규정하고 있는 책임과 의무를 준수, 실천

---

2) 금융 관련 법

(1) 자본시장법

자본시장법에서 규제하는 영역은 금융투자상품으로 '이익을 얻거나 손실을 회피할 목적으로 현재 또는 장래의 특정 시점에 금전, 그 밖의 재산적 가치가 있는 것을 지급하기로 약정함으로써 취득하는 권리로서, 그 권리로부터 회수하였거나 회수할 수 있는 금전 등의 총액을 초과하게 될 위험이 있는 것을 말한다(금융상품 중 원화로 표시된 양도성 예금증서와 수탁자에게 신탁재산의 처분권한을 부여한 수익권은 제외).

자본시장법은 금융투자업을 '투자매매업, 투자중개업, 집합투자업, 투자자문업[87], 투자일임업, 신탁업'으로 나누고 있으며 소위 크라우딩 펀드법이라고 하는 '온라인 소액투자중개업' 조항이 2015년 7월에 새롭게 들어와 2016년 1월부터 시행되었다. 자본시장법은 "동일 기능에 동일 규제"를 하므로 같은 기능을 수행하는 금융기관은 업종에 상관없이 동일한 적용을 받게 되며, 인가 및 등록에 관한 내용(제2편 제1장), 대주주나 임원 등 금융투자업의 지배구조(제2편 제2장), 건전성 유지(제2편 제3장) 및 각 금융투자업의 영업행위 규칙(제2편 제4장)에 대해 명시하고 있다.

(2) 은행법

은행업이란 예금을 받거나 유가증권 또는 그 밖의 채무증서를 발행하여 불특정 다수인으로부터 채무를 부담함으로써 조달한 자금을 대출하는 것을 업(業)으로 하는 것(제2조)을 말하며, 이 법에서는 은행업의 인가, 지배구조, 건전성 유지, 업무범위 및 부수업무범위를 정하고 있다. 영업행위규제라는 명시적 용어는 없으나 약관변경, 불공정영업행위[88], 광고 등에 대한 규제(제51조, 53조, 52조의 3) 내용이 있다.

(3) 보험업법

보험을 경영하는 보험업자의 건전한 경영 및 보험계약자, 피보험자, 그 밖의 이해관계인의 권익을 보호할 목적으로 만들어진 법이다(제1조). 보험회사의 허가 및 지배구조, 건전성 규제에 관한 내용을 담고 있고 보험회사, 보험대리점, 보험중개사 및 보험설계사 등에 대해 금융소비자보호 관련 각종의 의무를 부과하고 있는데, 특히 제4장의 모집규제에 자세히 나와 있다.

(4) 여신업법

신용카드업, 시설대여업, 할부금융업 및 신기술사업금융업을 하는 자의 건전하고 창의적인 발전을 지원함으로써 국민의 금융편의를 도모하고 국민경제의 발전에 이바지함을 목적으로 하고 있다(제1조). 신용카드업의 허가, 시설대여업·할부금융업 및 신기술사업금융업의 등록에 관한 규정, 업무범위, 지배구조, 신용카드 모집질서를 위한 규제 등을 정하고 있다.

(5) 대부업법

이 법은 사채시장을 양성화하여 높은 금리도 대출받은 저신용등급의 금융소비자를 보호하고자 제정된 법으로 대부업자의 등록과 이자율 제한, 불법적인 채권추심행위 금지 등을 그 내용으로 한다. 대부업에 대한 검사는 대부업이 등록된 시·도의 지사가 할 수 있으며, 필요한 경우 금융감독원에 검사를 요청할 수 있다. 대부업법상 최고 금리는 100의 40 내에서 시행령으로 정하도록 하고 있다.

(6) 상호저축은행법

1972년 8·3긴급금융조치의 하나로 실시된 법으로 무질서하던 사금융시장을 제도 금융화하기 위해 제정 및 공포되었다. 저축은행 인가에 관한 사항 및 지배구조와 업무범위, 건전성 규제, 감독 관련 내용, 후순위채 판매시 설명의무 등의 영업행위 규제 등이 주요 내용이다.

(7) 전자금융거래법

금융회사 또는 전자금융업자가 전자적 장치(컴퓨터, ATM, 모바일 등)를 통하여 금융상품 및 서비스를 제공하고 이용자가 금융회사 또는 전자금융업자의 종사자와 직접 대면하거나 의사소통을 하지 아니하고 자동화된 방식으로 이를 이용하는 거래를 규제하는 법률이다(제1조). IT산업의 발전과 더불어 인터넷뱅킹 등 전자금융거래가 급격히 확산되고, 전자화폐 등 새로운 전자지급결제수단이 급격히 늘어나자 기존 법으로 규제되는 않는 영역이 발생하며 2007년부터 시행되었다. 전자금융거래의 안전성 확보 및 이용자보호를 위한 조항, 전자화폐의 발행 및 관리업무에 대한 허가 및 전자자금이체업무나 전자지급수단의 발행 및 관리에 대한 등록 관련 규제, 전자금융업무의 감독 등을 주요 내용으로 한다.

(8) 온라인투자연계금융업법

온라인투자연계금융업법은 2021년 6월부터 금융당국의 엄격한 심사를 거쳐 등록된 기업만 온라인투자연계금융업 서비스를 제공할 수 있도록 한 것이다. 이는 금융상품의 위험성이라는 1차적 리스크로부터 금융소비자를 보호하는 장치로서, 온라인투자연계금융업 기업들은 투자자보호를 위해 고위험 상품을 취급할 수 없고 가상통화, 부실/연체채권, 투자위험종목주식 등 위험성이 높은 자산을 담보로 한 상품을 취급하는 것을 제한하고 있다. 또한 연체율을 관리해서 연체 건전성 평가 정보를 공시하거나 평가 결과에 따라 영업이 제한되며, 금융사고나 부실채권 발생, 형사처벌을 받은 경우 등 중대한 사항이 발생한 경우에 금융소비자가 쉽게 알 수 있도록 홈페이지를 통해 공시하도록 하고 있다.

(9) 예금자보호법

금융기관이 파산 등의 사유로 예금 등[89]을 지급할 수 없는 상황에 대처하기 위하여 예금보험제도 등을 효율적으로 운영함으로써 예금자 등을 보호하고 금융제도의 안정성을 유지하는데 이바지함을 목적으로 한다(제1조). 본 법은 예금자보호의 범위와 본 업무를 위한 예금보험공사의 설립 및 해당 기관의 업무를 규정하고 있다.

(10) 금융위원회법

금융위원회와 금융감독원을 설치하여 금융산업의 선진화와 금융시장의 안정을 도모하고 건전한 신용질서와 공정한 금융거래 관행을 확립하며 예금자 및 투자자 등 금융 수요자를 보호함으로써 국민경제의 발전에 이바지함을 목적으로 한다. 이 법에 따라 금융위원회 및 금융감독원이 조직되며 금융분쟁조정기구가 마련되어 운영된다.

(11) 신용정보보호법

신용정보란 금융거래 등 상거래에 있어서 거래 상대방의 신용을 판단할 때 필요한 정보로(제2조), 신용정보의 오용 및 남용으로부터 사생활의 비밀 등을 적절히 보호함으로써 건전한 신용질서 확립에 이바지함을 목적으로 하고 있다(제1조). 신용정보업에는 신용조회업(본인인증 및 신용정보 주체의 식별확인 업무 및 신용평가모형 등의 개발 및 판매업무), 신용조사업, 채권추심업 등이 속하며 본 법은 이에 대한 허가와 신용정보의 유통 및 이용 관리에 대해 규제하고 있다. 제43조에서는 신용정보회사 등과 그 밖의 신용정보이용자가 이 법을 위반하여 신용정보주체에게 피해를 입힌 경우에는 해당 신용정보주체에 대하여 손해배상의 책임이 있음을 명시하고 있다.

(12) 유사수신행위에 관한 법률

"유사수신행위"란 다른 법령에 따른 인가·허가를 받지 아니하거나 등록·신고 등을 하지 아니하고 불특정 다수인으로부터 자금을 조달하는 것을 업(業)으로 하는 행위를 말한다. 금융소비자들은 자본시장법 제101조에 의한 유사투자자문업과 유사수신행위를 혼동하기 쉬운데, 유사투자자문업은 투자정보의 대가를 지불하는 것이며, 유사수신행위는 자격없는 기관이 마치 금융기관처럼 투자자금을 위탁받아 운용해주는 것으로 명백한 사기이다.

(13) 통신사기피해환급법

보이스피싱 등 통신을 이용한 금융사기가 극성을 부리자 금융당국은 2011년에 관련 피해예방 및 피해금 지급을 위한 법률을 제정 및 시행하였다. 본 법은 정부의 피해 방지 대책 및 금융회사의 피해 방지 책임 등을 정하고, 전기통신금융사기의 피해자에 대한 피해금 환급을 위하여 사기이용계좌의 채권소멸절차와 피해금환급절차 등을 정함으로써 전기통신금융사기를 예방하고 피해자의 재산상 피해를 신속하게 회복하는 데 이바지하는 것을 목적으로 하고 있다(제1조).

금융소비자보호법은 2011년 7월 금융소비자보호법안이 최초 발의된지 약 8년 만에 국회를 통과하였다. 2019년 DLF 사태 등으로 금융소비자보호 강화에 대한 사회적 공감대가 형성되어 2020년 3월 25일에 법률로 공포되었으며, "동일기능-동일규제" 원칙을 구현하기 위해 개별 금융업법상 판매규제, 소비자 권리, 제재조치를 통합하여 제정하였다.

< 주요 추진과제 >

1 (금융소비자 정책 추진체계 확립) 상시적·체계적인 금융소비자 정책의 추진을 위해 정책 수립체계를 전면 개선
   ① 법령 및 감독체계의 정비 / ② 금융소비자 정책의 체계화·상시화
   ③ 금융소비자와의 Feedback 시스템 구축 / ④ 국제협력 강화

2 (소비자 중심의 금융환경 조성) 금융회사의 내부통제, 제조·판매 환경 개선 등 소비자 중심의 영업행위 기반을 구축
   ① 금융회사·협회 소비자보호 시스템 강화 / ② 소비자 친화적 금융상품 출현 유도
   ③ 판매환경의 변화 및 개선 촉진 / ④ 엄격한 제재로 소비자 피해 예방 강화

3 (금융소비자 역량 강화) 금융소비자가 적극적 권리를 행사할 수 있도록 스스로의 역량 강화를 지원

---

① 금융기관·소비자간 정보 비대칭 축소 / ② 금융소비자의 선택권 보장
③ 금융교육 활성화 / ④ 금융소비자 개인정보보호 강화

④ (금융취약계층 지원 및 보호 강화) 금융취약계층의 금융 접근성 제고 및 믿고 안심할 수 있는 금융환경을 조성
① 서민층 금융 접근성 제고 / ② 취약계층에 대한 판매환경을 정비·개선
③ 취약계층 금융교육 강화 / ④ 사후구제 실효성 제고

그림 3-3 금융소비자보호체계

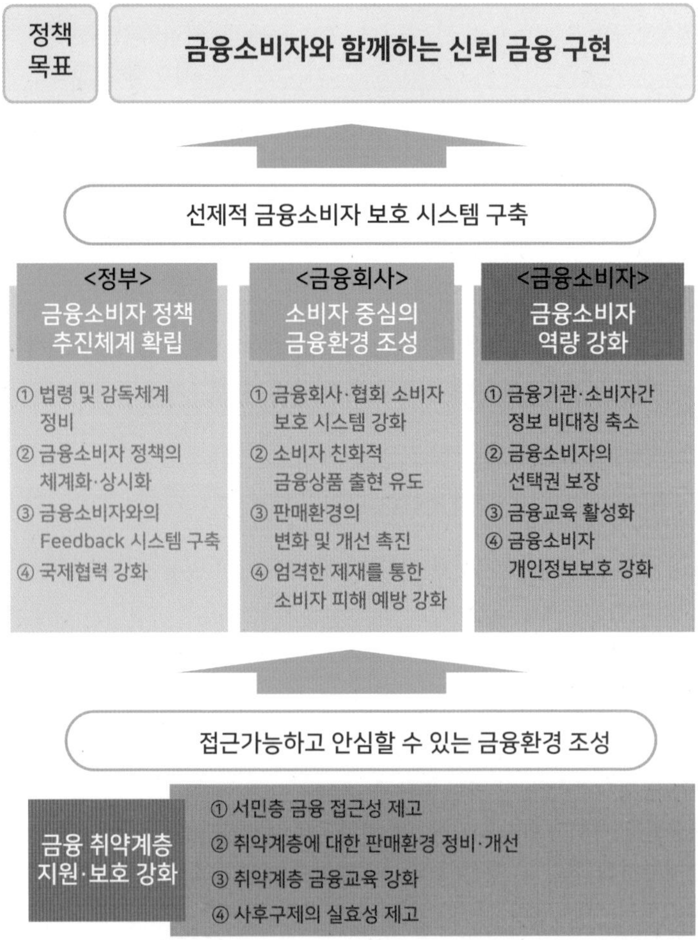

정책 목표 | **금융소비자와 함께하는 신뢰 금융 구현**

△

선제적 금융소비자 보호 시스템 구축

<정부> 금융소비자 정책 추진체계 확립	**<금융회사>** 소비자 중심의 금융환경 조성	**<금융소비자>** 금융소비자 역량 강화
① 법령 및 감독체계 정비	① 금융회사·협회 소비자 보호 시스템 강화	① 금융기관·소비자간 정보 비대칭 축소
② 금융소비자 정책의 체계화·상시화	② 소비자 친화적 금융상품 출현 유도	② 금융소비자의 선택권 보장
③ 금융소비자와의 Feedback 시스템 구축	③ 판매환경의 변화 및 개선 촉진	③ 금융교육 활성화
④ 국제협력 강화	④ 엄격한 제재를 통한 소비자 피해 예방 강화	④ 금융소비자 개인정보보호 강화

△

접근가능하고 안심할 수 있는 금융환경 조성

금융 취약계층 지원·보호 강화	① 서민층 금융 접근성 제고 ② 취약계층에 대한 판매환경 정비·개선 ③ 취약계층 금융교육 강화 ④ 사후구제의 실효성 제고

1 금융소비자보호법

금융소비자보호법은 금융소비자보호의 실효성을 높이고 국민경제 발전에 이바지함을 목적으로 하며, 금융소비자의 권익 증진과 금융상품판매업 및 금융상품자문업의 건전한 시장질서 구축을 위하여 금융상품판매업자 및 금융상품자문업자의 영업에 관한 준수사항과 금융소비자 권익 보호를 위한 금융소비자정책 및 금융분쟁조정절차 등에 관한 사항을 규정하고 있다.

표 3.3 금융소비자보호법 구성체계(총 8장, 69조)

구 분	주요 내용
1장 총칙 (§1~§6)	• 금융상품, 금융상품판매업자·자문업자, 금융소비자의 정의 • 금융소비자보호법의 적용범위 및 다른 법률과의 관계
2장 권리와 책무 (§7~§10)	• 금융소비자의 권리와 책무 • 국가, 금융상품판매업자·자문업자의 책무
3장 등록 (§11~§12)	• 금소법상 未등록자에 의한 금융상품판매·자문 영업 금지 • 금융상품판매업자·자문업자의 등록요건 (독립자문업자, 신협 공제상품모집인, 대출모집인(리스·할부금융 중개인)의 등록요건)
4장 영업 규제 (§13~§28)	• 금융상품판매업·자문업 관련 내부통제기준 마련 • 금융상품 유형別 영업규제 (적합성·적정성원칙, 설명의무, 불공정영업·부당권유금지, 광고규제, 계약서 류 제공) • 금융상품판매대리중개업자·자문업자別 영업규제 (금융상품판매대리중개업자·자문업자의 금지행위, 고지의무 등)
5장 금융소비자 보호 (§29~§47)	• 금융교육, 금융상품 비교공시, 소비자보호실태평가, 소비자보호기준 • 금융분쟁 조정제도 (분쟁조정위원회 구성, 분쟁조정 절차, 조정 효력·시효중단, 소송 중지, 조정 이탈 금지) • 손해배상책임, 청약 철회, 위법계약 해지
6장 감독 및 처분 (§48~§64)	• 금융상품자문업자의 업무보고서 제출, 금융상품판매업자 등의 변경보고 • 금융상품 판매제한명령 • 금융상품판매업자·자문업자에 대한 검사 및 제재 • 징벌적 과징금 부과기준 및 절차
7장 보칙 (§65~§66)	• 금융감독원장 및 협회에 대한 업무위탁 • 금융감독원장에 대한 지도 감독
8장 벌칙 (§67~§69)	• 형사처벌(5년 이하 징역 또는 2억원 이하 벌금), 양벌규정 • 과태료(1억원 이하 과태료, 3천만원 이하 과태료, 1천만원 이하 과태료)

금융교육, 정보제공, 분쟁조정 등 금융소비자보호관련 제도를 단일법에 담아 금융소비자보호에 관한 기본법으로 기능할 수 있도록 법체계를 마련하였으며, 모든 유형의 금융상품, 금융서비스가 소비자에게 전달되는 과정, 즉, 판매행위 전반을 규율할 수 있는 법체계를 마련하여 규제 사각지대를 해소하는 데에 초점을 두었다.

또한 금융상품자문에 대한 수요가 발생하고 있으나, 이를 규제하는 별다른 법규가 없어 소비자보호 공백이 발생하자 금융상품자문업에의 진입제한 규정, 수수료 및 이해상충방지 규정 등을 마련하였다. 법적 근거 없이 업권별 모범규준에 따라 운영되던 대출모집인의 등록 규정을 마련하여 관리 및 감독을 강화하고자 하였으며, 손해배상 및 분쟁조정 관련 제도를 정비하고 금융소비자보호원 설치에 대한 근거 규정을 두고 있다.

표 3.4 금융소비자보호법 시행 후 주요 변화

	제 도	시행 전	시행 후
사전 규제	6大 판매규제* * 적합성·적정성 원칙 및 설명의무 준수, 불공정영업·부당권유행위 및 허위·과장광고 금지	일부 금융업법	원칙적으로 모든 금융상품
	소비자보호 내부통제기준	법령상 규율 없음	기준 마련 의무 부과
사후 제재	금전적 제재	과태료 최대 5천만원	징벌적 과징금 도입 및 과태료 최대 1억원
	형 벌	3년 이하 징역, 1억원 이하 벌금	5년 이하 징역, 2억원 이하 벌금
신설된 소비자 권리	청약철회권 (일정기간 내 자유롭게 철회)	투자자문업, 보험	원칙적으로 모든 금융상품
	위법계약해지권 (위법 소명 시, 해지로 인한 금전부담없이 해지 가능)	없 음	
	자료열람요구권		소송, 분쟁조정 시 자료 열람 요구 가능
사후 구제	소액분쟁 시 금융회사의 분쟁 조정 이탈 금지	없 음	허 용
	분쟁조정 중 소 제기 시 법원의 소송중지 가능		
	손해배상 입증책임 전환		설명의무 위반 시 고의· 과실 존부 입증에 적용
	판매제한명령권		재산상 현저한 피해 우려가 명백한 경우 발동

2 개요

1) 금융상품

금융상품의 범위에 따라 규제대상(금융상품 직접판매업자·판매대리중개업자·자문업자)과 보호대상(금융소비자)이 결정하며, 금융소비자보호법에서는 금융상품의 본질적 속성을 직접 정의하지 않고 개별 금융업법상 금융상품을 인용하여 간접적으로 정의하고 있다.

금융상품은 4개 유형(예금성, 대출성, 보장성, 투자성)으로 구분하며, 2개 이상 유형에 해당하는 금융상품은 각각의 유형에 속하는 것으로 간주한다.

구 분	개 념	대 상
예금성	은행법·저축은행법상 예금 및 이와 유사한 것	은행(저축은행, 신협)의 예·적금 등
투자성	자본시장법상 금융투자상품 및 이와 유사한 것	주식·펀드·파생상품·신탁·투자일임·P2P투자 등
보장성	보험업법상 보험상품 및 이와 유사한 것	생명보험·손해보험·신협 공제 등
대출성	은행법·저축은행법상 대출, 여전법상 신용카드·시설대여·연불판매·할부금융 및 이와 유사한 것	은행(저축은행, 신협)의 대출·신용카드·리스·P2P대출·대부상품 등

2) 금융상품판매업자 및 금융상품자문업자

개별 금융법상 금융상품 판매채널을 행위주체의 지위 및 행위유형에 따라 체계적으로 분류하고, 금융상품 판매채널別로 금융소비자보호요구 수준이 차이가 있다는 점을 감안하여, 판매채널別로 규제 수준이 다르다.

금융상품 판매채널은 직접판매업자·판매대리중개업자·자문업자로 구분된다.

구 분	개 념	대 상
직접 판매업자	자신이 직접 계약의 상대방으로서 금융상품에 관한 계약의 체결을 영업으로 하는 자 (자본시장법상 투자중개업자 포함)	은행·저축은행·여전사·증권사·신협·신협중앙회 공제사업·부문·P2P업자·대부업자·증권금융회사 등
판매대리 중개업자	금융상품 계약 체결을 대리·중개하는 것을 영업으로 하는 자	투자권유대행인·보험설계사/대리점/중개사·대출모집인·대부중개업자 등
자문업자	금융상품의 가치 또는 취득·처분결정에 관한 자문에 응하는 것을 영업으로 하는 자	투자자문업자(자본시장법)·독립자문업자(금소법)

3) 금융소비자

금융소비자는 금융상품 계약의 체결 체결의 권유·청약을 받는 것에 관한 금융
상품판매업자의 거래상대방, 금융상품자문업자의 자문업무 상대방을 말하며, 금융
소비자의 특성에 따라 보호의 정도를 달리하기 위해 전문금융소비자와 일반금융소
비자로 구분한다.

구 분	개 념	대 상	판매규제 보호범위
전문 금융소비자	금융상품에 관한 전문성, 소유자산규모 등에 비추어 금융상품 계약에 따른 위험감수능력이 있는 금융소비자	국 가 · 한 국 은행·금융회사·주권상장법인 등	6대 판매규제 중 불공정 영업·부당권유금지, 광고 규제의 보호대상
일반 금융소비자	전문금융소비자가 아닌 금융소비자	대부분의 금융소비자	6대 판매규제 전부의 보호 대상

4) 적용범위

금융소비자보호법은 금융소비자보호에 관한 일반법적 효력을 가지므로, 금융
소비자보호에 관해 다른 법률에서 특별히 정한 경우를 제외하면 본법이 적용된다.

개별법상 사모펀드에 대해서는 금융소비자보호법이 적용되지 않으며, 개별법
(부동산투자회사법, 선박투자회사법 등)상 사모펀드는 자본시장법상 집합투자(펀드)에 제
외되고 해당 개별법에 따른 규제를 받는다.

5) 금융소비자의 권리와 책무

상대적 약자인 금융소비자의 권익 보호를 위해 금융소비자의 기본적 권리를 규
정하는 한편, 금융소비자 스스로 역량 강화를 위해 기본적 책무도 아울러 규정한다.

금융소비자의 권리는 금융상품판매업자 등의 위법한 영업으로 인한 재산상 손
해로부터 보호받고 신속·공정한 절차에 따라 적절한 보상을 받을 권리, 금융상품의
선택·소비에 필요한 정보제공, 금융교육을 받을 권리, 소비생활 관련 국가·지자체
의 정책에 의견 반영할 권리 등이다.

금융소비자의 책무는 금융시장의 구성 주체로서 금융상품의 올바른 선택, 금융
소비자의 권리를 정당하게 행사할 책무, 금융소비자 스스로 필요한 지식·정보를 습

득하도록 노력할 책무 등이다.

　금융소비자의 기본적 권리가 실현될 수 있도록 국가와 금융상품판매업자 등의 책무를 규정한다. 국가는 금융소비자의 권익 증진에 필요한 시책을 수립·실시할 책무, 관련 법령을 제·개정 및 폐지할 책무, 필요한 행정조직을 정비·운영 개선할 책무 등을 부담한다.

　금융상품판매업자 등은 국가의 금융소비자 권익 증진 시책에 적극 협력할 책무, 금융소비자의 합리적 선택 이익을 침해할 우려가 있는 거래조건·거래방법을 사용하지 않을 책무, 금융소비자에게 금융상품 정보를 성실·정확하게 제공할 책무, 금융소비자의 개인정보를 성실하게 취급할 책무 등을 부담한다.

그림 3-4 금융상품 판매 단계별 절차

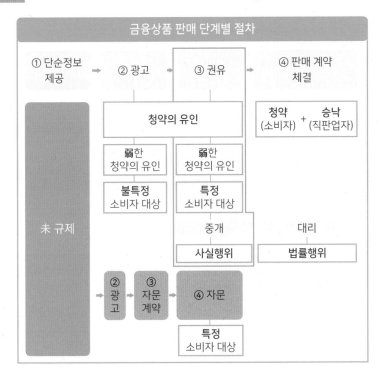

참고

금융상품 판매 광고·권유·중개·대리·자문의 개념

❖ 광고: 불특정 소비자에게 사업자 또는 상품내용 등을 널리 알리거나 제시(표시광고법 §2)

▸ 인터넷 홈페이지의 FAQ에 신용조회 관련 설명 게시는 광고 해당(대법원 2009두843)
▸ 사이버몰 입점업체 광고에 대한 운영자의 광고주체로서 행정책임 여부는, ① 양자간 거래약정 내용, ② 사이버몰 이용약관 내용, ③ 양자간 역할·관여 정도, ④ 광고 내용, ⑤ 소비자 오인가능성 등을 종합하여 구체적·개별적으로 판단(대법원 2003두8296)

❖ 권유: 특정 소비자에게 금융상품 판매 계약 체결을 목적으로 금융상품에 대한 정보를 제공하고 해당 소비자에게 계약 체결을 촉구

▸ 투자권유의 해당 여부는 설명의 정도, 투자판단에 미치는 영향, 실무처리 관여도, 이익발생 여부 등을 제반사정을 종합하여 판단(대법원 2014다14924)
▸ 보험계약의 권유행위는 보험계약 체결을 목적으로 고객에게 보험상품에 대한 정보를 제공하거나 보험가입을 촉구하는 행위(서울행정법원 2013구합62367)

❖ 중개: 직접판매업자를 위해 직판업자와 소비자 간에 계약이 체결될 수 있도록 힘쓰는 일체의 사실행위

▸ 보험계약 체결 중개는 보험자와 계약자 간에 보험계약이 성립될 수 있도록 힘쓰는 일체의 사실행위(서울행정법원 2013구합62367)

❖ 대리: 직접판매업자를 위해 소비자로부터 청약의사를 수령하거나 소비자에게 승낙의사를 표시하는 것

▸ 보험계약 체결 대리는 보험자와 위탁계약을 체결한 보험대리점이 계약자로부터 청약 의사표시를 수령하고 보험자를 위하여 승낙의 의사표시를 하면 그 법률효과가 직접 보험자에게 귀속되는 것(서울행정법원 2013구합62367)

❖ 자문: 특정 소비자를 대상으로 금융상품의 가치 또는 취득·처분 결정에 대한 자문에 응하는 것(금소법 §2ⅳ)

▸ 불특정 다수인을 상대로 한 경우가 아니라, 문의자와 상담자 사이에 1:1 상담 혹은 자문이 행해지는 것은 투자자문업에 해당(대법원 2006도119)
▸ 자문업 제외: ① 불특정 다수 대상 간행물·출판물·통신물·방송 등을 통한 조언
  　　　　　　② 변호사·변리사·세무사·공인회계사 등 해당 법률에 따른 자문
  　　　　　　③ 무상으로 금융상품판매업에 부수하여 금융상품의 가치 등에 자문

참고

금융상품 유형별 전문금융소비자

투자성 상품	보장성 상품	대출성 상품	예금성 상품
국가 / 한국은행 / 금융회사 / 주권상장법인			
지방자치단체			
금감원, 신보, 기보, 수출입은행, 한국투자공사, 거래소, 금융위가 주무기관인 공공기관			
신협·농수협·산림조합·새마을금고 중앙회, 금융권협회			
금융지주회사, 집합투자업자, 증권금융회사, 단기금융회사, 자금중개회사, P2P업자, 대부업자			
법률상 기금 관리·운용 공공기관, 법률상 공제사업 영위 법인·조합·단체			
적격투자법인·단체 및 개인			
외국정부, 국제기구, 외국 중앙은행, 외국에 상장된 국내법인			
투자성 상품 판매대리중개업자	보장성 상품 판매대리중개업자	대출성 상품 판매대리중개업자	-
적격투자 단체 및 개인	보험요율 산출기관	상시근로자 5인 이상 법인·조합·단체	법인·조합·단체
	보험 관계 단체	겸영여신업자	성년 (제외: 피성년후견인 / 피한정후견인 / 65세 이상의 고령자)
	단체보험·기업성보험· 퇴직연금 가입자	자산취득·자금조달 목적 SPC	

※ 국가, 한국은행, 금융회사를 제외한 전문금융소비자는 투자성 상품 중 장외파생상품 거래 시에는 전문금융소비자와 같은 대우를 받겠다는 의사를 금융상품판매업자 등에게 서면으로 통지한 경우에만 해당함

3 진입 규제

4개의 금융상품 유형(투자성·보장성·예금성·대출성)에 대한 3개의 금융상품 판매 채널(직판업자·대리중개업자·자문업자) 중 개별 금융업법상 인허가·등록 요건이 없는 6개 유형[90]에 대한 등록단위가 신설한다.

표 3.5 신설되는 등록단위(초록음영 부분)

구 분	직판업자	대리중개업자	자문업자
투자성	금융회사	투자권유대행인	비독립 투자자문업자
			독립 투자자문업자(✓)
보장성		보험모집인	보장성상품 독립자문업자(✓)
		신협공제사업모집법인(조합)	
		신협 공제상품모집인(✓)	
대출성		신용카드모집인	대출성상품 독립자문업자(✓)
		대출모집인(✓) (리스·할부금융 중개인 포함)	
예금성		신설여부 추후 판단	예금성상품 독립자문업자(✓)

1) 금융상품자문업자

금융상품자문업의 등록요건은 기본적으로 자본시장법상 (비독립)투자자문업의 등록요건과 유사하지만, ① 독립성 요건(판매업 겸업금지 등), ② 금융상품 유형별로 자기자본 금액 설정, ③ 투자성·보장성·대출성 상품의 자문업 등록 시 예금성 상품 자문업 영위 가능, ④ 온라인업체의 알고리즘 요건 등에 있어 차이가 있다.

표 3.6 금융상품자문업자의 등록요건

오프라인 및 온라인 공통 요건	온라인 단독 요건
• 자격 요건(법인) • 인력 요건(상품 및 전산 전문인력 각각 1인 이상) • 물적 요건(전산설비, 고정사업장 등) • 자기자본 요건 (ⓞ 투자상품: 2.5억원/일부 투자상품(집합투자증권 일부)·보장성·대출성·예금성 상품: 각 1억원) • 재무상태 요건(부채비율 200% 이하) • 사회적 신용 요건(신청인의 형사처벌·중대한 행정제재 부존재 등) • 임원 요건(미성년자·피성년후견인·피한정후견인 미해당, 형사처벌·행정제재 부존재 등) • 이해상충방지 요건(관련 소프트웨어 설치(온라인 전용), 교육·훈련체계 등(기타)) • 독립성 요건(판매업 겸영 금지, 판매업자와의 非계열사 및 임직원 겸직 금지 등)	• 알고리즘 요건(고객정보를 고려한 거래성향분석/특정 상품·업체로의 쏠림 방지/매년 1회 이상 자문내용 조정 등)

등록요건은 자격요건, 인력요건, 물적요건, 자기자본요건, 재무상태요건, 사회적 신용요건, 임원요건, 이해상충방지 요건, 독립성요건 등이 있다.

등록절차는 ① 등록신청서는 금융위에 접수, ② 등록요건 심사는 금감원 수행, ③ 등록 여부 통보는 금융위에서 실시하며, 등록신청서 접수 이후 2개월 이내 등록 여부를 결정하고, 2개월 범위 내 한차례 연장 가능하다.

표 3.7 금융상품자문업자의 세부 등록 여건

구 분	내 용
자격 요건	신청인은 상법상 주식회사 등 법인에 해당할 것 신청 당시 신설 법인인지, 기존 법인인지 여부는 불문
인력요건	(상품 전문인력) 다음 어느 하나에 해당하는 사람을 1명 이상 필요 ① 해당 상품유형의 금융상품자문업을 영위하는데 필요한 자격을 취득한 자 ② 해당 상품유형의 금융상품판매업에 3년 이상 경력자(등록신청일로부터 5년 　내 해당 업무 종사자)로서 해당 금융상품 자격 취득과 관련된 교육을 받은 자 (전산 전문인력) 전산설비 운용·관리 관련 전문인력을 1명 이상 필요
물적요건	전산설비(컴퓨터 등 정보통신설비, 전자적 업무처리설비)·물적설비(고정사업장, 사무장비 및 통신수단, 업무자료 보관 및 손실방지 설비 등) 등 구축 필요
자기자본요건	(투자성 상품) ① 모든 투자성 상품: 2.5억원, ② 펀드 등 일부 상품: 1억원 (예금성·대출성·보장성 상품) 각각 1억원
재무상태요건	자기자본 대비 부채비율이 200% 이하일 것
사회적신용요건	신청인의 형사처벌 및 중대한 제재 전력 등이 없을 것
임원요건	미성년자 등이 아닐 것, 금고 이상의 형사처벌 부존재, 금융소비자보호법 금융 관련 법률에 따른 벌금 이상 형사처벌 임직원 제재 부존재 등
이해상충요건	온라인 방식으로만 자문서비스를 제공하는 경우에는 이해상충 방지를 위한 기준이 포함된 소프트웨어를 설치할 것 그 밖에 자문서비스를 제공하는 경우에는 이해상충 방지 체계를 수립할 것
독립성요건	금융상품판매업 등을 경영하지 않고, 금융상품판매업자의 계열회사 등이 아닐 것, 금융상품판매업자의 임직원 지위를 겸직하거나 파견자가 아닐 것

2) 금융상품판매대리·중개업자

금융상품판매대리·중개업의 등록요건은 신협 공제상품모집인과 대출모집인(개인모집인, 법인모집인)으로 구분한다.

신협 공제상품모집인은 전문자격 또는 교육이수 요건, 미성년자 등 미해당·형사처벌 부존재 등 결격사유 요건이 요구된다.

대출모집인 중 개인모집인은 신협 공제상품모집인의 등록요건과 동일하고, 법인모집인은 온·오프라인 공통요건과 온라인 단독요건으로 구분된다.

표 3.8 금융상품대리·중개업자의 등록요건

신협 공제상품모집인 (개인)	대출모집인		
	개인	온·오프라인 법인 공통	온라인 법인 단독
• 자격 요건 (인증, 교육 이수)	좌동	• 사회적 신용 요건 (신청인의 형사처벌 부존재 등)	• 배상책임 담보 요건 (5천만원의 예탁 또는 보험가입)
• 결격 요건 (미성년자 등x, 형사처벌 부존재)	좌동	• 임원결격 요건 (미성년자 등x, 형사처벌 부존재)	• 알고리즘 요건 (이자율 등으로 대출상품 검색 가능/소비자에게 유리한 조건 順으로 상품 배열/검색결과와 무관한 광고 금지)
		• 업무수행기준 요건 (직무수행 절차·방법·기준, 임직원 교육)	
		• 인력 요건 (상품·전산 전문인력 각각 1인 이상)	
		• 물적 요건 (전산설비, 고정사업장 등)	

4 영업행위 규제

1) 내부통제기준

(1) 의의

금융상품판매업자 등이 금융소비자보호를 철저히 이행할 수 있도록, 금융소비자를 대상으로 판매 또는 자문에 응하는 임직원, 업무를 위탁받아 동 업무를 수행하는 대리중개업자[91]에 대한 관리책임을 부여한다.

(2) 주요 내용

① 관리 업무

금융상품직접판매업자·판매대리중개업자(보험중개사 포함)·자문업자는 소속 임직원·판매대리중개업자(보험중개사 제외)에 대하여, 소속 임직원 등의 업무 수행 시 법령을 준수하고 건전한 거래질서를 해치는 일이 없도록 성실히 관리하여야 한다.

② 내부통제기준 마련

법인인 금융상품판매업자 등은[92] 소속 임직원·판매대리중개업자(보험중개사 제외)의 직무 수행 시 준수해야 할 기준 및 절차(이하 "내부통제기준")를 마련하여야 한다.

내부통제기준에는 금융소비자보호 내부통제위원회, 총괄기관, 임직원의 기준 위반 점검·조치·평가 등의 기준 운영 및 조직구조, 업무수행 기준 및 절차, 영업 담당 직원이 갖추어야 할 교육수준 및 자격 등의 영업행위 및 소비자와의 이해상충이 발생하지 않도록 성과보상체계를 설계·운영하는 성과보상 등을 포함하여야 하며,[93] 신설·변경 시 이사회의 승인을 받아 내부통제기준을 신설·변경, 내부통제기준 신설·변경 사실 및 주요 현황을 인터넷 홈페이지에 게시하여야 한다.

③ 금융회사 지배구조법과 관계

금융소비자보호법의 경우에는 금융상품판매업자 등의 소속 임직원·판매대리중개업자에 대한 판매행위 관리책임과 관련된 것이나, 금융회사 지배구조법의 경우에는 금융회사의 일반적인 경영건전성 확보를 위해 소속 임직원에 대한 전반적인 관리책임과 관련된다.

표 3.9 내부통제기준 제도 비교

구 분	금융회사 지배구조법	금융소비자보호법
적용대상	금융회사(직접판매업자)	직접판매업자, 대리중개업자, 자문업자
규율범위	소속 임직원	소속 임직원 및 대리중개업자
규율사항	위험관리 등 경영 전반	금융상품 판매·자문 행위

(3) 위반 시 효과

내부통제기준을 마련하지 않은 경우, 1억원 이하 과태료를 부과하며, 위반한 금융상품판매업자 등 및 임직원에 대한 제재 조치를 한다.

(4) 시행일

관리 업무에 대하여, 금융상품직접판매업자·판매대리중개업자는 2021년 3월 25일부터 시행하며, 금융상품자문업자는 2021년 9월 25일부터 시행한다. 내부통제 기준 마련은 2021년 9월 25일부터 시행한다.

---

① 광고규제 가이드라인(6.8)
② 투자자 적합성평가 제도 운영지침(7.1)
③ 금융상품 설명의무의 합리적 이행을 위한 가이드라인(7.14)
④ 권역별 표준내부통제기준(협회 가이드라인, 8.31)

참고

은행 「금융소비자보호에 관한 내부통제규정」

구 분	주요 내용
업무분장 및 조직구조	금융소비자보호 업무에 관한 임직원의 역할과 책임을 명확히 하고, 업무의 효율성 및 직무 간 상호 견제와 균형이 이루어질 수 있도록 업무분장 및 조직구조 수립
업무수행 시 준수기준 및 절차	- [업무단계 준수사항] 금융상품 개발 및 판매 과정 일련에 대한 내부절차 수립 - [영업행위 준수사항] 금융상품별·판매채널별 판매준칙 마련 - [업무위탁 준수사항] 금융상품판매대리·중개업자에 대한 본질적 업무 위탁 금지 및 관리·감독 기준 마련 등
내부통제기준 운영 조직	- 은행장을 위원장으로 하는 금융소비자보호 내부통제위원회의 설치 및 운영 - 금융소비자보호에 관한 내부통제 업무를 금융상품 개발·판매 업무로부터 독립하여 수행할 수 있는 금융소비자보호 총괄기관을 은행장 직속으로 설치
내부통제기준 준수 점검·조치·평가	- [점검 및 조치] 금융소비자보호 업무와 관련하여 임직원 등의 내부통제기준 준수 여부에 대한 주기적 점검을 실시하며, 위반 정도 및 규모 등을 감안하여 조치 방안 마련 - [평가] 금융소비자보호 담당임원이 점검 사항을 평가하여 그 결과를 은행장 및 금융소비자보호 내부통제위원회 앞 보고

성과보상체계 운영	- 금융상품 판매 관련 업무를 수행하는 임직원과 금융소비자 간에 이해상충이 발생하지 않도록 성과보상체계 설계·운영 - 불완전판매 건수, 고객만족도, 계약 관련 서류의 충실성, 판매절차 적정성 점검결과 등 금융소비자 보호를 위한 지표를 감안하여 성과보상체계 운영
고령자 및 장애인의 재산상 피해 방지	- [고령자] 금융상품 개발단계에서 고령자 위험요인을 점검하고, 금융상품 판매 시 강화된 판매절차를 정하여 운영 - [장애인] 장애 유형별 세부 응대매뉴얼 마련 및 비대면 금융거래 이용 편의성 제고

「금융소비자보호규정」

구 분	주요 내용
민원·분쟁 업무처리 절차	- 민원·분쟁 처리에 필요한 중요사항이 포함된 내부기준 및 절차 마련 - 금융소비자보호 총괄기관은 민원 평가를 실시하여 금융상품 및 민원·분쟁 관련 제도개선사항을 도출하고, 관련 부서에 제도개선 요구
교육 및 훈련	금융소비자의 권리를 존중하고 발생된 민원·분쟁의 적시 대응과 예방을 위하여 민원 및 분쟁예방 프로그램을 포함한 교육 및 훈련 수행
금융소비자의 권리행사 대응체계	- 금융소비자의 권리(자료열람요구권, 청약철회권, 위법계약해지권) 보장 및 휴면금융재산 발생 예방을 위한 대응체계 마련 - 관련 기준·절차 및 임직원 교육/소비자 안내 방안 마련 등
계약체결 후 제도개선	계약체결 후 금융소비자의 권리 행사가 신속·공정하게 처리되고 있는지 점검하고 주요 발생원인 분석하여 개선사항 도출

「내규」

구 분	주요 내용
「금융소비자보호 내부통제위원회규정」	- [목적] 「금융소비자보호에 관한 내부통제규정」에서 정한 바에 따라 금융소비자보호에 관한 내부통제를 수행하는 데 필요한 의사결정기구인 금융소비자보호 내부통제위원회의 설치, 권한 및 운영 등에 관한 사항을 규정 - [구성] 은행장, 금융소비자보호 담당인원, 준법감시인, 위험관리책임자 및 사내임원 - [기능] 금융소비자보호에 관한 경영방향, 금융소비자보호 내부통제의 적정성·준수실태에 대한 점검·조치 결과 등 조정·의결
「금융소비자보호 내부통제업무지침」	- [목적] 「금융소비자보호에 관한 내부통제규정」에서 정한 바에 따라 금융소비자보호 내부통제기준 시행에 필요한 세부사항 및 기타 금융소비자보호업무에 관한 사항을 규정 - [상품개발준칙] 새로운 금융상품의 기획·개발 시 금융소비자권익이 침해되지 않도록 지켜야 할 기본 원칙과 의무 규정 - [상품판매준칙] 금융상품에 관한 계약의 체결 또는 체결 권유 시 금융소비자를 보호하기 위한 기본 원칙과 의무 규정

2) 6대 판매규제

(1) 적합성 원칙

① 의의

일반금융소비자의 재산상황, 금융상품 취득·처분 경험 등에 비추어 부적합한 금융상품 계약체결의 권유를 금지한다. 금융상품에 관해 전문성을 갖춘 금융상품판매업자 등으로 하여금 일반금융소비자에게 적합한 금융상품의 계약체결을 권유하도록 유도하고자 하는 취지이다.

② 주요 내용

가. 적용범위

금융상품직접판매업자 판매대리중개업자·자문업자는 일반금융소비자를 대상으로 보장성·투자성·대출성 금융상품에 대하여 금융상품 계약 체결을 권유 또는 금융상품 자문에 응하는 경우에 적용된다.

나. 금융소비자의 성격 확인

금융상품판매업자 등은 금융소비자의 성격(일반금융소비자, 전문금융소비자 여부)을 확인하여야 한다.

표 3.10 금융상품 유형

구분	대상
보장성 상품	변액보험 및 이와 유사한 보장성 상품(보험료 또는 공제료 일부를 자본시장법에 따른 금융투자상품의 취득·처분·그 밖의 방법으로 운용할 수 있도록 하는 보험 또는 공제)
투자성 상품	일부 상품을 제외한 투자성 상품(자본시장법상 온라인소액투자중개 대상 증권, 온라인투자연계금융업법상 연계투자 등은 제외함)
대출성 상품	모든 대출성 상품

다. 일반금융소비자의 정보 파악, 확인, 유지·관리 및 제공

금융상품판매업자 등은 계약 체결권유 등에 있어 금융상품 유형별로 일반금융소비자의 정보를 파악하고, 일반금융소비자의 확인을 받아 유지·관리하며, 확인 내용을 일반금융소비자에게 제공하여야 한다.

표 3.11 금융상품 유형별 파악해야 하는 일반금융소비자 정보 내용

1. 보장성 상품	2. 투자성 상품	3. 대출성 상품
1) 소비자의 연령	1) 해당 금융상품 취득·처분 목적	1) 재산상황(부채를 포함한 자산 및 소득에 관한 사항)
2) 재산상황(부채를 포함한 자산 및 소득에 관한 사항)	2) 재산상황(부채를 포함한 자산 및 소득에 관한 사항)	2) 신용* 및 변제계획
3) 계약체결의 목적	3) 금융상품의 취득·처분 경험	3) 소비자의 연령
4) 금융상품의 취득·처분 경험	4) 소비자의 연령	4) 계약체결의 목적(대출 限)
5) 금융상품에 대한 이해도	5) 금융상품에 대한 이해도	
6) 기대이익 및 기대손실 등을 고려한 위험에 대한 태도	6) 기대이익 및 기대손실 등을 고려한 위험에 대한 태도	

* 신용정보법에 따른 신용정보 또는 자본시장법에 따른 신용등급으로 한정

라. 금융상품의 적합 여부 판단 및 부적합 금융상품의 체결 권유 금지

금융상품판매업자 등은 금융상품 유형별 적합성 판단 기준에 따라 해당 금융상품이 일반금융소비자에게 적합한지 여부를 판단하여야 하며, 금융상품직접판매업자등은 평가결과를 평가근거와 함께 문서로 기록하여야 한다.

금융상품판매업자 등은 금융상품 유형별 적합성 판단기준에 비추어 일반금융소비자에게 부적합한 금융상품 계약 체결을 권유해서는 안 된다.

표 3.12 금융상품 유형별 적합성 판단 기준

금융상품	판단 기준
가. 보장성 상품 투자성 상품	일반금융소비자의 정보를 파악한 결과 손실에 대한 감수능력이 적정한 수준일 것
나. 대출성 상품	일반금융소비자의 정보를 파악한 결과 상환능력이 적정한 수준일 것

* 신용카드, 분양된 주택의 계약 또는 주택조합 조합원의 추가 부담금 발생에 따른 중도금 지급 목적 대출, 주택 재건축·재개발에 따른 이주비 확보 목적 대출, 환매조건부채권 등 원금손실 위험이 현저히 낮은 투자성 상품은 금융상품판매업자 등의 자체기준에 따라 평가 가능

마. 적용 특례

자본시장법상 전문투자형의 사모펀드 판매 시 적합성 원칙을 원칙적으로 적용이 면제된다. 다만, 일반금융소비자의 적합성 원칙 적용 요청 시 동 원칙을 적용한다.

(2) 적정성 원칙

① 의의

일반금융소비자가 자발적으로 구매하려는 금융상품이 일반금융소비자의 재산 등에 비추어 부적정할 경우 이를 고지·확인하여야 한다.

금융상품에 관해 전문성을 갖춘 금융상품판매업자 등은 계약체결의 권유가 없는 경우에도 적정성을 파악하여 이를 일반금융소비자에게 알리도록 하여 사전적 보호기능을 강화하고자하는 취지이다.

적합성 원칙은 금융상품판매업자 등의 계약 체결권유가 있는 경우에 적용되는 반면, 적정성 원칙은 소비자가 자발적으로 계약 체결 의사를 밝힌 경우에 적용되고, 적합성 원칙에 비해, 적정성 원칙 대상 금융상품의 범위가 좁은 편이다.

② 주요 내용

가. 적용범위

금융상품직접판매업자·판매대리중개업자는 일반금융소비자에 대하여 일부 보장성·투자성·대출성 상품에 관하여 금융상품 계약 체결 권유 없이 금융상품 판매 계약을 체결하는 경우에 적용한다.

나. 금융소비자의 정보 파악

금융상품판매업자 등은 적정성 원칙 적용대상 금융상품 유형별로 일반금융소비자의 정보를 파악하여야 한다.

다. 금융상품의 적정 여부 판단 및 부적정한 금융상품의 고지 확인

금융상품판매업자 등은 금융상품 유형별 적정성 판단 기준에 따라 해당 금융상품이 일반금융소비자에게 적정한지 여부를 판단하고, 평가결과를 평가근거와 함께 문서로 기록하여야 하며, 해당 금융상품이 일반금융소비자에게 부적정하다고 판단되는 경우 이를 알리고, 해당 소비자로부터 확인을 받아야 한다.

라. 적용 특례

자본시장법상 전문투자형 사모펀드의 판매 시 적정성 원칙을 원칙적으로 적용을 면제하지만, 일반금융소비자의 적정성 원칙 적용 요청 시 동 원칙을 적용한다.

(3) 설명의무

① 의의

금융상품 계약 체결을 권유하거나 일반금융소비자가 설명을 요청하는 경우 금융상품의 중요사항을 설명하여야 한다. 계약체결 권유 등에 있어 일반금융소비자에게 금융상품의 정보를 제공하여 해당 소비자의 올바른 구매의사 결정을 지원하기 위한 취지이다.

② 주요 내용

가. 적용범위

금융상품직접판매업자·판매대리중개업자·자문업자는 일반금융소비자에 대하여 보장성·투자성·예금성·대출성 상품 및 연계·제휴서비스를 제공하는 경우 금융상품 계약 체결 권유, 금융상품 자문 응답 및 소비자의 설명 요청시에 적용한다.

나. 설명 내용

표 3.13 유형별 설명내용

구 분	상 품	설명내용
금융 상품	보장성 상품	상품 내용, 보험료, 보험금 지급제한 사유 및 지급절차, 위험보장의 범위 등
	투자성 상품	상품 내용, 투자에 따른 위험, 위험등급, 수수료 등
	예금성 상품	상품 내용, 이자율, 수익률 등
	대출성 상품	상품 내용(금리 및 변동 여부, 중도상환수수료 부과 여부·기간 및 수수료율), 상환방법에 따른 상환금액·이자율·시기, 담보권 설정 실행사유·실행 시 담보물 소유권 상실, 대출 시 부담금액 총액(원리금·수수료 등)
연계·제휴서비스		서비스 내용, 서비스 이행책임 등
기 타		청약 철회에 관한 사항 등

다. 설명 절차

금융상품판매업자 등은 설명의무 이행에 필요한 설명서를 일반금융소비자에게 제공[94]하여야 하며, 원칙적으로 설명서에는 금융상품 유형별 설명 내용이 포함되어야 한다[95]. 설명서 제공 시 핵심(요약)설명서도 함께 제공하여야 하며[96], 설명 내용을 일반금융소비자가 이해하였음을 확인하여야 한다.

설명의무 이행 시 중요사항에 대한 거짓 또는 왜곡(불확실한 사항에 대한 단정적 판단 제공, 확실하다고 오인할 소지 있게 고지)하여 설명하거나 누락해서는 안 된다.

(4) 불공정영업행위 금지

금융상품판매업자등이 금융상품 판매시 우월적 지위를 이용하여 금융소비자의 권익을 침해하는 행위는 금지된다. 금융상품판매업자 등이 우월적 지위를 이용한 부당한 금융상품 거래를 제한하는 근거를 마련하는 취지이다.

① 적용범위

금융상품직접판매업자·판매대리중개업자·자문업자는 일반금융소비자와 전문금융소비자에 대하여 보장성·투자성·예금성·대출성 상품와 연계·제휴서비스를 제공할 때 적용된다.

② 행위 유형

대출성 상품의 계약체결관련 他금융상품 계약체결을 강요하거나, 부당한 담보 및 보증 요구를 하여서는 안되며, 금융상품판매업자 등 또는 임직원의 업무 관련하여 편익 요구 및 수령을 하여서도 안 된다.

대출성 상품에 있어 불공정한 상환방식·시기·연대보증 요구하여서는 안되며, 연계·제휴 서비스의 부당 축소 및 변경하여서도 안 된다. 계약의 변경·해지 요구, 금리(보험료)인하요구 등 소비자권리 행사 방해하거나, 대환대출 시 기존계약 기간과 신규계약 기간의 3년 초과에도 중도상환수수료 부과하는 것이 금지된다.

표 3.14 금소법상 꺾기 규제

판매제한 금융상품	취약차주[1] / 피성년·피한정후견인 차주(신설)	그 밖의 차주 (투자성 상품의 경우 개인에 한정)
보장성[2]	금 지	1% 초과 금지
일부 투자성 (펀드, 금전신탁 등)	금 지	1% 초과 금지(신설)
예금성	1% 초과 금지	규제 없음

1) 중소기업(대표자 포함), 개인신용평점이 하위 10% 이하 개인
2) 중소기업이 아닌 기업과의 퇴직보험계약·종업원 복리후생 목적 보장성 상품 계약, 그 외 단체보험 등

(5) 부당권유행위 금지

금융상품 계약 체결 권유 시 금융소비자가 오인할 우려가 있는 허위 사실 등을 알리는 행위를 금지한다. 금융상품판매업자등의 올바른 계약체결의 권유를 유도하고, 부당권유에 따른 금융소비자 피해를 방지하기 위한 취지이다.

① 적용범위

금융상품직접판매업자·판매대리중개업자·자문업자는 일반금융소비자와 전문금융소비자에 대하여 보장성·투자성·예금성·대출성 상품에 관한 금융상품 계약 체결 권유 및 금융상품 자문 응답하는 경우에 적용된다.

② 행위 유형

가. 불확실한 사항에 대한 단정적 판단 제공, 확실하다고 오인하게 할 소지 있는 내용을 고지하는 행위

나. 금융상품의 내용을 사실과 다르게 고지하는 행위

다. 금융상품의 가치에 중대한 영향을 미치는 사항을 미리 알고 있으면서 금융소비자에게 未고지하는 행위

라. 객관적 근거 없이 금융상품 비교하는 행위

- 금융상품 내용의 일부에 대해 비교대상 및 기준을 밝히지 않는 행위

- 객관적인 근거 없이 他 금융상품과 비교하여 해당 금융상품이 우수·유리하다고 알리는 행위

마. 보장성 상품 관련 계약의 중요사항 고지 방해 및 부실 고지 권유하는 행위

- 금융소비자·피보험자가 계약의 중요사항을 금융상품직접판매업자에게 알리는 것을 방해하거나 알리지 아니할 것을 권유하는 행위

- 금융소비자·피보험자가 계약의 중요사항에 대해 부실하게 금융상품직접판매업자에게 알릴 것을 권유하는 행위

바. 투자성 상품 관련 불초청 권유 및 再권유하는 행위

- 금융소비자로부터 계약 체결권유 요청 없이 방문·전화 등 실시간 대화 방법을 이용하는 행위

- 계약 체결권유를 받은 금융소비자의 거부 의사표시 이후에도 계약 체결권유를 계속하는 행위

사. 기타 부당권유행위

- 내부통제기준에 따른 직무수행 교육을 받지 않은 자로 하여금 계약체결 권유
와 관련된 업무를 하게 하는 행위("상품숙지의무 위반")
- 적합성 원칙 관련 소비자 정보 확인 과정에서 일반금융소비자의 정보를 조작
하여 권유하는 행위
- 적합성 원칙 적용 회피를 위해 일반금융소비자로부터 "계약 체결의 권유를
원하지 않는다"는 서면 등을 받는 행위

(6) 광고규제

금융상품 또는 금융상품판매업자 등의 업무에 관한 광고 시 필수 포함사항 및
금지행위 등을 규정한다. 금융상품 등의 광고 주체를 제한하고 광고 시 준수사항을
규정하여 허위·과장광고로부터 금융소비자를 보호하기 위한 취지이다.

① 적용범위

금융상품직접판매업자·일부 판매대리중개업자·자문업자·협회 등이 일반금융
소비자와 전문금융소비자에 대하여, 금융상품(보장성·투자성·예금성·대출성 상품) 광고
및 업무 광고를 하는 경우에 적용한다.

② 필수 포함사항

가. 계약체결 前 설명서 및 약관을 읽어볼 것을 권유하는 내용

나. 금융상품판매업자 등의 명칭, 금융상품의 내용

다. 기타 사항

- 법 제19조 제1항에 따른 설명을 받을 권리
- 법령 및 내부통제기준에 따른 광고 관련 절차의 준수에 관한 사항
- 예금자보호법 등 他법률에 따른 금융소비자보호내용(대출성 상품 제외)
- 금융상품판매대리·중개업자의 고지의무에 관한 사항
- 금융상품자문업자의 고지의무에 관한 사항

③ 광고 방법 및 절차

광고 방법은 글자의 색깔·크기 또는 음성의 속도·크기 등이 금융소비자가 해
당 금융상품으로 인해 얻는 이익과 불이익을 균형있게 전달하여야 하며, 광고 절차

로 준법감시인 또는 감사의 심의를 받아야 한다.

④ 금지행위

가. 보장성 상품: 제한 없이 보장 오인 가능성, 보험료 일할표시, 보험료 산출기준 부실설명, 갱신 시 보험료인상가능성 未고지 등

나. 투자성 상품: 손실보전 또는 이익보장 오인 가능성, 수익률 운용실적이 좋은 기간의 수익률만 표시 등

다. 예금성 상품: 이자율의 범위 등·이자의 지급 등 오인 가능성, 수익률 운용실적이 좋은 기간의 수익률만 표시 등

라. 대출성 상품: 대출이자율의 범위 등·이자의 지급 등 오인 가능성, 대출이자 일할 표시 등

마. 기타: 광고 시 해당 광고매체·대리중개업자의 상호를 부각시켜 소비자가 직접판매업자를 올바르게 인지하는 것을 방해하는 행위

⑤ 협회의 광고 확인

협회는 금융상품판매업자 등의 광고규제 준수 여부를 확인하고, 그 결과에 대한 의견을 해당 금융상품판매업자 등에게 통보하여야 한다.

5 금융상품판매대리중개업자 및 자문업자의 영업규제

1) 미등록자를 통한 대리·중개 금지

금융소비자보호법 또는 금융관련 법률에 따라 인허가, 등록을 하지 않은 자에게 금융상품계약체결 등의 대리, 중개하게 하는 행위를 금지한다. 적법한 판매채널에게만 금융상품 계약체결 등을 대리, 중개하게 하여 판매행위를 보다 철저하게 관리하기 위한 취지이다.

"미등록자의 영업행위 금지", "미등록자를 통한 대리 중개 금지"의 규제대상은 각각 미등록자 본인, 미등록자에게 대리 중개한 자로서 구별되며, 미등록 판매채널에 의한 소비자보호 및 금융상품판매업 제도 유지를 위해서는 양 규제를 병행할 필요가 있다.

2) 금융상품판매대리중개업자의 금지행위

금융소비자보호 및 건전한 거래질서 유지를 위해 금융상품판매대리중개업자에 대해 추가적인 금지의무를 부과한다.

(1) 급부수취 금지

금융소비자로부터의 투자금, 보험료 등 계약 이행 급부 수령을 금지한다. 다만, 직접판매업자로부터 급부 수령에 관한 권한을 부여받은 경우로서 보장성 상품에 관한 계약과 관련한 보험료 또는 공제료 수령은 허용된다.

(2) 재위탁 금지

제3자에 대한 대리·중개 업무의 재위탁 및 그에 대한 대가 지급을 금지한다. 다만, 보험모집인의 같은 보험회사 등 소속 보험모집인에 대한 재위탁 및 그에 대한 대가 지급이 허용된다.

(3) 이해상충행위 금지

투자권유대행인, 대출모집인의 2개 이상 직판업자를 위한 대리 중개 금지한다. 대출성 상품 대리중개업자는 대부업 대부중개업(대부업자·대부중개업자 제외), 다단계 판매업, 사행산업, 단란주점영업·유흥주점영업 등에 대한 겸업이 금지된다. 투자성 상품 대리중개업자에게는 투자일임·신탁재산을 집합 운용하는 것처럼 해당 계약의 대리·중개·광고 금지, 소비자로부터의 금융투자상품 매매 권한 수탁 금지, 투자성 상품 계약체결 시 제3자의 소비자에 대한 금전 대여의 대리·중개 금지 등이 부과된다.

또한 소비자 대신 계약체결 금지, 직판업자·자문업자로 오인 가능한 상호의 광고·영업 사용 금지, 자신에게만 대리·중개업무 위탁 또는 他 대리중개업자에게 위탁하지 않도록 직판업자에게 강요 금지 등이 요구된다.

(4) 불공정행위 금지

직판업자에 대해 정해진 수수료 이외 재산상 이익(금전 등의 지급·대여, 대리·중개 시 발생한 비용·손해의 보전, 직판업자 취급 금융상품에 대한 계약체결 시 우대 혜택)의 요구 및 수취가 금지된다.

3) 금융상품판매대리중개업자의 고지의무 등

금융소비자보호 및 건전한 거래질서 유지를 위해 금융상품판매대리중개업자에 대해 고지의무를 부과한다.

(1) 위탁자 및 위탁내용: 직접판매업자의 명칭 및 업무내용을 고지

(2) 전속 여부: 1개의 직접판매업자만을 대리·중개하는지 여부를 고지

(3) 계약체결권한 유무: 직접판매업자로부터의 계약체결권 未부여 시 자신에게 계약체결권한이 없음을 고지

(4) 손해배상책임: 금융소비자보호법상 손해배상책임에 관한 사항을 고지

(5) 기타 사항: 금융소비자로부터의 투자금, 보험료 등 급부 수령 권한 여부, 소비자의 신용정보·개인정보 등은 직판업자가 보유·관리한다는 사실(보험중개사 제외)을 고지

(6) 증표 제시: 대리 중개 시 대리중개업자라는 표지 게시 또는 증표 제시

4) 금융상품자문업자의 영업행위준칙 등

금융소비자보호 및 건전한 거래질서 유지를 위해 금융상품자문업자에 대해 추가적인 영업규제 부과한다.

(1) 소비자에 대한 고지사항

독립금융상품자문업자 여부, 판매업자로부터 받은 자문 관련 재산상 이익의 종류·규모, 판매업 겸영 시 위탁관계 있는 판매업자의 명칭 위탁 내용, 자문업무 관련 금융상품의 범위, 자문업무의 제공절차 등을 고지하여야 하고, 자문업자라는 표지를 게시 또는 증표를 제시하여야 한다.

(2) 독립금융상품자문업자 관련 사항

독립금융상품자문업자가 아닌 자의 "독립문자" 명칭 또는 광고 사용을 금지하고, 자문 응답 관련 판매업자(임직원 포함)로부터 재산상 이익 수취를 금지한다.

특정 판매업자의 금융상품에 한정하여 자문에 응하는 행위 금지, 특정 판매업자 또는 특정 금융상품의 광고 금지, 자문계약 체결 이후 소비자의 동의 없이 자문업무의 제3자에 대한 위탁 금지 등이 요구된다.

5) 계약서류의 제공의무

계약서류의 제공의무를 통해 금융거래의 상대적 약자인 금융소비자는 향후 분쟁 발생 시 필요한 증빙 자료를 확보할 수 있다.

직판업자·자문업자는 금융상품 또는 금융상품자문 계약 체결 시 계약서류를 서면교부, 우편·전자우편, 휴대전화 문자메세지 등으로 지체없이 제공하여야 한다.

계약서류 제공 사실에 관해 금융소비자와 다툼이 있는 경우, 직판업자·자문업자에게 증명책임이 있다.

6) 자료의 기록·유지·관리의무 등

금융거래 자료의 훼손 방지를 위해 판매업자 등의 관리책임을 부과하고 소비자의 권리구제를 위해 해당 자료에 대한 소비자의 접근권을 보장한다.

판매업자등의 업무 관련 자료[97]에 대한 기록, 유지 및 관리의무[98]를 부과하고, 금융소비자는 분쟁조정·소송수행 등 권리구제를 위해 판매업자등에 대해 업무 관련 자료의 열람(사본 제공, 청취 포함) 요구가 가능하다.

6 금융소비자의 사전적 권익 보호

1) 금융교육

금융소비자의 금융역량을 제고함으로써 금융상품 선택권을 강화하기 위하여 실무차원에서 운영된 금융교육협의회의 법적근거를 마련한다.

금융위는 금융교육프로그램 개발, 금융교육 관련 시책 수립·수행, 금융소비자의 금융역량 조사(매 3년)를 실시하며, 금융교육은 금융감독원에 위탁하여 실행한다.

금융교육협의회는 금융교육에 대한 정책을 심의·의결하기 위해 금융위에 설치하며, 의장은 금융위 부위원장이고, 25명 이내(의장 1명 포함)의 위원[99]으로 구성한다.

심의의결 사항은 금융교육의 종합적 추진에 관한 사항, 소비자교육 관련 평가, 제도개선 및 부처 간 협력에 관한 사항 등이고, 정기회의(매년 2회) 또는 임시회의(의장이 소집)를 운영한다. 심의·의결에 필요한 자료의 제출을 관련 기관(공정위·기재부·금감원 등 금융교육협의회 소속 기관)에 요구할 수 있다.

주요국 금융교육 추진기구

- (미국) FLEC(금융교육 국가전략 수립), CFPB(금융소비자보호 및 금융교육)
- (영국) MAS(금융교육 및 금융자문서비스)
- (호주) ASIC(영업행위 감독, 금융교육 등 금융소비자보호 업무)

주요국 학교 내 금융교육 추진현황

- (미국) 2014년 17개주에서 Personal Finance를 학교에서 교육 중이며, CFPB는 금융교육 개선을 위한 권고사항* 발표(2013.4월)
  * 조기·지속적 학교교육 실시, SAT 등에 반영, 체험학습 실시 등
- (영국) 2014.9월부터 금융교육을 11-16세 정규 교과과정에 반영

금융소비자·금융교육 관련 금융위 가입 국제기구 현황

- FinCoNet(International Financial Consumer Protection Organization)
  – 2013.11월 출범(금융위는 2014.6월 가입) / 금융소비자보호
- OECD/INFE(International Network on Financial Education)
  – 2008.5월 출범(금융위는 2012.6월 가입) / 금융교육
- CYFI (Child & Youth Finance International)
  – 2012.4월 출범(금융위는 2013.7월 가입) / 아동 및 청소년 금융교육

2) 금융상품 비교공시

금융상품 비교공시제도의 법적 근거를 마련하고 내용·절차 등을 규정하여, 금융상품의 주요 내용을 금융소비자가 쉽게 비교할 수 있도록 금융상품 유형별로 비교하여 공시한다.

금융감독원이 예·적금, 대출, 보험, 펀드 등에 대하여 일반금융소비자가 계약체결여부를 판단할 때 중요한 영향을 줄 수 있는 사항으로서 이자율, 보험료, 수수료, 중도상환수수료율, 위험등급 등을 공시한다.

비교공시에 필요한 자료를 관련 협회로 하여금 주기적으로 제출하도록 요청 가능하며, 매년 비교공시 내용 및 관련 전산처리시스템에 대한 일반금융소비자의 만족도를 조사를 실시하고, 금융감독원은 조사결과에 따른 개선 필요사항에 대해 지체없이 조치하여야 하며, 해당 조치결과를 홈페이지에 게시한다.

7 금융소비자의 사후적 권익 구제

1) 분쟁조정
금융소비자의 사후적 피해구제수단인 분쟁조정의 법적 근거를 마련하고 내용·절차 등을 규정하여, 금융감독원에 금융분쟁조정위원회를 설치하여 금융회사와 금융소비자 사이에 발생하는 금융 관련 분쟁의 조정에 관하여 심의·의결한다.

2) 손해배상
금융상품판매업자 등의 손해배상책임을 규정하면서, 소비자의 입증책임 부담을 완화하고, 대리·중개업자와 관련하여 '사용자 책임' 법리를 적용한다.

(1) 금융상품판매업자 등의 손해배상책임

금융상품판매업자 등이 고의·과실로 이 법을 위반하여 금융소비자에게 손해를 발생시킨 경우 손해배상책임이 발생하며, 금융상품판매업자 등의 손해배상책임의 발생요건은 금융소비자가 모두 입증하여야 한다.

금융상품판매업자 등이 설명의무를 위반하여 금융소비자에게 손해를 발생시킨 경우 손해배상책임이 발생하며, 입증책임이 전환되어, 금융상품판매업자 등의 고의·과실을 제외한 나머지 손해배상책임의 발생요건은 금융소비자가 입증하면 되고, 금융상품판매업자 등은 자신의 고의·과실이 없음을 입증하여야 손해배상책임을 면할 수 있다.

민법상 손해배상청구 시 가해자의 고의·과실, 위법성, 손해, 위법성과 손해와의 인과관계 등을 입증하여야 하나, 설명의무 위반에 한정하여 입증책임을 전환함으로써 소비자 피해구제를 강화하며, 신용정보법·공정거래법 등 입법례를 감안하여 '고의·과실' 요건에 한정한다.

(2) 금융상품직접판매업자의 손해배상책임

금융상품판매대리·중개업자 등이 판매과정에서 소비자에 손해를 발생시킨 경우, 금융상품직접판매업자도 손해배상책임이 발생하며, 직접판매업자가 판매대리·중개업자 등의 선임과 업무 감독에 대해 적절한 주의를 하고 손해 방지를 위한 노력을 한 경우에는 손해배상책임을 면한다.

3) 청약철회

일반금융소비자가 금융상품 등 계약의 청약을 한 후 일정기간 내에 청약과정 등에 하자가 없음에도 일방적으로 청약을 철회할 수 있는 권리이며, 일반금융소비자가 청약 이후 계약의 필요성, 적정성 등을 재고한 후, 불이익 없이 해당 계약에서 탈퇴할 수 있는 기회를 제공하는 취지이다.

일반금융소비자가 보장성·투자성·대출성 상품·금융상품자문계약에 대하여 청약을 철회할 수 있다. 보장성 상품, 투자성 상품·금융상품자문, 대출성 상품 別로 구분하여 철회가능 기간을 규정하고 있으며, 소비자와 판매업자 등 간에 아래 기간보다 긴 기간으로 약정한 경우에는 그 기간 내에 철회 가능하다.

금융상품판매업자 등은 일반금융소비자에 대한 청약 철회에 따른 손해배상·위약금 등 금전 지급 청구 불가하며, 보장성 상품의 경우 청약 철회 시 보험금 지급사유가 발생한 경우 청약 철회 효력은 未발생하지만, 일반금융소비자가 보험금 지급사유 발생을 인지하고 청약 철회한 경우에는 청약 철회 효력은 발생한다. 금융소비자보호법상 청약 철회 규정에 반하는 특약으로서 일반금융소비자에게 불리한 것은 무효이다.

표 3.15 철회 가능 기간

구 분	철회 가능 기간
보장성 상품	보험증권 수령일로부터 15일과 청약일로부터 30일 중 먼저 도래하는 기간 이내
투자성 상품 금융상품자문	계약서류 제공일 또는 계약체결일로부터 7일 이내
대출성 상품	계약서류 제공일, 계약체결일 또는 계약에 따른 금전·재화 등 제공일로부터 14일 이내

표 3.16 철회 효과발생 시점

구 분	철회 효과발생 시점
보장성 상품 투자성 상품 금융상품자문	청약철회 기간 內 서면, 전자우편·휴대전화 문자메세지 등으로 철회 의사표시를 발송한 때
대출성 상품	① 청약철회 기간 內 서면, 전자우편·휴대전화 문자메세지 등으로 철회 의사표시 발송 ② 원금·이자*·부대비용**을 반환한 때 　* 판매업자 등으로부터 금전을 지급받은 날부터 금전을 돌려준 날까지 기간에 대해 계약에 정해진 이자율을 적용하여 산출한 이자 　** 인지세 등 제세공과금, 저당권 설정 등에 따른 등기 비용

표 3.17 철회 효과

구분	철회 효과
보장성 상품	청약 철회 접수 후 3영업일 이내에 이미 받은 금전·재화 등을 반환* * 반환 지연 시 계약상 연체이자율을 적용한 이자 포함
투자성 상품 금융상품자문	청약 철회 접수 후 3영업일 이내에 이미 받은 금전·재화 등을 반환* * 반환 지연 시 계약상 연체이자율을 적용한 이자 포함
대출성 상품	소비자로부터 금전·재화 등을 반환받은 날 이후 3영업일 이내에 이미 받은 수수료를 포함한 금전·재화 등을 반환* * 반환 지연 시 계약상 연체이자율을 적용한 이자 포함

4) 위법계약 해지

금융소비자가 판매규제를 위반한 계약에 대해 일정기간 내에 해당 계약을 해지할 수 있는 권리이며, 금융소비자에게 해지 수수료·위약금 등 불이익 없이 위법한 계약으로부터 탈퇴할 수 있는 기회를 제공한다.

(1) 해지요구권 행사

금융소비자는 금융상품판매업자 등이 5대 판매규제(적합성원칙, 적정성원칙, 설명의무, 불공정영업행위금지, 부당권유행위금지)를 위반하여 금융상품 계약을 체결한 경우 일정 기간 내에 계약해지 요구 가능하다.

소비자가 위법사실을 안 날로부터 1년 이내의 기간으로서 계약체결일로부터 5년 이내 범위의 기간 내에 해지요구 가능하며, 직판업자 또는 자문업자에게 금융상품 명칭과 법 위반사실이 기재된 계약해지요구서를 제출하면 된다. 금융상품판매업자 등은 10일 이내 금융소비자의 해지요구에 대한 수락여부를 통지하여야 하며, 금융상품판매업자 등이 해지요구를 거절할 경우 거절사유도 함께 통지하여야 한다.

(2) 해지권 행사

금융상품판매업자 등이 정당한 사유(위반사실에 대한 근거자료 부재나 거짓 제시, 계약 후에 발생한 사정변경을 이유로 주장, 위반 관련 소비자의 동의를 받고 기조치, 법위반 사실을 소비자가 계약체결 전에 이미 안 경우 등) 없이 해지 요구를 따르지 않는 경우 금융소비자가 일방적으로 해지 가능하다.

금융상품판매업자 등이 금융소비자의 해지요구를 수락하거나 금융소비자가 금소법에 따라 해지하는 경우, 해당 계약은 장래에 대하여 효력이 상실하며, 금융상품판매업자 등의 원상회복 의무는 없다. 금융소비자의 해지요구권 등에 따라 해당 계약 종료 시 금융상품판매업자 등은 금융소비자에 대해 해지 관련 비용(수수료, 위약금 등) 요구를 할 수 없다.

8 감독 및 행정제재·형사처벌

1) 판매제한명령

금융상품의 판매과정에서 소비자 피해가 가시화되거나 확대되는 것을 미연에 방지하여 소비자 피해를 최소화하기 위해 해당 금융상품의 판매금지 등의 명령제를 도입한다.

개별 상황에 유연하게 대응할 수 있도록 투자성·보장성·대출성 상품에 관하여 금융소비자의 재산상 현저한 피해 발생 우려가 명백히 인정되는 경우에 판매제한명령 발동요건을 포괄적으로 규정한다.

판매제한·금지명령의 절차적 타당성 확보를 위해 명령발동 前 기업의 의견제출 절차 등을 마련하여, 대상 기업에 명령의 필요성 및 판단근거, 명령 절차 및 예상 시기, 의견제출 방법 등을 사전 고지하여 명령 발동 전 기업이 금융위의 명령에 대해 의견을 제출할 수 있는 충분한 기간을 보장하며, 금융소비자보호 차원에서 금융위는 명령 발동 후 지체없이 그 내용을 홈페이지에 게시한다.

이미 금융소비자의 재산상 피해발생 우려를 제거하거나 신규 판매행위를 중단한 경우, 판매제한명령권 필요성 및 대상자가 입는 불이익을 고려하여 판매제한명령권 행사를 중단할 수 있다.

2) 금융상품판매업자 등 및 임직원 제재

금융소비자보호법에 따른 명령을 위반하는 경우 등록취소 사유 및 금융회사 및 금융회사 임직원에 대한 제재내용을 규정한다.

등록한 금융상품대리중개업자 및 독립자문업자가 거짓이나 부정한 방법으로 등록을 한 경우, 등록요건 未유지, 업무정지기간에 업무를 한 경우, 시정명령 또는 중지명령을 위반한 경우, 그 밖에 소비자의 이익을 현저히 해칠 우려가 있는 경우 등에 대하여 등록 취소를 할 수 있다.

금융상품판매업자 등에 대한 제재로는 6개월 이내의 업무 전부 또는 일부에 대한 정지, 시정 또는 중지명령, 위법내용의 공표 또는 게시요구, 기관경고, 기관주의 등이 있다.

금융회사 임직원에 대한 신분상 제재로는 해임요구(면직), 6개월 이내 직무정지(정직), 문책경고(감봉), 주의적경고(견책), 주의 등이 있다.

3) 과징금

위법행위로 인한 부당이득 환수 등을 통한 규제의 실효성 확보를 위해 과징금 제도를 도입한다.

금융상품직접판매업자 또는 자문업자가 주요 판매원칙(설명의무, 불공정영업행위·부당권유행위 금지, 허위·과장광고 금지)을 위반할 경우 위반행위로 인한 수입 등의 50%까지 과징금 부과하며, 업무가 정지될 경우 금융소비자 불편 등 부정적 영향을 초래할 우려가 있어 업무정지 처분에 갈음하여 금전제재인 과징금을 부과한다.

부과대상은 금융상품직접판매업자와 금융상품자문업자이며, 1사 전속되어 있는 대리중개업자 또는 직접판매업자 소속 임직원의 위반행위에 대해 직접판매업자에게 과징금을 부과한다.

그림 3-5 징벌적 과징금 부과금 산정기준

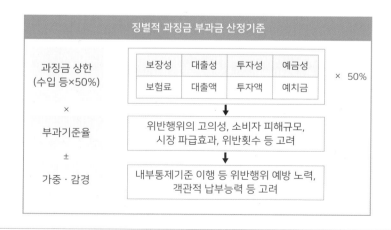

위반의 정도에 상응하는 제재 부과를 위해 "수입 등"을 금융상품별로 계약의 목적이 되는 거래금액으로 정의하며, 투자성 상품은 투자액, 대출성 상품은 대출금 등으로 규정하여 거래규모가 클수록 제재강도가 높아지도록 규정하고, 수입금액이 없거나 산정이 곤란한 경우에는 10억원 이내 범위에서 과징금 부과 가능하다.

금융상품판매업자 등에 대한 업무정지명령에 갈음하여 정지기간 동안에 얻을 이익의 범위에서 과징금을 부과할 수 있다.

4) 과태료

금융상품판매업자 등의 위반행위 유형별로 과태료 상한액을 규정하고 개별 위반행위의 과태료 기준금액을 시행령으로 구체화한다.

6대 판매원칙 위반, 내부통제기준 미수립, 계약서류 제공의무 위반 등을 과태료 부과 대상으로 규정하고, 적합성·적정성 원칙 위반행위에 대해 기존 자본시장법 및 보험업법과는 달리 과태료(3천만원) 부과 규정을 신설한다.

과태료 부과대상을 '위반한 자'로 규정하여, 과징금과 달리 대리·중개업자에게도 직접 부과가능하며, 관리책임이 있는 대리중개업자, 직접판매업자에 대한 과태료 부과 가능하다.

原대리중개업자로부터 업무 위탁받은 대리중개업자의 설명의무·불공정영업·부당권유·광고규제 위반 시 原대리·중개업자에게 과태료 부과하고, 업무 위탁받은 대리중개업자의 재위탁금지 위반 시 직판업자에게 과태료 부과한다.

과태료 부과대상 행위별로 1억원·3천만원·1천만원 범위 이내에서 과태료 부과 가능하다.

5) 형사처벌

금융상품판매업 진입규제와 관련된 규정을 위반하거나 위반하게 한 자에 대한 형사처벌 사유를 규정한다.

금융상품판매업자 등의 무등록영업행위, 부정한 방법을 이용한 등록행위, 무등록 대리·중개업자에 대한 업무위탁행위에 대해 5년 이하의 징역 또는 2억원 이하의 벌금을 규정한다.

참고

금소법상 과징금 및 과태료 제도 비교

구 분	과징금		과태료	
부과목적	법상 의무위반에 따른 부당이득 환수, 영업정지 갈음, 징벌적 목적 등		직접적 행정목적 침해가 아닌 경미한 의무위반에 부과	
부과대상	• 직접판매업자[1] • 자문업자	업무정지처분에 갈음한 과징금 금소법에 따라 신규등록한 판매업자 등에 限	부과대상에 제한없음[2] (법률상 '위반한 자')	
부과사유	① 설명의무위반 ② 불공정영업행위 ③ 부당권유금지 ④ 광고규제 위반	① 등록요건 미유지 ② 업무정지기간에 업무를 한 경우 ③ 시정명령 또는 중지명령을 위반한 경우 등 (법상 업무정지사유)	1억원	① 내부통제기준 미수립 ② 설명의무위반 ③ 불공정영업행위 ④ 부당권유금지 ⑤ 광고규제 위반 ⑥ 계약서류제공의무 위반 ⑦ 자문업자 영업행위준칙위반 ⑧ 자료유지의무 위반 ⑨ 검사거부·방해·기피
법정 한도액	'수입 등'의 50% (수입 등 산정이 곤란한 경우 10억원 이내 부과)	업무정기기간(6월내) 동안 얻을 이익	3천 만원	① 적합성·적정성 원칙 위반 ② 판매대리·중개업자 금지의무 및 고지의무 위반
			1천 만원	① 변동보고의무 위반
부과주체	금융위		금융위	
이의신청	금융위		금융위	
불복절차	행정소송		과태료재판 (간이한 비송사건절차)	
집행방법	소송과 관계없이 집행 (단, 집행정지신청可)		이의 제기하면 과태료 재판 확정 후 집행	

1) 대리·중개업자 및 소속 임직원의 위반행위에 대해서도 직판업자에게 과징금 부과
2) 대리·중개업자가 대리·중개업무를 재위탁하는 경우 직판업자에게, 대리·중개업자로부터 업무를 위탁(예외적 위탁 가능한 경우)받은 他 대리·중개업자의 위반행위(②~⑤사유)에 대해서는 原 대리·중개업자에게 각각 과태료 부과

※ 밑줄 부분은 6대 판매원칙 위반 부분

금융소비자는 금융회사 및 이해관계인과 다툼이 발생할 경우 소송을 통해 해결할 수 있지만, 변호사 선임 등의 절차로 인하여 상당한 시간과 비용이 소요되어 선택하기 쉽지 않은 것이 현실이다. 금융기관의 우월적 지위에 대하여 금융소비자의 구제절차의 편의성을 위하여 금융민원제도와 금융분쟁조정제도를 운영하고 있다. 금융소비자는 이런 제도에 대해서 이해하는 것이 중요하다. 금융민원제도는 해당 금융기관에 직접 제기할 수 있지만 국민권익위원회, 금융감독원, 한국거래소, 해당 협회를 통해서도 민원을 제기할 수 있다. 특히 재판상 화해의 효력을 가지고 있는 금융분쟁조정위원회의 금융분쟁조정도 그 중요성이 커지고 있다.

제4장

금융민원과
금융분쟁조정

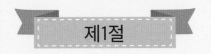

제1절

금융민원의 처리

1 | 민원의 개념
2 | 민원처리절차

3 | 금융민원 현황
4 | 주요 민원 사례

1 민원의 개념

민원이란 민원인이 행정기관에 대하여 처분 등 특정한 행위를 요구하는 것을 말한다. 일반적으로는 금융회사에 대해 불만을 제기하거나 개선을 요구하는 VOC(voice of customer)도 금융민원으로 불리기도 하지만 엄밀하게는 행정기관을 통해 제기된 공적 불만을 의미한다. 민원에는 크게 일반민원과 고충민원이 있으며, 일반민원은 법정민원, 질의민원, 건의민원, 기타민원으로 구분된다.

민원처리에 관한 법률 2조

가. 일반민원
1) 법정민원: 법령·훈령·예규·고시·자치법규 등(이하 "관계법령 등"이라 한다)에서 정한 일정 요건에 따라 인가·허가·승인·특허·면허 등을 신청하거나 장부·대장 등에 등록·등재를 신청 또는 신고하거나 특정한 사실 또는 법률관계에 관한 확인 또는 증명을 신청하는 민원
2) 질의민원: 법령·제도·절차 등 행정업무에 관하여 행정기관의 설명이나 해석을 요구하는 민원

금융감독원의 민원사무처리 규정에서는 일반민원과 기타민원 외에도 금융민원과 제보성 민원, 다수인관련민원을 추가로 규정하고 있다.

금융민원은 금융감독원을 대상으로 한 민원이 아닌 금융기관의 업무와 관련하여 금융수요자 및 기타 이해관계인으로부터 제기되는 질의, 건의, 요청, 이의신청, 정보, 고발 등의 민원을 말하는 것으로 금융위원회 설치에 관한 법률에서 금융감독원의 검사 및 제재 대상이 되는 금융기관에 대한 금융소비자 민원을 제기할 경우, 사실관계를 확인하여 처리하고 있다. 금융민원 중 금융소비자보호법 제5장 제2절 및 금융분쟁조정세칙에 따른 민원은 분쟁민원으로 별도로 분류하고 있다.

제보성 민원은 금융민원 중 금융회사의 법규위반 또는 부당행위를 고발하는 민원으로 금융소비자가 자신의 금융거래와 무관히 금융회사에 대한 검사가 필요함을 요청하는 등으로 제기할 수 있다. 다수인 관련 민원은 5명(세대) 이상의 사람들이 공동이해와 관련하여 함께 제출하는 민원으로 집단대출 등 민원의 원인과 피해가 동일한 사안에 대해 제출할 수 있다.

금융민원의 처리는 금융소비자의 금융상품 선택에 관한 의사결정 및 시장경보기능 뿐만 아니라 감독기관의 감독정책과 금융회사의 경영정책 등의 측면에서도 중요하다[100]. 민원처리를 단순히 금융소비자의 불만과 문제를 처리하는 것이 아닌, 경영자의 경영의사결정 요소, 서비스 개선 및 발전을 위한 요소 등 중요 경영도구로 인식할 필요가 있다.

현재 자본시장법 제28조는 내부통제기준에 투자자가 제기한 각종 고충, 불만사항 및 투자자와 금융투자업자 사이에 발생한 분쟁의 처리기준 및 절차에 관한 사항을 마련하도록 하고 있다. 그러나 금융투자업 외의 금융업법에는 민원처리 등에 관한 근거규정이 공식적으로 마련되어 있지 않다. 다만 금융감독원이 2007년에「민원

사무처리 모범규준」을 마련하였는데, 이를 근거로 금융회사들이 민원사무를 처리해 오고 있다.

2006년에 마련한 「소비자보호 모범규준」을 수정한 「금융소비자보호 모범규준」을 2013년 5월에 제정하여 이후 몇 차례 수정·보완되었는데, 해당 규준에서 민원과 관련된 내용을 상세히 기술하고 있다.

금융감독원은 '민원자율조정제도'라고 하여 금감원에 접수된 금융민원에 대해 당사자인 민원인과 금융회사가 금감원의 처리에 앞서 자율적으로 조정하도록 그 기회를 먼저 부여하고 있다. 만약 민원이 금융회사에 제기된 적이 없는 경우 금감원은 먼저 금융회사에 통보하여 조정토록 한다. 그러나 금융민원 중 금융거래계약에 기초해 권리구제를 요청하는 이의 신청성 민원, 금융회사의 불법·부당행위 고발 민원, 금융관련 법규해석 민원 등은 자율조정 없이 직접 처리하고 있다.

또한 2014년까지 금융감독원은 민원발생과 관련하여 금융회사를 평가('민원발생평가')하여 등급을 매기고 이를 공시하였다. 이 제도는 2002년부터 실시되어 왔으며, 금융회사의 민원발생을 5등급(1등급이 가장 높고 5등급이 가장 낮음)으로 평가하고 4~5등급의 경우 민원예방 및 감축계획서를 제출하도록 하였다. 그러나 민원발생평가 결과 공시에 대한 금융회사의 불만제기, 민원의 효과적인 관리를 위해 금융회사에 보다 긍정적인 인센티브를 부과할 필요성 등이 논의되면서 2015년 7월에 '금융소비자보호실태평가[101]' 도입 방안이 발표되었다. 이에 따라 각 금융회사의 민원수준을 포함한 전반적인 소비자보호 실태 수준이 중요해졌다.

2 민원처리절차

금융소비자는 금융상품이나 서비스의 거래 과정에 대해 불만이 발생하였을 경우 금융감독원에 민원을 접수할 수 있다. 금융감독원에 직접 민원을 접수하는 방법 외에도 국민권익위원회에서 운영하는 국민신문고를 통해 민원을 접수할 수 있다.

　　금융소비자는 인터넷 또는 문서(방문, 우편)로 민원을 제출하여야 하며, 접수된 민원은 담당 부서가 어디인지 확인하여 소관부서로 배정된다. 해당 소관부서에서는 접수된 민원 내용을 검토하여 담당팀과 담당자를 배정하게 되는데, 이때 금융소비자가 금융회사에 민원을 제기한 적이 없었던 민원은 자율조정제도에 따라 우선 금융회사로 자율조정을 요청하게 된다. 만약 이미 금융회사에 제기하였음에도 해결이 되지 않아 금융감독원에 접수한 것이 확인되는 경우, 동 자율조정의 절차는 생략된다.

　　민원 자율조정 절차는 금융감독원의 한정된 민원관리 자원이 단순 불친절 등 서비스 불만, 질의 또는 금융회사가 알았더라면 즉시 해결가능한 금융민원에 소요될 경우, 민원의 내용상 금융감독원의 개입이 정말로 필요한 사안에 할애할 수 있는 자원이 줄어드는 것을 방지하고자 만들어진 제도이다. 다만, 금융민원 중 금융회사의 불법·부당행위 고발 민원, 금융관련 법규해석 민원 등은 자율조정 없이 직접 처리하게 된다.

　　담당자가 배정된 민원은 사안에 따라 사실조사에 걸리는 시간이 상이하다. 금융감독원은 민원인이 주장하는 내용을 확인하고, 객관적인 금융거래 자료를 확인하기 위하여 금융회사에 관련 사실을 확인할 수 있는 내용을 요구하며, 금융회사는 정해진 시간 이내에 해당 자료를 작성하여 제출하여야 한다. 만약 해당 민원이 관련 법률 등을 검토하여 손해배상 등 금전적인 조정이 필요한 경우, 분쟁민원으로 분류되어 금융감독원 내의 분쟁조정국으로 민원이 배정되며 심층적인 사실조사, 직원 면담 등이 진행될 수 있다.

금융감독원의 민원처리는 정확한 사실관계조사 등을 요구하며, 이에 필요한 기간을 감안할 때 통상 일반민원은 약 1개월 내외, 분쟁민원은 약 1~3개월 내외에서 처리(단, 사실관계 조사기간 등에 따라 변동 가능)한다.

참고

금융기관 민원 처리 관련 주요국 사례

- (영국) FCA는 금융기관이 제출하는 불만신고건수를 취합하고, 기준에 따라 기관별 불만건수를 게시. 금융기관도 자체적으로 해당 정보를 공개
- (미국) CFPB는 홈페이지에 소비자 불만사항과 관련 댓글을 자유롭게 게시하고 일반에게 공개하여 금융기관의 신속 조치를 유도

민원의 처리 결과는 양 당사자가 자율적으로 합의하여 취하를 하거나, 민원을 제기한 민원인이 일방적으로 취하할 수 있다. 또한 금융감독원이 사실 관계를 조사하여 민원인의 주장에 대한 사실이 확인되지 않거나 수용할 타당한 이유가 없다고 판단하는 경우 기각 처리될 수 있다. 반대로 사실관계를 조사한 결과 금융회사의 업무상 과실 등으로 소비자 불만에 타당성이 인정될 경우, 금융감독원이 민원인 요구 (일부)수용 등을 권고하여 합의하도록 권고할 수 있다.

표 4.1 민원처리절차

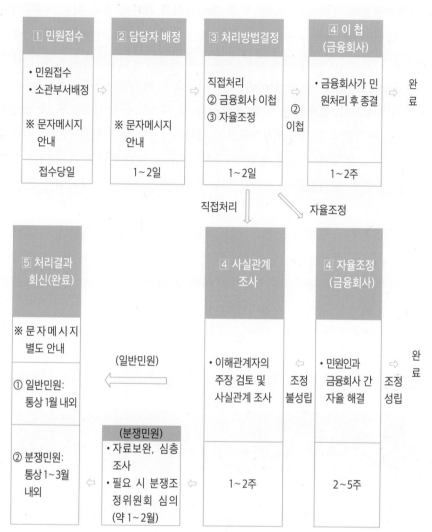

※ 상기 민원처리 기간은 사실관계 조사기간 등에 따라 달라질 수 있음

3 금융민원 현황

금융감독원[102]에 따르면 금융감독원에 접수된 민원 중 금융기관의 업무와 관련하여 금융수요자 및 기타 이해관계인으로부터 제기된 금융민원이 2019년 이후 매

년 8만~9만건에 이르고 있다.

금융업권별로 살펴보면 2022년 기준 손해보험사 관련 민원이 40.4%, 생명보험사 관련 민원이 19.2%로 보험 관련 민원이 절반 이상(59.6%)을 차지하고 있다. 대부분 보험금 산정이나 지급에 관한 민원, 보험모집 과정의 불완전판매 문제 등에 관한 내용으로 금융민원의 가장 큰 부분을 차지하고 있다. 비은행민원은 신용카드사, 대부업자, 신용정보사, 저축은행, 신협, 할부금융 및 리스사 등을 대상으로 한 민원으로 18.0%를 차지하고 있으며 세부적으로는 신용카드사 관련 민원이 비은행 민원의 절반 이상이다. 그 밖에 은행의 대출이나 예적금 업무 등과 관련한 은행 대상 민원이 12.5%, 증권사, 자산운용사, 투자자문사, 부동산신탁사 등 금융투자회사 관련 민원이 9.9%이다.

금융감독원은 금융회사 업무로 인한 피해나 불만과 관련한 금융민원 외에도 '국번없이 1332'를 통해 금융상담을 제공하고 있다. 금융감독원 또는 금융회사 업무와 관련한 단순한 질의에서부터 재무관리 상담 등 다양한 내용으로 서비스를 제공하고 있으며 매년 30~40만건 수준의 상담이 이루어지고 있다.

표 4.2 금융민원 및 금융상담 등 현황

(단위: 건, %)

구 분		'19년	'20년	'21년 (a)	'22년 (b)	증 감 (b-a)	증감률 [(b-a)/a]	비 중 ('22년 기준)
금융민원		82,209	90,334	87,197	87,113	2,614	+3.1%	12.1%
	은 행	10,148	12,237	12,382	10,904	329	+3.1%	12.5%
	비은행	16,469	17,113	15,046	15,704	1,258	+8.7%	18.0%
보험	생명	20,338	21,170	18,401	16,733	-1,622	-8.8%	19.2%
	손해	30,846	32,124	32,200	35,157	3,045	+9.5%	40.4%
금융투자		4,408	7,690	9,168	8,615	396	-4.4%	9.9%
금융상담		448,693	388,891	401,254	366,217	△35,037	△8.7%	50.8
상속인조회		198,892	209,630	225,671	267,260	41,589	18.4%	37.1
합 계		729,794	688,855	711,424	720,590	9,166	1.3%	100.0

(보험 행: 비중 100)

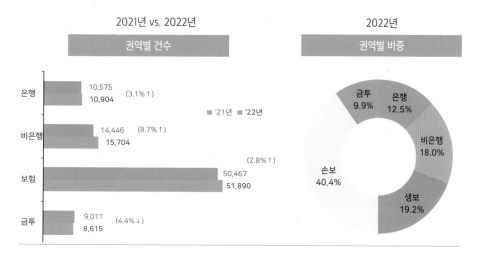

그림 4-1 금융민원 현황

2021년 vs. 2022년
권역별 건수

■ '21년 ■ '22년

은행
10,575
10,904 (3.1%↑)

비은행
14,446 (8.7%↑)
15,704

보험
(2.8%↑)
50,467
51,890

금투
9,011 (4.4%↓)
8,615

2022년
권역별 비중

금투 9.9%
은행 12.5%
비은행 18.0%
생보 19.2%
손보 40.4%

상속인 조회 서비스는 상속인 등이 피상속인(사망자, 피성년후견인, 실종자)의 금융
재산 및 채무를 확인하기 위하여 여러 금융회사를 일일이 방문하는 대신 금융감독
원에서 일괄 조회를 할 수 있도록 하는 서비스이다. 금융감독원은 금융소비자가 상
속인 조회 서비스를 신청하면, 각 금융협회에 조회를 요청하고 협회가 다시 회원 금
융회사에 금융거래내역을 요청하여 취합 후 신청자에게 제공하는 방식이다.

4 주요 민원 사례

1) 은행권 민원사례

은행에 제기되는 금융민원중 가장 비중이 높은 것은 여신서비스이며, 보이스피
싱, 예적금, 신용카드, 방카슈랑스 등 다양한 민원이 제기되고 있다.

그림 4-2 [은행] 민원유형별 비중(2022)

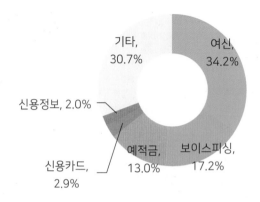

사례1_대출계약 연장 시 과도한 대출금리 인상

민원인이 대출계약을 만기 연장하는 과정에서 은행이 대출금리를 과도하게 인상하는 것은 부당하다며 대출금리 인하를 요청하는 취지의 민원을 제기한 사례에서, 금융감독원은 본 건의 경우 민원인의 신용등급이 하락하여 하락으로 인한 가산금리 상승과 우대금리 적용 종료 등으로 인해 대출금리가 상승한 것이므로 은행의 업무 처리에 문제가 있다고 보지 않았다. 은행은 신용대출 기한연장 시 차주의 소득과 채무상환능력, 담보, 신용등급, 당·타행 부채현황 등을 종합적으로 고려하여 내부평가시스템을 통해 기한연장 및 금리결정을 하고 있으므로 대출취급 과정에서 금융관련 법규를 명백하게 위반하거나 대출금리를 비합리적으로 산정한 사실 등의 정황이 발견되지 않은 이상 대출금리 인상이 부당하다고 판단할 수 있는 이유가 없다고 판단하였다.

사례2_보이스피싱 피해금액 배상 요구

민원인은 가족을 사칭한 보이스피싱범이 카카오톡 계정으로 자신에게 접근하여 계좌, 카드 정보와 공인인증서 비밀번호를 받고 출처 미상의 웹 URL을 클릭하도록 유도하여 부정결제가 발생하였으나, 평소 결제 시 발송되던 결제승인 SMS 메시지가 휴대전화 해킹으로 삭제되어 뒤늦게서야 피해자가 범죄 사실을 인지하였기에, 발생한 손해에 대하여 은행에 손해배상을 요청하였다.
그러나 금융감독원은 민원인의 신용카드 개인회원 표준약관에 의하면 회원이 과실로 카드를 노출·방치한 경우 발생한 손해에 대하여 전부 또는 일부를 부담하게 할 수 있다고 되어있으며, 대법원은 카드번호가 타인에게 유출되어 발생된 피해와 관련하여 "제3자가 신용카드를 부정사용한 경우에 신용카드 회원이 그 책임을 면하기 위해서는 회원에게 신용카드의 분실·도난 및 비밀번호의 누설에 있어 아무런 과실이 없는 경우여야 한다"라고 판시하고 있음을 고려할 때, 은행에 책임을 묻기 어렵다고 판단하였다. 특히 은행은 피해가 발생한 날 민원인에게 두 차례에 걸쳐 결제 내역을 발송하였으나, 민원인의 휴대전화를 보이스피싱범들이 해킹하여 문자내역을 삭제한 것으로 추정되는 바, 금융회사의 정상적인 업무처리에 대하여 부당하거나 위법하다고 판단할 수 없다고 보았다.

2) 비은행권 민원사례

사례1_대출정보 등록 시 대출금액 과다계상

민원인은 금융회사가 자신의 리스이용금액에 대한 대출정보를 신용정보집중기관에 등록할 때 차량의 잔존가치를 포함한 것으로 인해 대출수혜 한도 차감 및 대출과다로 인한 신용점수 하락 등 불이익을 초래하였다며 이에 대한 시정을 요청하는 취지의 민원을 제기하였다.

이에 대해 금융감독원은 금융회사와 신용정보집중기관인 한국신용정보원에 운용리스 대출정보 등록기준에 대해 논의하도록 하였고, 논의 결과 "개인대출정보 중 운용리스의 등록금액은 운용리스자산인 취득원가에서 리스이용자가 지급할 의무가 없어 신용위험이 없는 잔존가액을 차감하여 집중하여야 한다"라는 결론을 내어, 민원인의 요청을 수용하여 대출정보를 수정 등록하였다.

사례2_카드의 부정사용으로 인한 피해보상 청구

민원인은 2021년경 OO카드사에서 특정 질병에 걸릴 경우 카드사용대금 등 채무가 면제 또는 유예되는 상품에 가입하였다. 이후 민원인은 2021.x.x.에 만성신부전증 판정을 받았기에 OO카드사에 채무면제유예상품신청을 하였으나 카드사에서는 질병의 최초 진단일을 진단이 최초 확정된 날이 아닌, 과거 2017년경 진단을 받았던 날짜로 판단하여 해당 서비스 가입 전에 이미 진단된 질병이므로 민원인의 채무면제유예 신청을 거절하였다. 이에 대해 민원인은 만전신부전증 진단일을 카드사가 임의로 결정하는 것은 부당하다며 민원을 제기하였다.

이에 대해 금융감독원은 본 건 상품약관에 따르면 최초 진단일은 '만성신장질환의 경우 각종 검사 등을 기초로 하여 진단이 최초 확정된 날'로 되어 있고, 2017년 진료기록인 '일반임상 이미지'라는 명칭의 문서에는 의사의 진단결과가 기재되어 있지 않은 반면, 2021.x.x. 진료기록에는 질병명 및 질병코드 항목이 명확하게 기재되어 있어 민원인의 주장을 수용하도록 금융회사에 권고하였다.

3) 보험 민원사례

보험산업의 특성상 타금융에 비해 민원이 많은 편이다. 이는 보험상품이 다른 금융상품에 비해 상품구조가 복잡하여 예약기간이 길고 보험금과 관련한 경제적 이해관계가 치열하며, 판매단계에서 보험모집인 등 판매직원이 관여하는 정도가 매우 높아 불완전판매 소지가 높기 때문이다.

표 4.3 보험민원이 많은 이유

구 분	이 유	비 고
내부 발생 요인	• 무형의 상품 • 상품구조 복잡 • 계약기간 장기화 • 경제적 이해관계 치열 • 불완전판매 모집인	• 수 백 개 특약, 부상하지 않는 손해 등 • 100세 만기 등 • 보험민원의 실질적 원인은 '보험금' • 잦은 이직, 교육 부족, 사업장 외부영업 등
외부 발생 요인	• Smart consumer • 경기둔화 지속 • 보험료 인상 억제 중심의 감독정책 • 블랙컨슈머(악성불평행동소비자) 증가	• 지능형 금융사기범 등 • 본인의 권리에 대한 소비자인식 증대 • 스마트폰 등 스마트기기 보급 확대 • 생계형 민원의 증가 • 서비스의 질 저하

사례1_보험료 납입최고 과정에서 보험사의 절차상 해태

민원인은 갱신형 노후실손보험의 계약을 갱신하고자 하였으나 갱신 직전 월 보험료를 미납하였다는 이유로 계약 갱신 거절을 통보받았다. 민원인은 이에 대해 보험회사가 민원인에게 보험료 납입독촉 등을 하지 아니하였으므로 갱신 거절은 부당하다고 주장하며 민원을 제기하였다.

이에 대해 금융감독원은 보험약관상 갱신 안내는 2회 진행하도록 되어 있음에도 민원인에게 재가입 안내 우편을 1회만 발송하는 등 절차상 미비가 있어 민원인의 요청을 수용하여 본 건 계약을 금융회사가 갱신처리하도록 하였다.

사례2_보험설계사의 고지 의무 미이행

민원인은 보험가입 전 담낭 치료를 받은 이력이 있어 이를 보험설계 당시 모집인에게 설명하였으나, 모집인이 이를 누락한 채로 보험계약을 체결하였다. 이후 민원인이 담낭 치료를 받고 보험금을 청구하자 고지의무 위반으로 보험회사가 계약 해지통보한 건에 대하여 민원인은 보험모집인이 계약 과정에서 자신이 알려준 정보를 누락하는 등 과실이 있으므로 계약 취소 및 기납입한 보험료를 반환해 줄 것을 요청하였다.

이에 대해 금융감독원이 조사한 결과, 민원인이 청약 전 모집인에게 담낭 치료 이력을 알린 사실이 SNS 대화 등 제출 증거로 증명이 됨에도 모집인이 이를 누락하고 청약절차를 진행한 사실이 확인되므로 민원인의 요청과 같이 보험사에서 계약을 취소하고 기납입보험료를 반환하도록 하였다.

4) 금융투자 민원사례

사례1_전산장애로 인한 피해보상 요구

민원인은 주식매도를 하기 위해 HTS 또는 MTS를 접속하였으나 증권사의 서버 과부화로 인해 로그인 접속이 되지 않아 매매주문을 할 수 없게 되어 발생한 손실에 대해 보상을 요구하였다.

그러나 금융감독원은 증권사 홈페이지에는 전산장애 발생시 보상기준이 게시되어 있으며 전산장애로 인해 주문이 불가한 경우에는 반드시 주문의사를 입증할만한 객관적인 증거자료를 갖추어야 손실보상이 가능한데, 동 민원의 경우 단순히 로그인 접속이 되지 않아 본인이 의도한 주문을 실행할 수 없게 된 경우로써 주문의사의 근거를 찾을 수 없기 때문에 해당 증권사에 손실 보상의 책임을 묻기 어려움을 안내하였다.

전산장애 보상기준(예시)

금융회사는 전산장애가 발생하면 금융감독원에 이를 보고하여야 한다. 또한 전산장애로 인한 피해에 대해서는 자체 홈페이지에 게시되어 있는 보상기준에 따라 자율적으로 보상이 진행되고 있다.

[OO사 전산장애 보상기준]

1. 전산장애 요건

전산장애라 함은 회사의 전산시스템상의 장애로 인해 온라인 고객이 해당 매체를 통한 유가증권의 매매주문 등, 금융거래행위가 불가능하거나 지장을 초래하는 경우입니다.

회사의 전산시스템상의 장애라 함은 온라인(HTS, MTS, WTS 등)주문 관련 시스템 프로그램의 장애를 말하며, 코스콤, 증권거래소 등 유관기관이나, 회사와 접속을 위한 통신망의 장애, 개인단말기 및 통신장애는 포함하지 않습니다.

주문이 불가능한 경우를 제외한 시세지연이나 체결지연 등은 원칙적으로 장애에 포함되지 않습니다. 다만, 건별 장애 유형의 특성, 장애발생의 구체적인 상황 등을 감안하여 건별 세부보상기준에 따른 심사과정에서 고객의 금융거래행위에 중대한 지장을 초래하는 등, 장애로 처리할 만한 합리적인 사유와 근거가 있다고 판단되는 경우는 그러하지 않습니다.

2. 보상기준

보상은 다음의 보상처리기준에 따라 처리함을 원칙으로 합니다.

〈보상처리기준〉

① 전산로그, 전화기록 등 주문내역을 통한 고객의 매매의사 증명
② 체결 가능성
③ 미체결로 인한 손해발생(계약 미체결 시 고객에게 일정시점 이내에 원주문과 동일한 매매를 요청하여 일정시점 이내의 매매가격이나 일정시점의 가격을 기준으로 손해액을 산정)

또한 개별장애 발생의 원인 및 유형의 다양성을 감안하여 건별 장애 유형의 특성, 장애 발생의 구체적인 상황 등을 반영한 세부 보상처리기준을 수립하여 처리할 수 있습니다. 보상은 보상 신청이 접수된 주문 건에 한에서만 가능하며, 당일의 회사 시스템상의 장애에 대한 보상신청 건만 인정합니다.

3. 보상제외 사항

장애 시점의 주문가격이 주문시점으로부터 장애 종료시까지 체결이 불가능한 가격일 경우는 보상에서 제외합니다. 보상은 실제적으로 확정되었거나 상기 보상기준에 부합하는 합리적이고 증명가능한 손실에 대해서만 가능하며 단순 기회비용 등에 대해서는 보상을 하지 않습니다. 또한 고객에게 손실이 발생한 경우에만 해당되며, 이익이 발생된 경우는 포함하지 않습니다. 마지막으로 거래소 및 유관기관 장애로 인한 손실은 보상하지 않습니다

※ 전자금융 사고보고 관련 법규

전자금융감독규정 제73조(정보기술부문 및 전자금융 사고보고)

① 금융회사 및 전자금융업자는 다음 각 호와 관련된 중대한 사고가 발생한 경우에는 지체 없이 금융감독원장에게 보고하여야 한다.

1. 정보처리시스템 또는 통신회선 등의 장애로 10분 이상 전산업무가 중단 또는 지연된 경우
2. 전산자료 또는 프로그램의 조작과 관련된 금융사고가 발생한 경우
3. 전자적 침해행위로 인해 정보처리시스템에 사고가 발생하거나 이로인해 이용자가 금전적 피해를 입었다고 금융회사 또는 전자금융업자에게 통지한 경우 〈개정 2013.12.3.〉
4. 법 제9조 제1항*의 규정에서 정하는 사고

> *1. 접근매체의 위조나 변조로 발생한 사고
> 2. 계약체결 또는 거래지시의 전자적 전송이나 처리 과정에서 발생한 사고
> 3. 전자금융거래를 위한 전자적 장치 또는 「정보통신망 이용촉진 및 정보보호 등에 관한 법률」 제2조 제1항 제1호에 따른 정보통신망에 침입하여 거짓이나 그 밖의 부정한 방법으로 획득한 접근매체의 이용으로 발생한 사고

사례2_ELS 등 파생상품 원금손실 보상 요구

민원인은 ELS에 600만원을 투자하였다가 중도 환매를 신청하였는데 담당자가 정확한 이유 없이 중도환매를 거부함에 따라 환매를 못하였고 결과적으로 15%의 원금 손실을 입어 손해배상을 요구하였다.

이에 대해 금융감독원은 파생결합상품 기초자산 변동은 예측이 불가능하므로 투자자 자기책임 원칙에 따라 위험을 부담할 수밖에 없으나, 민원인의 요청에도 불구하고 명확한 이유없이 중도 환매를 해 주지 않은 증권사에 일부 책임이 있으므로 투자자의 손해의 일부를 배상토록 하였다.

사례3_일임형 랩 계약 손실에 대한 손해배상 책임 요구

민원인은 일임형 랩 계약을 체결하였으며, 담당 운용직원의 잘못으로 투자금액 1억원 중 60%까지 손실을 입게 되었다. 또한 투자 기간 중 손실액이 10% 정도까지 줄어들었을 때 전량 매도할 것을 담당직원에게 요청하였으나 직원은 민원인의 의견을 무시하고, 특정 주식만 전량 투자하여 손실을 확대하였기에 손실액을 배상해 줄 것을 요구하였다.

이에 대해 금융감독원은 일임운용과 관련한 손실을 운용책임으로 보기는 어려우나 담당직원이 민원인의 명확한 중도 매도 요구에도 이를 무시하고 특정 주식에만 전량 투자한 것 등이 확인되므로 수탁자로서 충실의무 또는 선관주의 의무를 성실히 준수하지 못한 점이 있어 손해의 일부를 배상하도록 하였다.

```
┌──────────────────┐
│      제2절        │
└──────────────────┘
```

금융분쟁조정

1 | 금융분쟁조정의 개념
2 | 금융감독원의 분쟁조정제도
3 | 분쟁조정절차

1 금융분쟁조정의 개념

금융소비자는 금융회사 및 이해관계인과 다툼이 발생할 경우 금융감독원에서 소송을 통해 해결할 수도 있지만 소송을 하기 위해서는 변호사 선임 등 상당한 시간과 비용이 소요된다. 이러한 부담이 클수록 소비자들은 다툼을 포기하거나 금융회사에 유리한 수준에서 합의를 할 가능성이 높아지므로 소비자가 정당하게 자신의 권리를 주장하고 다툴 수 있도록 지원하는 대안적인 시스템이 필요하다. 대안적인 분쟁해결방식(ADR: Alternative Dispute Rexolution)에는 크게 화해, 조정, 중재 등이 있는데, 화해는 별도의 절차 없이 당사자가 합의하는 행위를, 조정은 법관 내지 조정자가 분쟁당사자에게 권고하여 화해가 성립되도록 원조·협력하는 행위를, 중재는 당사자가 제3자인 중재자에게 분쟁에 대한 해결을 맡겨 중재자의 판정에 복종할 것을 사전 약정하는 방식을 의미한다.

ADR은 또한 기본적 분쟁해결과 절충적 분쟁해결방식으로도 구분할 수 있다. 기본적 분쟁해결은 협상(negotiation), 조정(mediation), 중재(arbitration)로 구분된다. 협상은 분쟁당사자들이 절차와 결과를 모두 통제할 수 있으나, 조정은 절차를 제3자에게 위임하고 결과는 당사자들이 통제할 수 있고, 중재는 절차와 결과를 제3자에게 모두 위임한다. 절충적 분쟁해결은 기본적 분쟁해결방식들이 혼합된 형태로, 증거제기 및 변론절차가 협상과 결합된 형태인 간이심리나 약식심판이 있고, 조정·중재, 옴부즈만, 법원 ADR 등은 조정과 중재가 결합된 형태이다. 사적판결은 소송과 중재가 결합된 형태이다.

금융감독원은 금융소비자 보호에 관한 법률 제33조에서 제44조에 근거하여 "금융분쟁조정위원회"를 두고 있는데, 금융소비자가 분쟁조정을 신청하면 분쟁처리 담당자가 접수 사실을 즉시 통지하여야 하고, 필요한 경우 당사자에게 사실조사 및 조회 등의 보완을 요구할 수 있다. 또한 필요성이 인정될 때 금융감독원이 직접 사건에 대한 검사 및 조사를 할 수 있다.

금융분쟁조정이란 금융소비자 등이 금융관련기관을 상대로 제기하는 분쟁에 대하여 금융감독원(금융분쟁조정위원회)이 조정신청을 받아 합리적인 분쟁해결 방안이나 조정의견을 제시하여 당사자 간의 합의를 유도함으로써 소송을 통하지 않고 분쟁을 원만하게 해결하는 자주적 분쟁해결방식의 하나이다.

소비자단체 및 한국소비자원 또한 소비자피해발생 시 분쟁조정을 할 수 있으나 소비자기본법 제31조, 60조에 의해 '다른 법률의 규정에 따라 설치된 전문성이 요구되는 분야의 분쟁조정기구에서 관장하는 사항'은 대상 업무에서 제외하고 있어 주로 "금융감독원의 분쟁조정위원회"에서 처리하고 있다. 그러나 한국소비자원의 경우 소비자기본법 시행령 제28조 제1호에서 다른 분쟁조정기구와 중복신청한 경우에만 제외할 수 있도록 하여 한국소비자원에만 분쟁조정을 신청한 경우에는 "한국소비자원의 분쟁조정위원회"의 조정을 받을 수 있다.

그 밖에 한국금융투자협회 및 한국거래소에서도 증권 관련 분쟁조정을 하고 있다(자본시장법 제286, 288조, 373조의2조 등). 한국거래소는 유가증권시장, 코스닥시장, 파생상품시장에서의 매매거래와 관련하여 발생한 권리의무 또는 이해관계에 관한 분쟁 조정을 수행하며, 금융투자협회는 금융투자회사의 영업행위와 관련한 분쟁을 조정하는 업무를 수행한다.

금융감독원과 한국소비자원의 금융분쟁조정의 결정은 "재판상의 화해"의 효력을 갖기 때문에 구속력이 있으나 한국거래소와 한국금융투자협회의 조정결정은 "민법상 화해"의 효력에 불과하여 구속력이 없다.

표 4.4 우리나라의 금융소비자 피해구제 제도 현황

운영 기관명	한국소비자원	금융감독원	금융투자협회	한국거래소
위원회 명칭	소비자분쟁 조정위원회	금융분쟁 조정위원회	분쟁조정 위원회	시장감시 위원회
대상 금융기관	제한 없음	검사대상 금융기관	증권사, 투자자문사 등	증권사, 선물회사 등
조정위원	5명 이상 9명 이하	7명 이상 11명 이하	5인	15인 이내
조정안 수락기간	15일 이내	20일 이내	20일 이내	15일 이내
수락의사 미표시 효과	수락 간주	불수락 간주	불수락 간주	불수락 간주
조정성립의 효력	재판상 화해	재판상 화해	민법상 화해계약	민법상 화해계약
ADR 형태	행정형	행정형	자율형	자율형

(출처: 백현진(2019)[103])

표 4.5 금융 관련 분쟁조정기구

구분	내용
금융감독원	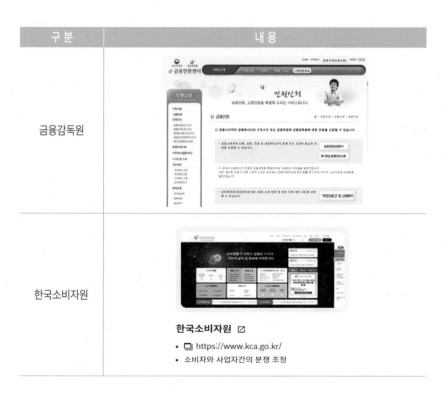
한국소비자원	**한국소비자원** ☑ • 🔗 https://www.kca.go.kr/ • 소비자와 사업자간의 분쟁 조정

한국거래소	

한국거래소 [↗]
- 🖥 https://drc.krx.co.kr/
- 유가증권시장, 코스닥시장, 파생상품시장에서의 매매거래와 관련하여 발생한 권리의무 또는 이해관계에 관한 분쟁 조정 |
| 금융투자협회 | **금융투자협회** [↗]
- 🖥 https://www.kofia.or.kr/
- 금융투자회사의 영업행위와 관련한 분쟁 조정 |

2 금융감독원의 분쟁조정제도

금융분쟁조정위원회는 「금융위원회의 설치 등에 관한 법률」 제38조에 따라 금융감독원의 검사를 받는 금융회사와 금융소비자, 그리고 그 밖의 이해관계인 사이에 발생하는 금융 관련 분쟁의 조정에 관한 심의사항을 의결하기 위한 기구이다. 문언의 해석상 금융소비자만 금융회사를 대상으로 분쟁조정을 제기할 수 있는 것은 아니며, 금융회사, 금융소비자, 그 밖의 이해관계인 모두 금융감독원에 분쟁조정을 신청할 수 있다. 이에 따라 금융회사간 다툼이 발생하여 소송을 하는 대신 분쟁조정을 신청하는 경우도 있다.

금융분쟁조정위원회의 구성은 위원장 1인을 포함하여 35명 이내의 위원으로 구성되며, 다음과 같은 전문가로 구성되어 있다.

① 판사·검사 또는 변호사

② 한국소비자원 또는 소비자단체의 임원 또는 15년 이상 경력 있는 자

③ 금융회사 및 유관기관·단체에서 15년 이상 근무경력이 있는 자

④ 금융 또는 소비자 분야에 학식과 경험이 있는 자

⑤ 전문의 자격이 있는 의사

⑥ 기타 분쟁의 조정과 관련하여 원장이 필요하다고 인정하는 자

3 분쟁조정절차

1) 분쟁접수

금융소비자가 금융회사의 업무와 관련하여 분쟁이 발생하는 경우 조정신청의 원인 및 사실을 증명하는 자료 등을 기재한 분쟁조정신청서(정해진 서식 없음)를 금융감독원에 제출하여야 한다.

한편, 금융감독원은 금융감독원에 접수된 진정서, 탄원서, 기타 민원서류 중 그 내용이 「금융분쟁조정세칙」 조정절차에 의하여 처리하는 것이 타당하다고 판단되는 경우, 그 민원인의 신청·형식·명칭과 관계없이 금융분쟁조정을 신청한 것으로 처리할 수 있다.

한편, 금융분쟁조정을 신청하였다고 하더라도, 다음과 같은 경우에 해당하면 직접 처리하거나 해당 기관에 이첩하여 처리하게 할 수 있다.

---

1. 이미 법원에 제소된 사건이거나 조정신청이 있은 후 소를 제기한 경우. (단, 수소 법원이 조정이 있을 때까지 소송절차를 중지한 경우는 제외)
2. 관련 법령 또는 객관적인 증빙 등에 의하여 합의권고 또는 조정절차 진행의 실익이 없는 경우
3. 신청인이 정당한 사유 없이 제15조의 규정에 의한 보완요구를 받고도 지정된 기한 내에 이를 보완하지 아니하거나 소재불명 등으로 보완요구가 반송된 경우. 이 경우 보완요구는 2회 이상 하여야 한다. (개정 2021.03.25.)
4. 조정신청의 내용과 직접적인 이해관계가 없는 자가 조정신청을 하는 경우
5. 신청인이 부당한 이익을 얻을 목적으로 조정신청을 한 것으로 인정되는 경우

---

6. 신청인이 상당한 이유 없이 취하된 조정신청건 또는 동일한 내용에 대하여 다시 조정신청을 하거나 가명으로 조정신청한 것이 확인된 경우
7. 당사자의 주장이 상이하거나 증거채택이 어려워 사실관계 확정이 곤란하거나 수사사건과 직접적으로 관련된 경우
8. 당사자의 주장내용이 부당하거나 관련법령, 조정선례, 법원판례 등에 비추어 명백하게 받아들일 수 없다고 인정되는 경우
9. 금융·보험거래와 직접 관련이 없거나 수사기관의 수사가 필요한 경우 등 조정신청의 내용이 분쟁조정대상으로서 적합하지 아니하다고 인정되는 경우

2) 분쟁조정위원회 회부 대상

금융분쟁조정위원회에 회부하여 심의·의결하는 안건은 기존의 조정례 또는 판례 등이 없거나, 약관에 명확한 규정이 없어 다의적 해석 또는 법률적 판단이 필요한 경우 등 새로운 조정결정이 필요한 사안에 대해 상정하고 있다. 조정례와 판례와 같은 객관적인 증빙이 있는 경우에까지 안건을 회부할 경우 조정절차 진행의 실익이 없음은 물론 행정력의 낭비를 초래할 수 있기 때문이다.

다만, 이러한 경우에도 금융감독원은 법규와 기존 사례에 비추어 분쟁조정위원회가 아닌 직접처리를 통해 금융회사가 분쟁조정신청자와 원만히 합의할 수 있도록 직접 처리한다.

3) 조정위원회 심의·의결

조정위원회는 안건이 회부된 날로부터 60일 이내에 이를 심의하여 조정결정을 하며, 구성원 과반수의 출석과 출석위원 과반수의 찬성으로 의결한다.
① 인용결정: 신청사항을 전부 또는 일부 받아들이는 경우
② 기각결정: 신청사항이 이유 없는 경우
③ 각하결정: 분쟁조정 신청 후 당사자 일방이 법원에 소를 제기하거나, 당사자의 주장이 상이하거나 증거 채택이 어려워 사실관계의 확정이 곤란한 경우 등 조정의 실익이 없다고 인정되는 경우

4) 금융감독원 금융분쟁조정세칙

금융감독원 금융분쟁조정세칙은 금융소비자 보호에 관한 법률(이하 "법"이라 한다) 제5장 제2절, 법시행령(이하 "영"이라 한다) 제32조 내지 제36조 및 금융감독원(이하 "감독원"이라 한다) 정관 제21조의 규정에 의한 금융분쟁조정위원회의 운영과 금융분쟁의 조정절차 등에 관하여 필요한 사항을 정하는 것이 목적이다.

그림 4-3 분쟁조정절차

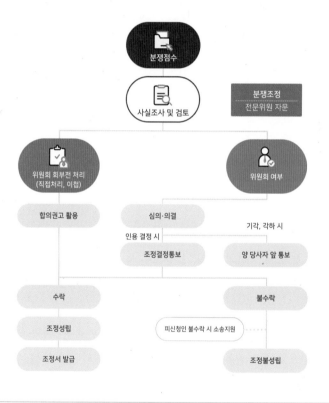

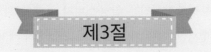

제3절

금융상품 유형별 주요 판례와 분쟁조정 사례

1 일반적인 사항

1) 금융소비자의 범위

자본시장법 제46조 제1항은 투자권유 시 전문투자자와 일반투자자를 구분하여, 적합성의 원칙, 적정성의 원칙, 설명의무 등을 일반투자자에게 적용되는 것으로 기술하고 있다. 이에 따르면 전문투자자는 해당 투자권유조항의 보호 범위를 벗어난다고 해석할 여지가 있다.

그러나 '대법원 2015.02.26. 선고 2014다17220 판결'은 이와 다르게, 전문투자자라는 이유만으로 투자권유단계의 보호의무에서 제외된다고 볼 수 없다는 취지의 판결을 하였다. 본 분쟁은 자본시장법 시행 전의 '간접투자자산 운용업법'이 적용법률이며, 해당 법률에서는 일반투자자와 전문투자자를 구분하고 있지 않다. 그럼에도 불구하고 전문투자자라는 이유만으로 투자권유단계에서의 보호의무에서 배제할 이유가 없다고 본 것, 투자신탁재산의 특성과 위험도 수준, 투자자의 투자 경험이나 전문성 등을 고려하여 투자자 보호의무의 범위와 정도를 달리 정해야 한다고 한 것 등은 주목할 만하다. 다만, 본 판례에서는 투자자가 내용을 충분히 잘 알고 있는 사항이거나 판매를 전문적으로 하는 판매회사로서도 투자권유 당시 합리적으로 예측할 수 있는 투자 위험이 아닌 경우에는 그러한 사항에 대하여서까지 판매회사에게 설명의무가 인정되지 않는다고 보았다.

〈전문투자자라는 이유만으로 투자권유단계의 보호의무에서 제외된다고 볼 수 없다는 판례 : 대법원 2015.02.26. 선고 2014다17220 판결〉

(1) 사건요약

원고 OO생명보험이 피고인 OO증권이 판매한 'OO스카이블루 사모특별투자신탁 제1호'의 위험성을 제대로 고지하지 않아 손해가 발생했다고 소송하였다.

(2) 판결요지

구 간접투자자산 운용업법(2007.08.03. 법률 제8635호 자본시장과 금융투자업에 관한 법률 부칙 제2조로 폐지)에 의한 판매회사는 투자자에게 투자신탁의 수익구조와 위험요인에 관한 올바른 정보를 제공함으로써 투자자가 그 정보를 바탕으로 합리적인 투자판단을 할 수 있도록 투자자를 보호하여야 할 주의의무를 부담한다. 그리고 이러한 투자권유단계에서 판매회사의 투자자 보호의무는 투자자가 일반투자자가 아닌 전문투자자라는 이유만으로 배제된다고 볼 수는 없고, 다만 투자신탁재산의 특성과 위험도 수준, 투자자의 투자 경험이나 전문성 등을 고려하여 투자자 보호의무의 범위와 정도를 달리 정할 수 있다.

구 간접투자자산운용업법(2007.08.03. 법률 제8635호 자본시장과 금융투자업에 관한 법률 부칙 제2조로 폐지)에 따라 투자신탁의 수익증권을 판매하는 판매회사가 고객에게 수익증권의 매수를 권유할 때에는 투자에 따르는 위험을 포함하여 당해 수익증권의 특성과 주요내용을 명확히 설명함으로써 고객이 그 정보를 바탕으로 합리적인 투자판단을 할 수 있도록 고객을 보호하여야 할 주의의무가 있고 이러한 주의의무를 위반한 결과 고객에게 손해가 발생한 때에는 불법행위로 인한 손해배상책임이 성립하나, 수익증권 투자자가 내용을 충분히 잘 알고 있는 사항이거나 수익증권의 판매를 전문적으로 하는 판매회사로서도 투자권유 당시 합리적으로 예측할 수 있는 투자위험이 아닌 경우에는 그러한 사항에 대하여서까지 판매회사에게 설명의무가 인정된다고 할 수는 없다.

자본시장법 제9조⑤: 전문투자자 vs. 일반투자자

제9조⑤ 이 법에서 "전문투자자"란 금융투자상품에 관한 전문성 구비 여부, 소유 자산규모 등에 비추어 투자에 따른 위험감수능력이 있는 투자자로서 다음 각 호의 어느 하나에 해당하는 자를 말한다. 다만, 전문투자자 중 대통령령으로 정하는 자가 일반투자자와 같은 대우를 받겠다는 의사를 금융투자업자에게 서면으로 통지하는 경우 금융투자업자는 정당한 사유가 있는 경우를 제외하고는 이에 동의하여야 하며, 금융투자업자가 동의한 경우에는 해당 투자자는 일반투자자로 본다. 〈개정 2009.02.03.〉

1. 국가
2. 한국은행
3. 대통령령[103)]으로 정하는 금융기관
4. 주권상장법인. 다만, 금융투자업자와 장외파생상품 거래를 하는 경우에는 전문 투자자와 같은 대우를 받겠다는 의사를 금융투자업자에게 서면으로 통지하는 경우에 한한다.
5. 그 밖에 대통령령[104)]으로 정하는 자

2) 상품의 권유와 책임범위

자본시장법 제46조~53조는 투자권유 시 준수해야 할 의무를 명시하고 있는데, 여기에는 자신이 취급하는 상품 및 서비스에 한다는 내용이 없다. 즉, 투자권유 과정에서 타사 상품을 권유한 경우에도 이로 인해 손해가 발생했다면 배상책임을 지게 된다고 해석할 수 있다.

'대법원 2015.01.29. 선고 2013다217498 판결'은 금융투자업자가 단순히 다른 금융회사가 취급하는 상품을 소개하는 정도를 넘어서서 계약 체결을 권유하고 해당 상품에 대해 구체적으로 설명하는 등 적극적으로 관여하였다면 고객은 해당 금융투자업자에 대한 신뢰를 바탕으로 계약 체결 및 투자 여부 결정을 한 것이므로 자본시장법 제9조 제4항에서 규정하는 '투자권유'를 하였다고 평가할 수 있어 투자권유 관련 의무(적합성, 적정성, 설명의무, 부당권유 금지 등)를 진다고 보았다.

〈타금융회사 상품을 투자권유한 경우에도 투자권유 의무 준수책임이 있다고 본 판례: 대법원 2015.01.29. 선고 2013다217498 판결〉

(1) 사건요약

일반투자자인 원고에게 피고인 OO투자증권의 판매직원이 투자일임계약을 소개하면서 'OO투자자문'의 일임투자제안서 등을 제시하고 상품 내용 및 그동안의 운용결과 등을 설명하여 계약이 이루어지도록 한 사례(사건투자일임계약의 체결로 운용수익 내지 판매수수료를 취득하지는 않았음)

(2) 판결요지

자본시장과 금융투자업에 관한 법률(이하 '자본시장법'이라고 한다) 제9조 제4항, 제46조 제3항, 제47조 제1항, 제3항의 내용과 취지 등에 비추어 보면, 금융투자업자가 과거 거래 등을 통하여 자신을 신뢰하고 있는 고객에게 다른 금융투자업자가 취급하는 금융투자상품 등을 단순히 소개하는 정도를 넘어 계약 체결을 권유함과 아울러 그 상품 등에 관하여 구체적으로 설명하는 등 적극적으로 관여하고, 나아가 그러한 설명 등을 들은 고객이 해당 금융투자업자에 대한 신뢰를 바탕으로 다른 금융투자업자와 계약 체결에 나아가거나 투자 여부 결정에 그 권유와 설명을 중요한 판단 요소로 삼았다면, 해당 금융투자업자는 자본시장법 제9조 제4항에서 규정하는 '투자권유'를 하였다고 평가할 수 있고 그와 같이 평가되는 경우 해당 금융투자업자는 직접 고객과 사이에 금융투자상품 등에 관한 계약을 체결하는 것이 아니라 하더라도 고객에 대하여 해당 금융투자상품에 관한 적합성 원칙의 준수 및 설명의무를 부담한다.

3) 설명의무 위반

판결이 손해배상을 하도록 명하는 결정적인 이유는 대부분 설명의무를 준수하지 않았을 경우이다. 따라서 어떠한 경우에 설명의무 위반이 되는지 살펴보는 것이 중요하다.

(1) 약관상 중요한 내용 설명 누락

기존 판결들이 약관에 정해진 사항이 이미 법령에 의하여 정하여진 것을 되풀이하거나 부연하는 정도에 불과한 사항에 대해 설명의무를 면제하는 것으로 판시해왔는데, '대법원 2019.05.30. 선고 2016다276177 판결'의 경우 행정기관으로서 금융위원회가 고시한 여신전문금융업감독규정 제25조가 위 '법령'에 해당하여 설명의무의 면제대상에 해당하지 않는 것으로 판시하였다[106].

① 사건요약

피고는 2013년 9월 1일부터 크로스마일리지 신용카드의 부가서비스 내용을 카드사용금액 1,500원당 1.8마일의 항공사 마일리지로 축소 제공하는 것으로 변경하고자 약관조항에서 정한 6개월 전 고지 절차를 거쳐 회원들에게 적용했고, 원고는 피고가 약관조항에 대한 설명의무를 위반했는바, 약관의 규제에 관한 법률(이하 '약관규제법') 제3조에 따라 위 약관조항은 계약에 편입되지 않는다는 주장으로 마일리지를 최초 기준으로 지급하라고 소송을 제기하였다.

② 판결요지(대법원 2019.05.30. 선고 2016다276177 판결)

설명의무의 대상이 되는 '중요한 내용'은 사회통념에 비추어 고객이 계약체결의 여부나 대가를 결정하는 데 직접적인 영향을 미칠 수 있는 사항을 말한다. 사업자에게 약관의 명시·설명의무를 요구하는 것은 어디까지나 고객이 알지 못하는 가운데 약관의 중요한 사항이 계약 내용으로 되어 고객이 예측하지 못한 불이익을 받게 되는 것을 피하고자 하는 데 근거가 있다. 따라서 약관에 정하여진 사항이라고 하더라도 거래상 일반적이고 공통된 것이어서 고객이 별도의 설명 없이도 충분히 예상할 수 있었던 사항이거나 이미 법령에 의하여 정하여진 것을 되풀이하거나 부연하는 정도에 불과한 사항이라면, 그러한 사항에 대하여서까지 사업자에게 설명의무가 있다고 할 수는 없다.

사업자의 설명의무를 면제하는 사유로서 '거래상 일반적이고 공통된 것'이라는 요건은 해당 약관 조항이 거래계에서 일반적으로 통용되고 있는지의 측면에서, '고객이 별도의 설명 없이도 충분히 예상할 수 있는 사항'인지는 소송당사자인 특정 고객에 따라 개별적으로 예측가능성이 있었는지의 측면에서 각 판단되어야 한다.

다음으로 약관에 정하여진 사항이 '이미 법령에 의하여 정하여진 것을 되풀이하거나 부연하는 정도에 불과한지'는 약관과 법령의 규정 내용, 법령의 형식 및 목적과 취지, 해당 약관이 고객에게 미치는 영향 등 여러 가지 사정을 종합적으로 고려하여 판단하여야 한다. 여기에서 말하는 '법령'은 일반적인 의미에서의 법령, 즉 법률과 그 밖의 법규명령으로서의 대통령령, 총리령, 부령 등을 의미하고, (중략) 대외적 구속력이 인정되지 않는 행정규칙으로서의 고시는 (중략) 사업자의 설명의무가 면제된다고 할 수 없다.

(2) 환헤지 기능 설명 누락

2007년 해외펀드에서 발생한 해외주식매매차익에 대해 한시적으로 비과세하는 조항이 도입되면서, 당시 해외펀드 열풍이 불었다. 그러나 2008년 세계금융위기로 해외펀드에서 엄청난 손실이 발생함과 동시에 환율(₩/$)이 급격하게 상승하자, 환헤지 계약을 이행하기 위해 투자자에게 추가납입 의무가 발생하면서 손실이 급격하게 커지게 되었다. 이에 대하여 '서울남부지방법원 2010.09.17. 선고 2009가합10271 판결'에서는 환헤지를 위해 체결한 선물환 매도 계약은 개괄적인 설명만으로 위험성을 제대로 인식하기 어려운 점, 해당 고객이 역외펀드 및 선물환계약에 대한 투자경험이 없는 점, 계약서 등에 첨부된 내용에도 선물환 거래의 잠재적 위험에 대한 내용이 없는 점 등을 들어 충분한 설명의무를 이행하지 않았다고 보아 손해배상을 판시를 하였다. 다만, 투자자가 신중히 의사결정을 하지 않는 책임을 물어 피고인 금융회사의 책임비율을 30%로 제한하였다.

〈역외펀드 투자 시, 환헤지계약의 잠재적 위험성도 설명 필요 판례〉

① 사건요약

원고인 일반투자자는 피고인 OO증권의 투자권유로 역외펀드를 매입하면서 함께 권유한 환헤지 계약체결을 하였는데, 원금손실+환율하락으로 환헤지계약으로 인해 손실이 더욱 커지자 관련 위험에 대한 설명의무를 준수하지 않았다고 보아 손해배상을 청구하였다.

② 판결요지(서울남부지방법원 2010.09.17. 선고 2009가합10271 판결)

고객에게 투자상품의 매입을 권유할 때에 어느 정도의 설명을 하여야 하는 지는 투자대상인 상품의 특성 및 위험도의 수준, 고객의 투자경험과 능력 등을 종합적으로 고려하여야 한다.

선물환 매도 계약은 환율 하락 시 손실발생 위험을 줄일 수 있는 이점이 있는 반면, 본건과 같이 펀드에서 손실이 발생하면서 환율도 급등하는 경우에는 펀드 손실로 인한 위험뿐만 아니라 환율 급등의 위험에도 추가로 노출됨으로써 다액의 추가 정산금을 부담하게 될 위험성이 내포되어 있고, 투자경험이 없는 일반인이 쉽게 접할 수 있는 상품이 아니므로 금융기관 직원의 개괄적인 설명만으로는 고객이 선물환 계약의 구조, 특성, 위험성을 제대로 인식하기 어렵다.

따라서 역외펀드에 가입하거나 선물환계약을 체결한 경험도 없고, 선물환 계약을 접할 기회가 있지도 않은 고객에게는 선물환 계약의 위험성 및 특성에 대하여 구체적인 설명을 할 의무가 있다.

원고가 작성한 계약서에 첨부된 '장외파생상품거래에 관한 위험 고지 서류'에는 선물환 거래에서 발생할 수 있는 여러 가지 위험이 내재되어 있으므로 이러한 잠재적 위험의 정도를 이해하고 거래하여야 하며 경우에 따라서는 고객에게 적합하지 않은 거래도 있을 수 있다는 내용이 포함되어 있기는 하나 위험을 추상적으로 알리는 내용 이상의 어떠한 구체적 기재가 없으며, 원고에게 교부된 '외국간접투자증권 매매거래에 관한 표준약관'에도 선물환 계약 체결에 따른 추가 손실의 위험성에 대해서 전혀 기재되어 있지 않은 점 등에 비추어 볼 때 피고 회사는 원고와의 선물환 계약 체결 당시 기본적인 환헤지 기능과 함께 환율의 하락이 전망되므로 그 방어책으로서 선물환계약을 체결할 필요가 있는 점을 중점적으로 설명하였을 뿐이고 그 특별한 위험성 및 환율이 상승하였을 경우의 구체적인 손실 산정 방법에 관하여는 충분히 설명하지 않음으로써 고객보호의무를 위반하였다.

다만 원고도 신중한 검토 없이 피고회사 담당직원의 권유를 그대로 따른 점, 세계적 금융위기에 따른 환율 상승을 쉽사리 예측하기 어려웠던 점, 원고가 일부 역외펀드의 선물환 계약에서 이익을 보기도 한 점 등의 사정을 참작(피고 책임비율 30%)하였다.

(3) 보험금 지급 감액사유에 대한 설명 미흡

보험업법 제95조의2에서는 보험과 관련된 설명의무를 명시하고 있다. 또한 「상법」 제638조의3 제1항과 「약관의 규제에 관한 법률」 제3조의 규정에 의하여 보험자와 보험계약의 체결 또는 모집에 종사하는 자는 보험계약을 체결할 때 보험계약자 또는 피보험자에게 보험약관에 기재되어 있는 보험상품의 내용, 보험료율의 체계, 보험청약서상 기재사항의 변동, 보험자의 면책사유 등 보험계약의 중요한 내용에 대하여 구체적이고 상세한 명시·설명의무를 지고 있다. 만약 이러한 설명의무를 준수하지 않은 경우 해당 약관의 내용을 계약의 내용이라고 볼 수 없다.

'대법원 2015.03.26. 선고 2014다229917, 229924 판결'은 약관상 후유장해보험금 감액사유에 해당하여 보험금을 감액한 경우, 해당 감액에 관련한 내용에 대해 금융회사가 명시·설명할 의무가 있다고 보았다.

〈보험금 감액사유에 대해 명시 및 설명의무가 있다고 본 사례〉

① 사건요약

원고인 보험가입자에게 후유장해가 발생하였는데, 피고인 보험회사가 특별약관상 후유장해보험금 감액사유에 해당한다고 보아 감액한 사건에서, 관련 내용에 대한 명시 및 설명을 하지 않은 것이 문제라고 보았다.

② 판결요지(대법원 2015.03.26. 선고 2014다229917, 229924 판결)

갑 보험회사와 을이 체결한 상해보험의 특별약관에 '특별약관의 보장개시 전의 원인에 의하거나 그 이전에 발생한 후유장해로서 후유장해보험금의 지급사유가 되지 않았던 후유장해가 있었던 피보험자의 동일 신체 부위에 또다시 후유장해가 발생하였을 경우에는 기존 후유장해에 대한 후유장해보험금이 지급된 것으로 보고 최종 후유장해상태에 해당되는 후유장해보험금에서 이미 지급받은 것으로 간주한 후유장해보험금을 차감한 나머지 금액을 지급한다'고 정한 사안에서, 정액보험인 상해보험에서는 기왕장해가 있는 경우에도 약정 보험금 전액을 지급하는 것이 원칙이고 예외적으로 감액규정이 있는 경우에만 보험금을 감액할 수 있으므로, 위 기왕장해 감액규정과 같이 후유장해보험금에서 기왕장해에 해당하는 보험금 부분을 감액하는 것이 거래상 일반적이고 공통된 것이어서 보험계약자가 별도의 설명 없이도 충분히 예상할 수 있는 내용이라거나, 이미 법령에 정하여진 것을 되풀이하거나 부연하는 정도에 불과한 사항이라고 볼 수 없어, 보험계약자나 대리인이 내용을 충분히 잘 알고 있지 않는 한 보험자인 갑 회사는 기왕장해 감액규정을 명시·설명할 의무가 있다고 한 사례

보험업법 제95조의2(설명의무 등)

제95조의2(설명의무 등) ① 보험회사 또는 보험의 모집에 종사하는 자는 일반보험계약자에게 보험계약 체결을 권유하는 경우에는 보험료, 보장범위, 보험금 지급제한 사유 등 대통령령으로 정하는 보험계약의 중요 사항을 일반보험계약자가 이해할 수 있도록 설명하여야 한다.

(4) 변액보험 판매 시 설명의무 범위

변액보험은 실제 성격은 펀드와 보험이 결합된 형태로, 일부 사업비를 떼고 특별계정을 통해 투자되며, 특약 등을 통해 보장성 항목을 추가할 수도 있는 상품이다. 따라서 보험에 대한 설명과 투자부분에 대한 설명이 동시에 이루어져야 한다.

'대법원 2014.10.27. 선고 2012다22242 판결'은 변액보험의 경우 투자형태 및 구조 등 개별보험상품의 특성과 위험성을 알 수 있는 보험계약의 중요사항을 명확히 설명해야 하며, 고객의 보험가입경험 및 이해능력과 부험상품의 특성을 종합적으로 판단하여 설명의무 이행 여부를 판단해야 한다고 보고 있다. 또한 보험계약의 중요사항은 보험약관만으로 설명하기 어려운 경우에 상품설명서 등 적절한 추가 자료를 활용하는 등의 방법으로 개별 보험상품의 특성과 위험성에 관한 보험계약의 중요사항을 고객이 이해할 수 있도록 설명하여야 한다고 판결하였다.

〈투자성 있는 변액보험 등에 대한 설명의무를 구체화한 판례〉

① 사건요약

원고인 보험가입자는 변액보험이 일반 펀드인줄 알고 투자하였는데, 중도인출 및 납입중지를 하고 환매하려 하자 사업비 등으로 해지환급금이 원금에 비해 턱없이 낮아 설명의무 위반으로 피고인인 보험회사에 대해 소송한 사례이다.

보험계약 청약서, 개인신용정보의 제공·활용 동의서, 변액보험 주요내용 설명

확인서의 각 자필서명란에 서명을 하였으며, 추후, 피고의 모니터링 직원의 전화를 받고 모두 "예"라고 응답하였으나, 청약서 등에 자필로 서명할 당시 상품명이나 금액, 내용이 모두 공란이었고, 피고의 보험모집인이 자필서명을 받고 난 이후 나중에 스캔을 하여 청약서 등에 나머지 내용을 채워 넣음 – 원심은 설명의무 위반을 인정하여 손해배상을 하도록 판결하였다.

② **판결요지(대법원 2014.10.27. 선고 2012다22242 판결)**

보험회사 또는 보험모집종사자는 고객과 보험계약을 체결하거나 모집할 때 보험료의 납입, 보험금·해약환급금의 지급사유와 금액의 산출 기준은 물론이고, 변액보험계약인 경우 투자형태 및 구조 등 개별 보험상품의 특성과 위험성을 알 수 있는 보험계약의 중요사항을 명확히 설명함으로써 고객이 정보를 바탕으로 보험계약 체결 여부를 합리적으로 판단을 할 수 있도록 고객을 보호하여야 할 의무가 있고, 이러한 의무를 위반하면 민법 제750조 또는 구 보험업법(2010.07.23. 법률 제10394호로 개정되기 전의 것, 이하 같다) 제102조 제1항에 따라 이로 인하여 발생한 고객의 손해를 배상할 책임을 부담한다.

여기서 보험회사 또는 보험모집종사자가 고객에게 보험계약의 중요사항에 관하여 어느 정도의 설명을 하여야 하는지는 보험상품의 특성 및 위험도 수준, 고객의 보험가입경험 및 이해능력 등을 종합하여 판단하여야 하지만, 구 보험업법 제97조 제1항, 제95조 제1항, 구 보험업법 시행령(2011.01.24. 대통령령 제22637호로 개정되기 전의 것) 제42조 등에서 규정하는 보험회사와 보험모집종사자의 의무 내용이 유력한 판단 기준이 된다. 그리고 보험계약의 중요사항은 반드시 보험약관에 규정된 것에 한정된다고 할 수 없으므로, 보험약관만으로 보험계약의 중요사항을 설명하기 어려운 경우에는 보험회사 또는 보험모집종사자는 상품설명서 등 적절한 추가자료를 활용하는 등의 방법으로 개별 보험상품의 특성과 위험성에 관한 보험계약의 중요사항을 고객이 이해할 수 있도록 설명하여야 한다.

보험계약 체결에 설명의무 위반이 있는 경우에 이후 보험약관에 따른 해약환급금이 지급되었다면, 보험계약자가 설명의무 위반으로 입은 손해는 납입한 보험료 합계액에서 지급받은 해약환급금액을 공제한 금액 상당이다.

갑이 을 보험회사의 보험모집인 병이 보험계약 체결 당시 보험계약의 중요한 내용을 충분히 설명하지 아니하였음을 이유로 을 회사를 상대로 손해배상을 구하였는데, 을 회사가 보험계약이 실효됨에 따라 갑이 해약환급금을 지급받을 수 있으므로 사실심 변론종결 시를 기준으로 인정되는 해약환급금 상당액을 손해액에서 공제하여야 한다고 주장한 사안에서, 해약환급금청구권에 관하여 소멸시효가 완성될 수 있는 점, 발생한 손해 상당액이 납입 보험료 전액임을 기초로 과실상계를 하여 배상액을 산정한 손해배상소송의 사실심 변론종결 후 또는 그와 같은 손해배상금 지급 후에 보험계약자가 보험자를 상대로 해약환급금을 청구하는 경우에는 신의칙상 보험자가 약관에 따른 해약환급금 중 보험자 측의 과실비율에 상응하는 금액의 지급을 거절할 수 있다고 볼 수 있는 점 등을 고려하면, 해약환급금이 실제로 지급되지 않은 이상 손해액에서 공제할 수 없다고 한 사례이다.

4) 적합성 원칙 위반

아직까지 적합성의 원칙 위반만으로 손해배상을 결정한 판례는 없다. 다만 설명의무 위반과 함께 특히 고령자와 관련하여 동시에 고려된 판례는 다소 있다.

아래 판례의 경우 적합성의 원칙과 설명의무를 동시에 살펴 이를 위반하였다고 본 판례이다. 먼저 생명보험의 성격과 투자상품의 성격을 동시에 가졌으며 유니버셜 기능을 갖춘 복잡한 상품인 변액유니버셜보험에 대하여 보험계약자의 나이, 학력, 지식, 동종 보험에의 가입 경험 유무, 판단능력 등에 기한 보험계약자의 이해도와 그 보험상품의 특성 및 위험도 수준 등에 따라 설명의 정도가 달라져야 한다고 보고 있다. 또한 고율의 수익률을 전제로 보험내용을 설명하여 변액보험의 위험성을 올바로 인식하지 못하게 하였으며 이를 적극적으로 권유한 점이 법에 위반된다고 보고 있는데, 이와 관련하여 본 판례는 자본시장법 제49조의 부당권유금지 조항을 참조조문으로 하고 있으나, 본문에서 부당권유 금지의 원칙 위반으로 보기보다 적합성의 원칙, 고객보호의무 위반으로 보고 있다. 이는 본 판례에서 인용하고 있는 '대법원 2003.01.10. 선고 2000다50312 판결'의 '거래경위와 거래방법, 고객의 투자상황(재산상태, 연령, 사회적 경험 정도 등), 거래의 위험도 및 이에 관한 설명의 정도 등을 종합적으로 고려한 후, 당해 권유행위가 경험이 부족한 일반 투자가에게 거래행위에 필연적으로 수반되는 위험성에 관한 올바른 인식형성을 방해하거나 또는 고객의 투자상황에 비추어 과대한 위험성을 수반하는 거래를 적극적으로 권유한 경우'를 적합성의 원칙 위반으로 보고 있기 때문이다.

본 판례가 의미있는 것은 기존 판례가 무리한 보험가입 권유가 있는 경우에도 보험가입자의 주의의무 위반을 고려하여 손해배상책임을 제한하였던 것과 달리 보험가입자에게 과실이 있다 하여도 이는 보험사측에 의한 "획책된 과실"이라는 이론을 도입하여 과실상계를 전혀 인정하지 않은 점이다.

〈변액유니버셜보험에 대한 무리한 판매가 적합성원칙 등을 위반한다고 본 판례〉

(1) 사건요약
원고인 보험계약자는 피고인 보험설계사에게 변액유니버셜보험을 추천받아 원금보장상품인줄 알고 가입하였으나 손실이 나자 해지하고 손해배상 소송을 청구하였다.

(2) 판결요지(대법원 2003.01.10. 선고 2000다50312 판결)
사망보험금과 적립금을 포괄하는 생명보험의 일종인 유니버셜 보험(Universal Life Insurance) 또는 변액보험과 유니버셜 보험을 결합한 변액 유니버셜 보험(Variable Universal Life Insurance)에 있어서, 일반인들이 일반 정액보험에 비하여 보험내용을 이해하기 어렵고, 보험기간이 장기간 또는 종신이며, 특히 변액보험은 정액보험과 달리 원금 손실의 위험성을 안고 있음에도 계약자들은 보험자의 사회적 신뢰성을 믿고 가입하는 경향이 있는 점에 비추어, 보험자는 보험계약의 중요한 사항에 대하여 계약자들이 이를 이해하여 보험계약 체결 여부를 자주적으로 판단할 수 있을 정도로 설명하여야 할 의무가 있다. 다만, 그 설명의 정도는 보험계약자의 나이·학력·지식·동종 보험에의 가입 경험 유무·판단능력 등에 기한 보험계약자의 이해도와 그 보험상품의 특성 및 위험도 수준 등에 따라 상대적이다. 한편, 보험자의 임직원 또는 보험설계사가 계약자에게 보험상품의 가입을 권유할 때에는 당해 보험상품의 특성과 주요내용을 명확히 설명함으로써 계약자가 그 정보를 바탕으로 합리적인 판단을 할 수 있도록 계약자를 보호하여야 할 주의의무가 있고, 이러한 주의의무를 위반한 결과 계약자에게 손해가 발생한 때에는 불법행위로 인한 손해배상책임이 성립한다.

적합성의 원칙을 위반하여 고객에게 투자를 권유한 경우에는 고객보호의무를 저버린 위법한 행위로 불법행위가 성립한다. 적합성의 원칙이 증권투자 또는 투자신탁의 영역에서 인정되어 온 것이기는 하나, 구 간접투자자산 운용업법(2007.08.03.

법률 제8635호 자본시장과 금융투자업에 관한 법률 부칙 제2조로 폐지) 제135조 제1항에서 변액보험을 위 법상의 투자신탁으로 간주하고 있는 점에 비추어, 변액보험에도 적합성의 원칙이 적용된다.

보험설계사가 유니버설 보험 및 변액 유니버설 보험 계약 체결 당시 보험계약자에게 위 각 보험의 내용이나 위험성, 투자수익률에 따른 해약환급금의 변동, 특히 해약환급금이 납입보험료 원금 상당액에 이르려면 상당한 기간이 소요된다는 점에 대하여 충분히 설명하지 아니하였고, 특히 변액보험에 관하여는 고율의 수익률을 전제로 보험내용을 설명함으로써 변액보험계약에 필연적으로 수반되는 위험성에 관한 올바른 인식형성을 방해하거나 또는 과대한 위험성을 수반하는 거래를 적극적으로 권유하여 보험계약자의 합리적인 판단과 의사결정을 저해하였고, 이러한 보험설계사의 설명의무 위반 및 적합성 원칙의 위반 등 고객보호의무 위반행위는 보험계약자에 대하여 불법행위를 구성하므로 보험회사와 보험설계사가 보험계약자가 입은 손해(납입한 보험료 합계액과 수령한 해약환급금의 차액)를 배상할 책임이 있다.

교통사고의 경우와 같이 불법행위로 인하여 가해자가 얻은 경제적 이득은 전혀 없고, 오로지 피해자의 신체적 법익 또는 경제적 가치만이 영구적으로 소실하는 이른바 "가치 감소 내지 소멸형" 불법행위로 인한 손해배상에 있어서는 손해배상액을 산정할 때 손해의 공평한 분담을 위하여 피해자의 과실을 참작함이 타당하나, 사기의 경우와 같이 불법행위로 인하여 피해자의 재산 내지 경제적 이익이 가해자에게 이전되는 "가치 이전형" 불법행위로 인한 손해배상에 있어서는 손해배상액을 산정할 때 피해자의 과실을 고려한다면, 이는 결국 불법을 야기한 가해자로 하여금 불법을 통하여 얻은 이익의 일부를 향유하는 것을 용인하는 결과가 되어 부당하다. 또한, 설명의무 또는 적합성의 원칙 등을 위반한 투자의 권유는 투자자로 하여금 경솔하게 판단하도록 하는 것으로서 투자자의 과실을 야기하는 속성을 가지는데, 이와 같이 야기된 투자자의 과실은 이른바 '획책된 과실'로서 권유자의 위법과 별도로 평가할 수 없는 것이므로, 원칙적으로 과실상계의 대상이 될 수 없다.

증권회사의 임직원이 고객에게 적극적으로 투자를 권유하였으나 투자 결과 손실을 본 경우에 투자가에 대한 불법행위책임이 성립되기 위하여는, 이익보장 여부에 대한 적극적 기망행위의 존재까지 요구하는 것은 아니라 하더라도, 적어도 거래경위와 거래방법, 고객의 투자상황(재산상태, 연령, 사회적 경험 정도 등), 거래의 위험도 및 이에 관한 설명의 정도 등을 종합적으로 고려한 후, 당해 권유행위가 경험이 부족한 일반 투자가에게 거래행위에 필연적으로 수반되는 위험성에 관한 올바른 인식형성을 방해하거나 또는 고객의 투자상황에 비추어 과대한 위험성을 수반하는 거래를 적극적으로 권유한 경우에 해당하여, 결국 고객에 대한 보호의무를 저버려 위법성을 띤 행위인 것으로 평가될 수 있어야 한다(대법원 2003.01.10. 선고 2000다50312 판결 등 참조).

5) 부당권유 금지의 원칙 위반

부당권유는 거짓의 내용, 근거 없는 확정적 판단 등을 제공하여 금융소비자의 의사결정을 방해하는 행위를 말한다. 아래 분쟁조정사례의 경우, 주가연계펀드(Equity Linked Fund)를 판매하면서 원금손실의 위험이 없다고 지속적으로 설명하여 손해를 끼친 경우이다.

'○○ 파생상품투자신탁 1-1호' 개요

- 기초자산: 포스코, 하이닉스
- 만　기: 3년(2009.10.23.)
- 자동상환: 매 6개월 평가일의 기초자산의 주가가 모두 기준주가 대비 100% 이상인 경우 연 13% 수익률로 상환
- 기준주가: 펀드설정일 익영업일(2006.10.23.), 1개월 후, 2개월 후, 3개월 후 총 4개 시점의 각 종가 중 가장 낮은 주가
- 만기상환: 자동상환 되지 않고 만기 시 한 종목이라도 기준주가 대비 100% 미만인 경우, 한 종목이라도 40% 초과 하락한 적이 없는 경우 연 5% 수익률, 있는 경우 원금손실(만기 시 하락률이 높은 종목의 수익률과 동일)

〈원금손실의 가능성을 적극 기망하여 부당권유로 결정 난 분쟁조정 사례〉

(1) 분쟁요지

담당직원이 전화하여 "원금손실 없이 1, 2차 때 조기상환이 확정되는 ELS상품으로 주가가 반토막 날 가능성은 없지만 반토막 난다해도 원금 플러스 5%를 지급하니 안심하라"는 취지로 잘못된 설명을 하며 투자를 권유하여 본건 펀드에 가입하게 된 것으로서 가입서류에 자필 서명한 적도 없다.

(2) 처리결과(금융감독원 분쟁조정 제2010-3호)

아래와 같은 점 들을 종합할 때 담당직원이 신청인에게 본건 펀드 가입을 권유하는 과정에서 원금손실가능성 및 손익구조에 대하여 충분한 설명을 하였다고 보기 어렵다.

① 신청인과 담당직원의 2006.10.13. 통화내역을 보면, 담당직원은 본건 펀드 가입을 권유하면서 "원금손실가능성이 거의 없다"는 취지로 단정적이고 과장된 설명을 하였다.

② 본건 펀드가입 이후인 2007.04.20. 및 05.22. 각 통화내역을 보면, 담당직원은 위 펀드가입 이후에도 수차례 신청인에게 "원금손실가능성이 없다"는 취지로 단정적으로 잘못된 설명을 반복하였다.

③ 본건 펀드 가입과정에서 신청인에게 '투자설명서'는 교부되지 않았으며, '투자설명서 교부 및 주요내용 설명 확인서'도 작성되지 않았다.

6) 고객보호의무 위반

고객보호의무 위반은 판례에서 자주 사용되는 손해배상책임의 근거로 판매행위가 신의성실의 원칙 및 주요 판매원칙에 위배되는 경우이다. 따라서 적합성원칙 위반, 적정성원칙 위반, 설명의무 위반, 부당권유 및 신의성실 원칙 위반 등 선량한 관리자로서의 주의의무를 다하지 않아 손해가 발생한 경우에 고객보호의무 위반으로 판결날 수 있다. 펀드판매와 관련하여 판매회사가 잘못된 자산운용사에서 제공한 자료를 토대로 투자자에게 설명을 하였기 때문에 배상책임을 지지 않는지에 관해 판시한 것으로, 판례는 아무리 자산운용회사가 제공한 자료를 토대로 설명했어도 그 사실만으로 고객보호의무를 다하였다고 볼 수 없어 배상책임을 진다고 보았다. 이를 통해 판매회사는 전문적인 금융상품 판매인의 위치에서 자신의 고객을 위해 금융상품의 구체적인 내용과 위험 등을 살펴야 할 의무가 있음을 알 수 있다.

〈운용사 과실로 인한 손해에 대해 판매회사도 고객에 대해 공동의 배상책임을 진다고 본 판례〉

(1) 사건요약

자산운용회사가 위험성이 상당히 높은 장외파생상품에 신탁자산 대부분을 투자하는 펀드의 수익증권을 발행하면서 광고지와 Q&A 자료 등 판매보조자료에 중요한 사항에 관하여 오해를 유발할 수 있는 표시를 사용하거나 투자신탁의 수익과 위험에 관하여 균형성을 상실하는 정보를 판매회사와 투자자들에게 제공하고, 판매회사는 자산운용회사가 제공한 정보에 의존하여 투자자들에게 펀드 가입을 적극 권유함으로써, 투자자들이 위험성을 정확하게 인식하지 못한 채 펀드에 가입하여 손해가 발생하였다.

(2) 판결요지(대법원 2011.07.28. 선고 2010다101752 판결)

구 간접투자자산 운용업법에서 정한 판매회사가 투자자에게 수익증권 취득을 권유하면서 자산운용회사가 제공한 판매보조자료의 내용이 정확하고 충분하다고 믿고 그것에 의존하여 투자신탁에 관한 설명을 하였다는 점만으로 투자자보호의무를 다하였다고 볼 수 있는지 여부를 소극적으로 판시하였다.

구 간접투자자산 운용업법에서 정한 자산운용회사가 투자설명서 외에 중요한 내용에 대하여 오해를 유발할 만한 표시 등이 포함된 판매보조자료 등을 판매회사와 투자자에게 제공하였고 그것이 결과적으로 투자자의 투자판단에 영향을 준 경우, 판매회사에 제공한 투자설명서에 충실한 정보를 담고 있었다는 점만으로 자산운용회사가 투자자보호의무를 다하였다고 볼 수 있는지 여부를 소극적으로 판결하였다.

자산운용회사가 위험성이 상당히 높은 장외파생상품에 신탁자산 대부분을 투자하는 펀드의 수익증권을 발행하면서 광고지와 Q&A 자료 등 판매보조자료에 중요한 사항에 관하여 오해를 유발할 수 있는 표시를 사용하거나 투자신탁의 수익과 위험에 관하여 균형성을 상실하는 정보를 판매회사와 투자자들에게 제공하고, 판매회사는 자산운용회사가 제공한 정보에 의존하여 투자자들에게 펀드 가입을 적극 권유함으로써, 투자자들이 위험성을 정확하게 인식하지 못한 채 펀드에 가입하여 손해를 입은 사안에서, 자산운용회사와 판매회사는 그들의 공동불법행위로 투자자들이 입은 손해를 배상할 의무가 있다.

장외파생상품에 투자하는 펀드의 수익증권을 발행한 자산운용회사와 이를 판매한 판매회사가 투자자들에게 위험성을 제대로 설명하지 않는 등 투자자보호의무를 위반함으로써 펀드에 가입한 투자자들이 손해를 입은 사안에서, 투자자들의 손해는 만기 시점이나 투자자들이 실제 환매한 시점에서야 현실적·확정적으로 발생하고, 그 시점을 기준으로 그때까지 발생한 손해는 자산운용회사 등의 가해행위와 인과관계가 있다.

불법행위에서 위법행위 시점과 손해발생 시점에 시간적 간격이 있는 경우, 불법행위로 인한 손해배상청구권의 지연손해금 발생 기산일(=손해발생 시점)이다.

장외파생상품에 투자하는 펀드의 수익증권을 발행한 자산운용회사와 이를 판매한 판매회사의 투자자보호의무 위반으로 인한 펀드 가입 투자자들의 손해액을 산정할 때 투자자들이 수령한 확정수익금을 과실상계 후 공제하여야 할 이익으로 볼 수 있는지가 문제된 사안에서, 투자자들이 수령한 확정수익금은 과실상계 전에 투자자들의 손해액을 산정하는 요소에 해당하는 것이지, 이를 고려하지 않고 산정된 손해액에 과실상계 또는 책임제한을 한 금액을 기준으로 다시 공제되어야 할 이득이라고 볼 수 없다.

7) 개인정보 보호의무 위반

개인정보유출과 관련하여 아직까지 금융소비자보호 관점해서 중요한 판시를 한 경우는 없어 보인다. 이는 단순히 개인정보유출만으로 직접적인 손해가 발생하였다고 볼 수 없는 점과, 해당 개인정보유출이 특정 손해발생 시 원인이라는 증명이 어렵기 때문이기도 한다. '대법원 2012.12.26. 선고 2011다59834, 59858, 59841 판결'은 개인정보유출로 인한 정신적 손해 발생과 관련하여 상당한 고려사항을 열거하고 있으며 결론적으로 손해배상의 책임이 없다고 보고 있다. 그러나 최근 카드사 고객정보 유출 사태로 개인정보 관리 문제가 사회적 이슈로 부각되면서 신용정보보호법이 개정되었다. 제43조의 2(법정손해배상청구) ①에 따르면 신용정보 유출 피해자에게 구체적인 피해금액이 발생하지 않아도 그 금융회사를 상대로 배상을 청구할 수 있다. 또한 동법 시행령에서는 금융회사에게 신용정보주체(금융소비자)가 최근 3년간 자신의 신용정보 이용·제공내역을 조회할 수 있는 시스템을 구축하도록 법제화하였다. 이에 대해 소비자의 '자기정보결정권'이 강화되었다는 평가이다.

〈개인정보유출로 정신적 손해가 발생하였다고 보지 않은 판례〉

(1) 사건요약

주유 관련 보너스카드 회원으로 가입한 고객들의 개인정보를 데이터베이스로 구축하여 관리하면서 이를 이용하여 고객서비스센터를 운영하는 갑 주식회사로부터 고객서비스센터 운영업무 등을 위탁받아 수행하는 을 주식회사 관리팀 직원 병이, 정 등과 공모하여 무 등을 포함한 보너스카드 회원의 성명, 주민등록번호, 주소, 전화번호, 이메일 주소 등 고객정보를 빼내어 DVD 등 저장매체에 저장된 상태로 전달 또는 복제한 후 개인정보유출사실을 언론을 통하여 보도함으로써 집단소송에 활용할 목적으로 고객정보가 저장된 저장매체를 언론관계자들에게 제공한 사안에서, 개인정보가 병에 의하여 유출된 후 저장매체에 저장된 상태로 공범들과 언론관계자 등에게 유출되었다.

(2) 판결요지(대법원 2012.12.26. 선고 2011다59834 판결)

언론보도 직후 개인정보가 저장된 저장매체 등을 소지하고 있던 사건 관련자들로부터 저장매체와 편집 작업 등에 사용된 컴퓨터 등이 모두 압수, 임의제출되거나 폐기된 점, 범행을 공모한 병(丙) 등이 개인정보 판매를 위한 사전작업을 하는 과정에서 위와 같이 한정된 범위의 사람들에게 개인정보가 전달 또는 복제된 상태에서 범행이 발각되어 개인정보가 수록된 저장매체들이 모두 회수되거나 폐기되었고 그 밖에 개인정보가 유출된 흔적도 보이지 아니하여 제3자가 개인정보를 열람하거나 이용할 수는 없었다고 보이는 점, 개인정보를 유출한 범인들이나 언론관계자들이 개인정보 중 일부를 열람한 적은 있으나 개인정보의 종류 및 규모에 비추어 위와 같은 열람만으로 특정 개인정보를 식별하거나 알아내는 것은 매우 어려울 것으로 보이는 점, 개인정보 유출로 인하여 무(戊) 등에게 신원확인, 명의도용이나 추가적인 개인정보 유출 등 후속 피해가 발생하였음을 추지할 만한 상황이 발견되지 아니하는 점 등 제반 사정에 비추어 볼 때, 개인정보 유출로 인하여 무 등에게 위자료로 배상할 만한 정신적 손해가 발생하였다고 보기는 어렵다고 한 사례이다.

개인정보를 처리하는 자가 수집한 개인정보를 피용자가 정보주체의 의사에 반하여 유출한 경우, 그로 인하여 정보주체에게 위자료로 배상할 만한 정신적 손해가 발생하였는지는 유출된 개인정보의 종류와 성격이 무엇인지, 개인정보 유출로 정보주체를 식별할 가능성이 발생하였는지, 제3자가 유출된 개인정보를 열람하였는지 또는 제3자의 열람 여부가 밝혀지지 않았다면 제3자의 열람 가능성이 있었거나 앞으로 열람 가능성이 있는지, 유출된 개인정보가 어느 범위까지 확산되었는지, 개인정보 유출로 추가적인 법익침해 가능성이 발생하였는지, 개인정보를 처리하는 자가 개인정보를 관리해온 실태와 개인정보가 유출된 구체적인 경위는 어떠한지, 개인정보 유출로 인한 피해 발생 및 확산을 방지하기 위하여 어떠한 조치가 취하여졌는지

등 여러 사정을 종합적으로 고려하여 구체적 사건에 따라 개별적으로 판단하여야
한다.

참고

신용정보보호법 제43조의2(법정손해배상의 청구)

① 신용정보주체는 다음 각 호의 모두에 해당하는 경우에는 대통령령으로 정하는
기간 내에 신용정보회사 등이나 그 밖의 신용정보 이용자(수탁자를 포함한다. 이하
이 조에서 같다)에게 제43조에 따른 손해배상을 청구하는 대신 300만원 이하의 범
위에서 상당한 금액을 손해액으로 하여 배상을 청구할 수 있다. 이 경우 해당 신용
정보회사 등이나 그 밖의 신용정보 이용자는 고의 또는 과실이 없음을 입증하지 아
니하면 책임을 면할 수 없다.
1. 신용정보회사 등이나 그 밖의 신용정보 이용자가 고의 또는 과실로 이 법의 규정
   을 위반한 경우
2. 개인신용정보가 분실·도난·누출·변조 또는 훼손된 경우
② 법원은 제1항에 따른 청구가 있는 경우에 변론 전체의 취지와 증거조사의 결과를
고려하여 제1항의 범위에서 상당한 손해액을 인정할 수 있다.
③ 제43조에 따른 청구를 한 자는 법원이 변론을 종결할 때까지 그 청구를 제1항에
따른 청구로 변경할 수 있다.

---

2 은행

1) 예금청구서의 印影이 신고인감과 다른 경우 은행 책임

(1) 분쟁요지

甲은 집에 도둑이 들어 예금통장이 없어진 사실을 알았으나 거래인감을 소지하고
있어 다행이라 안심하고 다음 날 오후가 돼서야 통장 분실 신고를 하였으며, 이 때 15
백만 원이 인출된 것을 인지하였다. 甲은 A은행이 인감대조를 소홀히 하여 정당한 권
한이 없는 제3자에게 자신의 예금을 지급한 것에 대해 분쟁조정을 신청하였다.

(2) 처리결과

은행은 인감대조 시 상당한 주의의무를 다하지 못한 과실이 인정되나, 아래 사항을 감안하여 甲의 손해액 15백만 원중 20%에 해당하는 금액을 지급함이 타당하다고 판단하였다.

① 은행 2개 지점의 담당직원이 오인할 정도로 인영이 유사하고 인영을 가로로 접어 대조했음에도 이상을 발견하지 못한 점
② 예금주가 통장 비밀번호를 예금통장 여백에 연필로 기재하여 선량한 관리자로서 주의의무를 소홀히 한 점

2) 제3자에 의한 예금 부당인출 시 은행의 책임

(1) 분쟁요지

제3자가 절취한 예금통장, 거래인감, 비밀번호를 이용하여 은행 창구에서 20백만 원을 인출한 사건에 대하여 예금주 甲이 은행을 상대로 예금반환을 청구하였다.

(2) 처리결과

은행의 제3자에 대한 예금지급은 채권의 준점유자에 대한 변제로서의 효력이 발생함을 사유로 甲의 청구를 기각하였다.

※ 민법 제470조의 채권의 준점유자에 대한 변제 성립요건:
예금통장 및 거래인감 소지, 비밀번호 인지, 은행직원의 선의, 무과실(대법원 판례 85다카880)

3) 포괄근저당권의 피담보채무 범위 (한정해석)

(1) 분쟁요지

신청인은 은행의 A사 앞 대출 20백만 원에 대하여 부동산을 담보(포괄근, 채권최고액 28백만 원) 제공하였는데, 은행은 동 대출금이 상환되었음에도 본건 근저당권 취득 전에 A사 앞 취급한 다른 대출 10백만 원에 대해서도 담보책임 청구하였다.

(2) 처리결과

본건 근저당권은 포괄근저당권이지만 제반 정황에 비추어 피담보채무의 범위

는 A사 앞 대출 20백만 원으로 한정 해석하는 것이 타당하다.

> ※ 피담보채무 범위의 제한해석(예)
> 제3자 담보제공, 특정대출일과 설정일, 담보평가액이 특정 대출금과 다른 대출에 대해서는 별도의 담보 취득

4) 명의도용 대출에 대한 상환책임 여부

(1) 분쟁요지

은행은 甲의 명의로 인터넷대출 10백만 원을 취급하고 대출금을 甲명의 예금계좌에 입금하였고 만기가 되자 甲에게 상환책임을 청구하였으나, 甲은 은행에 대출을 신청한 사실이 없다며 금감원에 분쟁조정 신청하였다.

(2) 처리결과

조사결과, 은행은 타행이 발행한 공인인증서를 통해 본인확인을 하였고, 甲명의의 주민등록등본 등을 청구하였으나 운전면허증이 위조된 것으로 판명되었다. 공인인증서를 발행해 준 타행은 인증서 발급 시 본인확인을 소홀히 하였으며, 입금계좌도 도용 개설되었다. 甲은 은행에 대한 대출채무가 부존재, 대신 甲에게 대출해 준 은행은 공인인증서를 잘못 발급한 타행을 상대로 손해배상 청구가능하다.

5) 은행의 불완전판매 책임을 인정한 사례

(1) 분쟁요지

신청인(73세)은 연금보험을 해지하기 위해 은행에 갔는데, 은행 직원이 6개월이 지나면 연 11%의 확정금리를 지급받을 수 있다며 ELS펀드가입을 적극 권유하여 동 직원을 믿고 연금해지금액 4억 원을 펀드에 가입하였고 이후 248백만 원의 손실 발생하였다.

(2) 처리결과

아래사항을 종합하여 신청인의 원금손실금액 중 30%를 은행이 배상하도록 권고하였다.
① 신청인의 과거 펀드거래 경험 無

② 투자설명서를 제공받고 주요내용 설명확인란에 직원이 대필

③ ELS의 수익구조를 충분히 이해할 정도로 설명했다고 보기 곤란

④ 펀드는 원금보장이 되지 않는다는 것이 일반인의 상식

6) 자유적립예금 적용이율의 해석 및 이에 따른 손해배상청구

(1) 분쟁요지

신청인은 2001.09.12. 피신청인 영업점에서 1년 만기 자유적립예금(이하 "본건 예금"이라 함)을 개설하고 금 1억원을 예치한 후 피신청인 직원으로부터 이율 연 7%로 인자된 예금통장을 교부 받았다. 신청인은 그 후 2002.01.07. 금 2억원, 같은 해 06.24. 금 14억원, 07.10. 금 2억원, 08.02. 금 1억을 총 4회에 걸쳐 본건 예금에 각각 추가 예치하였다. 신청인은 본건 예금의 만기일인 2002.09.12.자에 피신청인으로부터 원리금 합계 금 2,033,130,867원(= 원금 20억원 + 이자 33,130,867원)을 수령하였다. 피신청인은 신청인이 2001.09.12. 예치한 금 1억원에 대하여는 연 7%, 2002.01.07. 예치한 금 2억원에 대하여는 연 6%, 2002.06.24. 예치한 금 14억원에 대하여는 연 5%, 2002.07.10. 예치한 금 2억원에 대하여는 연 5%, 2002.08.02. 예치한 금 1억원에 대하여는 연 4.5%의 이율을 각각 적용하여 이자를 계산하였다. 신청인은 2002.09.12. 피신청인의 위 이자 계산은 잘못되었다고 판단하고 위 각 예치 금원에 대하여 모두 연 7%의 이율을 적용하여 계산한 금 41,872,153원이 피신청인이 지급해야 할 이자라고 주장하며 그 차액 금 8,741,286원(= 41,872,153원 - 33,130,867원)을 피신청인에게 손해배상 청구하였다.

(2) 처리결과(2002.12.03. 조정번호 제2002-47호)

본건의 쟁점은 본건 자유적립예금과 관련하여 당사자가 약정한 예금에 대한 적용이율이 무엇인지에 대한 객관적 의사표시의 해석과 피신청인의 약관 명시·설명의무를 해태한 사실이 있는지 여부 및 피신청인에게 사용자책임을 물을 수 있는지 여부이다.

본건 예금은 만기를 정하여 두고 예치금의 액수나 예치횟수에 상관없이 자유로이 저축할 수 있는 예금으로서, 본건 예금의 이율은 1년 기간 동안 연 7%로 고정되어 있는 것이 아니라, 1년 기간 내에 각 예치한 금원에 대하여 최초 가입당시 이미 확정된 예치기간별 이율을 차등 적용해야하는 것으로 판단되며, 아래의 이유로 신청인은 이러한 이율 적용에 대하여 잘못 이해하였던 것으로 보여진다.

① 피신청인의「적립식예금약관」제7조 제2항에 의하면 "자유적립식예금은 입금횟수에 관계없이 저축금마다 입금일부터 만기일 전날까지의 기간에 대하여 계약일 당시 영업점에 게시한 이율로 셈한 이자와 원금을 만기지급금으로 한다."라고 규정되어 있고, 피신청인의 본 건 예금에 대한 상품안내문의 기재내용에 의하면 본건 예금의 이자는 최초 가입당시 예치기간별 이율을 차등 적용하여 계산한다고 설명되어 있는 점, ②「자유적립식예금 표준약관」상에도 위와 같은 식으로 상품이 설계되어 있는 점, ③ 신청인의 예금상품 중 피신청인의 자유적립예금과 유사한 상품의 경우에도 각 예입금마다 실제 예치기간별 약정이율을 적용하는 것으로 상품을 설명하고 있는 점, ④ 통상 자유적립예금의 특성으로 볼 때 만기일에 가까운 날짜에 예치한 금원도 예치기간에 상관없이 최초 가입당시의 고정금리를 적용하는 상품은 일반적으로 존재하지 않는다는 점, ⑤ 신청인이 주장하는 신청인 금고의 예금상품 중 자유적립적금은 법인이 계약할 수 없을 뿐만 아니라 일적수에 의한 단리상품인 점에서 본 건 예금과는 성격을 같이 할 수 없는 점이다.

신청인은 피신청인이「약관의 규제에 관한 법률」제3조 제1항의 약관의 명시·설명의무를 위반하였으므로 본 건 예금의 적용이율은 1년 기간 동안 연 7%로 고정되어 있는 것이라고 주장하나 아래의 점을 종합하여 볼 때, 금리부분에 대한 약관의 명시·설명의무 위반은 인정되지 않는다.

① 사업사에게 약관의 명시·설명의무가 인정되는 것은 어디까지나 계약자가 알지 못하는 가운데 약관에 정하여진 중요한 사항이 계약 내용으로 되어 계약자가 예측하지 못한 불이익을 받게 되는 것을 피하고자 하는데 그 근거가 있다고 할 것이므로 약관에 정하여진 사항이라 하더라도 거래상 일반적이고 공통된 사항이거나 이미 법령에 의하여 정해진 것을 되풀이하거나 부연하는 정도에 불과한 사항이라면 그러한 사항에 대하여서까지 사업자에게 명시·설명의무가 인정된다고 할 수 없는 점[107], ② 모든 금융거래에서 사업자의 위 약관의 명시·설명의무는 동일한 주의의무 정도를 요구하는 것은 아니고 본건 자유적립예금의 통장에 의하면 "이 통장 거래에는 예금거래기본약관 및 예금종류별약관과 특약이 적용되며, 신용금고 창구 어디에서나 해당약관과 특약을 열람하시거나 교부 받으실 수 있습니다."라고 기재되어 있고, 대법원 역시 위 부동문자에 대한 효력을 긍정하는 전제하에 은행에게는 적극적인 명시·설명의무를 요구하고 있지 아니한 점[108] 및 새마을금고는 고객으로부터 예치 받

은 금원을 운용함에 있어 타 금융기관 예치 시 금리부분에 대하여 면밀히 검토·분석하여 관리하여야 할 주의의무가 있어 신청인의 주장을 믿기 어려운 점, ③ 은행이나 금고에는 별도의 상담창구가 마련되어 있어 상품이율에 관한 자세한 안내를 받을 수 있도록 되어 있는 점, ④ 동 상품 취급일 이후 현재까지 금리적용 착오로 인한 분쟁사례가 없는 등 일반고객도 동 상품의 특성을 잘 알고 있다고 판단되는 점, ⑤ 신청인이 새마을금고의 중견간부이고 금융업무 전문가로서 자유적립예금의 특성을 누구보다도 더 잘 알 수 있고, 새마을금고에도 이러한 성격의 상품을 판매하고 있는 점, ⑥ 신청인은 본건 예금을 개설하고 난 후 4회에 걸쳐 추가 예치하는 때에 본건 예금의 상품안내문이나 약관에 대해서 한 번도 이를 확인한 사실이 없는 점이다.

피신청인의 피용자인 창구직원의 과실로 인하여 신청인이 금리부분에 대해서 착오하였고 이로 인하여 손해배상이 발생하였는지 여부에 대하여 살펴보건대, 창구직원은 신청인이 본건 예금상품에 대하여 질문하는 사항에 대하여 설명하고 은행의 일반관행에 따라 정상적으로 예금입금 처리한 점 및 위에서 밝힌 사유 등을 비추어 볼 때, 피신청인의 창구직원이 동 상품에 대하여 설명을 부족하게 하여 신청인으로 하여금 금리부분에 대해 착오를 유발케 한 과실이 있다고 인정하기는 어렵다고 판단된다.

본건 예금의 금리부분에 대한 약관의 명시·설명의무 위반을 이유로 하거나 피신청인의 창구직원의 과실을 이유로 하는 신청인의 피신청인에 대한 이자차액 상당의 손해배상청구는 그 이유가 없다고 판단되므로 신청인의 청구는 기각한다. "약관에 정하여진 사항이라 하더라도 거래상 일반적이고 공통된 사항이거나 이미 법령에 의하여 정해진 것을 되풀이하거나 부연하는 정도에 불과한 사항이라면 그러한 사항에 대하여서까지 사업자에게 명시·설명의무가 인정된다고 할 수 없다."고 한 판례 등에 비추어 볼 때 본 건 예금의 금리부분에 대한 약관의 명시·설명의무 위반을 이유로 하거나 피신청인의 창구직원의 과실을 이유로 하는 신청인의 피신청인에 대한 이자차액 상당의 손해배상청구는 그 이유가 없다고 판단되므로 신청인의 청구를 기각한다.

3 카드

1) 비밀번호 부정사용 시 카드사의 보상책임 여부

(1) 분쟁요지

甲은 본인만이 알 수 있는 숫자로 신용카드 비밀번호를 사용하였고 아무에게도 비밀번호를 알려준 사실이 없다고 주장하면서 제3자에 의해 부정사용된 현금서비스 5백만 원에 대해 보상을 신청하였다.

(2) 처리결과

과거 하급심 판례: 회원의 고의·중과실이 입증되지 않으면 카드사에 일정비율 (예, 50%)의 보상책임을 인정한다.

> ※ 대법원 판례(2009다31970):
> 회원에게 비밀번호 누설에 아무런 과실이 없어야 보상이 되며, 과실 없음의 입증책임은 회원에게 있다.

2) 신용카드의 양도, 대여, 제3자 보관에 따른 부정사용

(1) 분쟁요지

甲은 본인의 신용카드를 친구에게 빌려주었으며 친구는 동 신용카드를 사용하던 중 분실하여 제3자에 의한 부정사용이 발생하였고, 이에 甲은 카드사에 부정사용금액 보상을 신청하였으나 거절당하자 금감원에 분쟁조정을 신청하였다.

(2) 처리결과

신용카드는 빌려주거나 양도 또는 담보목적 이용 불가하며, 타인에게 사용토록 허락한 것은 본인이 직접 사용한 것과 동일(타인은 회원의 배우자, 자녀 등 직계존비속도 포함)하고, 타인에게 속아 건네주어 부정사용된 경우도 회원 본인 책임이다.

3) 처가 남편 명의로 카드발급 후 사용

(1) 분쟁요지

처가 남편 모르게 남편의 사업자등록증과 주민등록증을 제시하여 남편 이름으로 신용카드를 발급받아 사용한 경우 남편의 카드대금 상환책임 여부(카드는 남편의 의복구입, 가족 회식비, 현금서비스 등 다양하게 사용하였으며, 카드대금결제계좌도 남편 명의 예금계좌)이다.

(2) 처리결과

판례는 부인이 남편의 이름으로 신용카드를 발급받아 사용한 행위에 대하여 일상가사대리 관련 민법 제827조를 불인정하고, 표현대리 성립도 불인정하였으며, 남편이 처의 무권대리행위를 추인하였다고 보기도 곤란하다고 판단하여, 카드사는 남편에게 카드대금 상환청구가 불가하다.

4) 미서명 신용카드 분실 후 부정사용
(1) 분쟁요지

甲은 신용카드 도난·분실 사실을 인지한 즉시 카드사에 신고하였는데, 이미 3백만 원이 부정 사용되어 甲은 동 부정사용금액의 보상을 신청하였으나, 카드사가 거절하자 분쟁조정 신청하였다.

(2) 처리결과

조사결과, 신용카드 뒷면에 회원의 서명이 누락된 것으로 확인되었고, 판례는 미서명 카드의 부정사용금액은 원칙적으로 회원이 부담한다고 판단하였다. 다만, 가맹점의 본인확인 소홀 정도에 따라 과실상계 가능하므로, 부정사용금액의 50%를 보상토록 조정하였다.

5) 분실신고 지체로 부정사용금액 발생
(1) 분쟁요지

甲은 송년회를 마치고 귀가도중 신용카드 도난·분실 사실을 인지하였으나, 술에 취해 즉시 신고하지 않고 다음날 오전 9시가 돼서야 카드사에 신고하였는데, 그동안 260만원의 부정사용금액 발생하여, 동 금액을 카드사에 보상 신청했으나 거절당했다.

(2) 처리결과

도난·분실사실 인지 후 정당한 사유 없이 신고지연 시 보상불가하며, 정당한 사유는 물리적으로 분실신고가 가능한지 여부이며, 신고지연과 부정사용의 인과관계 성립 시만 보상대상에서 제외된다. 카드사는 甲의 신고지체를 사유로 분실인지 이전 부정사용금액까지 보상을 거절했으나, 인지시점 이전 금액은 보상토록 조정하였다.

6) 위조 신용카드 부정사용 관련 회원 책임

(1) 분쟁요지

甲은 본인의 신용카드를 타인에게 양도하지 않았으나 타인이 甲의 신용카드 정보를 도용하여 4백만 원의 현금서비스를 받아 절취하는 사고가 발생하자 카드사에 동 금액에 대한 보상신청을 했으나 거절당하자 분쟁조정을 신청한다.

(2) 처리결과

약관상 위·변조카드로 부정사용 발생시 원칙적으로 카드사가 책임지나, 회원의 고의·중과실에 의해 비밀번호가 누설된 경우, 회원이 책임을 지게 된다. 수사결과, 甲이 물품대금 결제를 위해 카드를 점원에게 인도 시 점원이 카드정보를 빼내 카드를 위조하였고 비밀번호는 甲의 전화번호로 확인하였다. 위·변조 입증의 주체 및 입증 정도는 회원의 개연성이므로 카드사는 부정사용금액의 50%를 보상토록 조정하였다.

7) 미성년자의 부모 동의 없는 카드발급·사용

(1) 분쟁요지

18세인 甲은 부모의 동의 없이 신용카드를 발급받아 사용한 후 결제자금이 없어 연체가 발생하였고, 이후 부모는 카드발급 자체가 무효라며 분쟁조정을 신청하였다.

(2) 처리결과

규정상 만 18세 이상이고 소득이 있는 경우에 카드발급이 가능하며, 민법상 20세 미만 미성년자가 법률행위 시에는 법정대리인 동의가 필요하다. 미동의 시 취소 가능하며, 취소 시 처음부터 무효로 간주한다. 취소되더라도 받은 이익이 현존하는 한도에서 상환책임을 지며, 한편, 부모가 채무를 대신 갚을 법적 책임은 없다.

4 투자

1) 과다 일임매매 손해배상책임

(1) 분쟁요지

1998.12.08. 신청인은 ○○증권사(이하 "피신청인"이라 함)의 지점에 위탁계좌를 개설한 후 1999.04.29.까지는 본인이 직접 매매거래를 하였고, 04.30.에 남편과 함께 피신청인 지점에 방문하여 직원에게 남편과 협의하여 매매해 달라고 하였으며, 남편은 직원에게 알아서 매매해 달라고 하였다. 1999.04.30.~2000.03.21. 기간 중 신청인의 남편은 당해 지점에 상주하다시피 하였고, 동 기간 중 14,073,002원의 투자손실을 보았으며, 2000.03.22. 신청인이 피신청인의 지점에 방문하여 거래내역을 확인한 후 이날부터 본인이 직접 매매를 하였다. 이후 2000.06.16. 신청인은 1999.04.30.~2000.03.21. 기간 중의 매매에 대하여 피신청인에게 이의제기를 하였다.

(2) 처리결과(2000.11.28. 조정번호 제2000-52호)

본건의 쟁점은 신청인 계좌의 거래가 과다한 일임매매에 해당하는지 여부 및 그에 해당할 경우의 피신청인의 손해배상 범위이다.

① 1999.04.30.~2000.03.21. 기간 중 매매가 임의매매에 해당하는지 여부

신청인은 직원에게 남편과 협의해서 매매하라고 하였지 일임한 적은 없다고 주장하나, 아래와 같은 점에 비추어 보았을 때 상기 기간중의 매매는 일임매매라고 판단된다.

- 일임약정이 없다 할지라도 "알아서 매매해 달라"는 말 자체가 포괄적인 일임인 점.
- 신청인의 남편이 1999.04.30.~2000.03.21. 기간 중 지점에 상주하다시피 하였고, 동 기간 중 빈번한 입출금거래가 있었던 점.
- 상기 기간 중의 거래내역이 매월 발송되어 반송되지 않은 점.

② 1999.04.30.~2000.03.21. 기간 중 매매가 과다일임매매에 해당하는지 여부

본건의 경우 신청인의 남편은 증권투자경험이 전혀 없어 직원의 매매행태를 제대로 이해하였다고 보기 어렵고, 직원 또한 이러한 점을 알고 매매거래를 빈번하게 하였다고 판단되며, 동 기간 중 신청인 계좌에서의 매매거래내역을 살펴보면, 월평

균 매매회전율이 57.2회, 손해금액 대비 수수료비율이 599%, 미수금발생률이 327%에 이르는 등 피신청인의 직원은 신청인의 위임 본지를 벗어나서 과도하게 일임매매를 한 것으로 판단된다.

③ 손해배상금액의 산정기준

손해금액을 산정함에 있어서는 투자기간 중 주식시장의 전반적인 주가수준을 감안하여야 하나 당해 기간 중 종합주가지수는 752.59p에서 863.41p로 상승하였으므로 따로 손해금액에서 차감할 필요는 없다.

다만 신청인의 남편이 직원에게 매매거래를 포괄적으로 일임하고, 피신청인의 지점에서 1년 가까이 상주하다시피 하면서도 직원의 매매를 제지하지 아니한 사실이 인정되고, 신청인은 매매거래내역을 통지받은 후 충분하게 거래내역을 확인할 수 있었음에도 직원이 매매거래를 계속하도록 방치함으로써 손해금액이 확대되었는 바, 신청인에게는 자기재산 관리소홀에 따른 과실이 있으므로 이러한 과실을 참작하되 그 과실비율을 70%로 하여 손해금액을 책정함이 타당하다고 판단된다.

따라서 손해배상금액은 피신청인의 수탁수수료 수입을 한도로 하여 수탁수수료 84,319,730원과 70% 과실상계후의 손해금액 4,221,900원 중 적은 금액인 금 4,221,900원으로 정함이 타당한 것으로 판단된다.

피신청인의 직원에 의한 과다일임매매사실이 인정되므로 피신청인은 이로 인하여 신청인이 입은 손해액 중 금 4,221,900원을 지급하여야 한다.

2) 전산장애 손해배상액 산정기준

(1) 분쟁요지

2003.01.20. 신청인은 ○○증권회사(이하 "피신청인"이라 함)로 신청인 명의의 위탁계좌를 이관하고, HTS를 통하여 매매를 하여 왔다.

2003.05.28. 09:12경 피신청인의 DR센터 데이터 복제처리용 LHOB(라인핸들러) 프로그램 장애로 전산주문시스템의 메인센터 HOST 시스템 CPU(#4)에서 과부하가 발생하였다. 결국 이러한 장애는 전반적인 CPU 과부하로 이어져 코스닥주문프로세스 8개 중 4개 프로세스가 지연처리 되었으며, 이후 이에 따른 데이터 급증으로 인하여 피신청인 주문시스템 전체에 장애가 발생하여 모든 주문에 대한 처리업무가 마비되었고, 이러한 장애 상태는 10:03경까지 계속되었다. 위 장애발생 시간부터 종

료시까지 신청인은 아래와 같은 주문을 낸 사실이 있으며, 이 중 실제 전산장애 종료 후 당일 체결된 거래내역은 A기업 5,000주 매수로서 체결가는 1,660원였다.

표 4.6 장애발생 시간 중 신청인의 주문 현황

매 수				매 도			
시 간	종 목	수 량	가 격	시 간	종 목	수 량	가 격
09:16:59	A기업	2,000	1,660	09:14:28	D기업	200	23,450
09:18:32	B기업	2,000	13,050	09:32:18	E기업	100	71,200
09:20:30	B기업	2,000	12,900	09:34:24	E기업	100	71,200
09:25:11	A기업	2,000	1,670	09:41:44	F기업	200	130,000
09:27:34	A기업	2,000	1,680	09:50:18	G기업	500	16,450
09:30:35	A기업	2,000	1,670	10:03:50	H기업	250	16,450
09:38:57	C기업	100	44,650				
10:00:04	A기업	2,000	1,630				

(2) 처리결과(2003.10.07. 조정번호 제2003-48호)

본건에 있어서의 쟁점은 전산장애 시 매매주문 불이행에 따른 손해배상액 산정과 피신청인 내부 손실보상기준에 따른 손실액의 산정 그리고 양자의 관계 등이다.

① 전산장애 시 손해의 개념 및 배상액 산정

전산장애 시의 손해배상에 있어 손해란 결국 민법상의 채무불이행 내지는 불법행위손해에 따른 개념이라고 할 것이다. 이러한 손해배상의 범위에 있어 민법 제393조와 제763조는 통상의 손해를 그 한도로 하며, 특별손해의 경우에는 채무자나 가해자가 그 사정을 알았거나 알 수 있었던 경우에 한하여 배상한다고 규정하고 있다.

따라서 본건 전산장애 시 매수·매도주문의 불이행에 따른 통상손해는 전산장애가 없었더라면 체결될 수 있었던 매수·매도 호가임에도 전산장애로 인하여 동 주문이 증권거래소에 호가가 접수되지 못해 결국 전산장애가 종료한 후 다시 동종의 종목을 매수·매도하는데 지출된 추가적 비용이라고 할 것이다. 결국 전산장애상태에서의 손해배상이 이루어지기 위하여는 주문이 체결 가능한 호가이어야 하며, 장애 종료 후에 동일종목의 매도나 매수의 계속된 의사로 매도·매수주문을 하여 결과적으로 더 불

리한 가격에 주문이 체결됨으로써 고객이 추가적 비용을 지불하였어야 할 것이다.

나아가 전산장애가 없었다면 동 주식을 전매도·환매수 함으로써 얻을 수 있었던 이득 또는 전산장애가 발생하였어도 실제로 동 종목을 매수·매도한 사실이 없는 가운데 단순히 매수·매도하지 못한 주식의 가격이 유리하게 되었다고 하는 등의 기회비용 내지 손해는 특별한 사정으로 인한 손해라고 할 것이다[109].

원래 주식은 가격변동을 예견하는 일 자체가 매우 곤란한 것이어서 증권회사가 전산장애를 일으켰을 당시 그와 같은 특별한 사정을 알았거나 알 수 있었고, 또 고객이 주식의 가격이 올랐을 때 주식을 매도하여 그로 인한 이익을 확실히 취득할 수 있었던 경우에 한하여 고객은 그와 같이 오른 가격에 의한 손해배상을 청구할 수 있을 뿐이다.

신청인이 전산장애 시 낸 매수주문 중 A기업의 경우는 장애 종료 후 1,660원에 5천주가 체결되었는 바, 09:16:59, 09:25:11, 09:27:34, 09:30:35의 매수주문은 전산장애 종료 후의 체결가인 1,660원보다 같거나 불리한 주문으로서 신청인이 본 손해가 없으며, 10:00:04의 매수주문은 호가가 1,630원으로서 전산장애 종료 후의 체결가보다 유리하기는 하나, 동 종목의 주문체결내역을 보면, 1,630원은 당일 거래에서 그 체결가능성이 없는 것으로 밝혀져 손해가 없다고 할 것이다.

다음으로 F기업 매도주문의 경우 전산장애가 종료되고 난 다음 날에 매도가 된 사실은 있으나, 매도주문의 체결가가 130,000원 1백주, 130,500원 2백주, 131,500원 1백주, 132,500원 1백주로서 전산장애 시의 주문호가보다 같거나 유리하게 가격이 체결되어 손해가 없다고 할 것이다.

나아가 신청인이 전산장애 시 주문한 나머지 주식은 그 후 매매가 체결된 사실이 없어 통상손해는 없다 할 것이다. 결국 신청인은 전산장애 기간 중 가장 유리한 가격을 적용하여 손해를 배상하여야 한다거나 전매차익을 주장하는 것은 특별손해에 대해 그 배상을 요구하는 것이나, 단순히 체결 가능한 로그파일의 존재만으로는 특별손해를 인정하기 부족하고 달리 증거가 없는 이상 신청인의 이 부분 청구는 이유 없다고 할 것이다.

② 피신청인 손실보상기준에 따른 보상여부

가. 손실보상기준

위에서 본 피신청인의 손해배상책임과는 별도로 피신청인은 전자금융사고예방을 위해 금융감독원이 행정권고를 한 "전자금융거래 안전성제고를 위한 유의사항"에 따라 피신청인 스스로 별지목록 기재 보상기준을 정하여 고객의 손실을 전보하고 있다.

동 보상기준을 보면 신청인의 매도주문 중 체결이 가능하였던 종목에 대하여 전산장애가 종료한 이후의 가격을 비교하여 동 종목의 가격이 하락한 경우 그 차액을 보상하는 것으로 되어 있는 바, 아래와 같이 매도주문 중 체결 가능한 주문의 매도주문 가격에서 장애종료시점의 가격의 차에 주문수량을 곱한 금액인 170,000원이 보상액으로 산정된다고 할 것이다.

표 4.7 보상액 산정 내역

시 간	종 목	주문수량	주문가격	장애중고가	장애종료시가	보상금액
09:14:28	D기업	200	23,450	23,450	23,100	70,000
09:32:18	E기업	100	71,200	71,300	70,700	50,000
09:34:24	E기업	100	71,200	71,300	70,700	50,000
09:50:18	G기업	500	16,450	16,450	16,450	0
계						170,000

나. 손실보상기준과 손해배상액의 관계

피신청인의 손해배상책임과 위 손실보상기준에 따른 보상액의 관계에 있어서는 당 위원회의 조정기능을 감안하고 전자금융거래에 있어 안전성과 신뢰성을 확보하기 위한 금융회사의 주의를 촉구하는 의미에서 손해배상책임에 따른 손해배상액과 손실보상기준에 따른 보상액 중 그 액수가 많은 금액을 고객에게 지급함이 타당하다고 판단된다.

따라서 피신청인은 신청인에게 피신청인의 손실보상기준에 따른 금원을 지급할 책임이 있으며, 피신청인은 신청인에게 금 170,000원을 지급할 의무가 있다 할 것이므로 신청인의 이 부분 청구는 이유 있어 이를 인용하고 신청인의 나머지 청구는 이유 없어 이를 기각함이 타당하다.

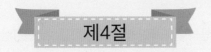

제4절

다양한 투자상품과 투자유의사항

1 펀드 불완전판매

1) 분쟁요지

2005.11.09. 신청인은 피신청인으로부터 "○○ Power Income 파생상품 투자신탁[110] 제1호"의 가입을 권유받고 '거래신청서'를 작성 제출하였으며, 2005.11.11. 50백만원을 입금한 후 통장[111]을 교부받았으며, 2008.09.05. 신청인은 상기의 금융상품을 중도 해지하였다[112].

2) 처리결과(2008.11.11. 조정번호 제2008-83호)

본건의 쟁점은 피신청인이 파생상품 판매시 고객에 대한 보호의무를 다하였는지 여부이다.

(1) 위법성 여부의 판단 기준에 관한 판례

대법원은 금융회사 권유행위의 위법성 여부 판단기준에 관하여 "증권회사의 임직원이 고객에게 적극적으로 투자를 권유하였으나 투자 결과 손실을 본 경우에 투자자에 대한 불법행위책임이 성립되기 위하여는, 이익보장 여부에 대한 적극적 기망행위의 존재까지 요구하는 것은 아니라 하더라도, 적어도 거래경위와 거래방법,

고객의 투자상황(재산상태, 연령, 사회적 경험 정도 등), 거래의 위험도 및 이에 관한 설명의 정도 등을 종합적으로 고려한 후, 당해 권유행위가 경험이 부족한 일반 투자가에게 거래행위에 필연적으로 수반되는 위험성에 관한 올바른 인식형성을 방해하거나 또는 고객의 투자상황에 비추어 과대한 위험성을 수반하는 거래를 적극적으로 권유한 경우에 해당하여, 결국 고객에 대한 보호의무를 저버려 위법성을 띤 행위인 것으로 평가될 수 있는 경우라야 한다."고 판시하고 있다[113].

(2) 위험성에 관한 올바른 인식형성의 방해 여부

다음과 같은 점을 종합적으로 고려할 때, "○○파워인컴 파생상품 투자신탁 제1호"를 권유한 피신청인의 행위는 경험이 부족한 신청인에게 거래행위에 필연적으로 수반되는 위험성에 관한 올바른 인식형성을 방해하였다고 판단된다.

피신청인은 Moody's의 등급은 오직 크레딧 리스크에만 초점을 맞추고 있을뿐, 투자자의 수익률에 현저한 영향을 끼칠 수 있는 그 이외의 리스크는 포함되어 있지 않고, 또한 Moody's 등급은 언제라도 변경 및 철회, 보류될 수 있다는 사실을 익히 알고 있었거나 알 수 있었음에도 불구하고(실제로 등급이 계속 하락하여 현재는 B3임), 피신청인은 이를 의도적으로 도외시 한 채 무디스의 등급(A3)이 확고불변의 진리인 양 과대포장하여 "대한민국 국가신용등급으로 국고채금리 + 1.2%의 수익추구", "매분기 고정금리 지급", "동일 만기의 시중 고금리 상품과의 비교(시중은행 후순위채, 국민주택 채권)" 등의 문구가 기재된 상품 안내장을 사용하여 "…… 투자되는 종목들이 국가신용등급과 같은 종목이어서 국채 부도확률과 같고 중도환매만 하지 않는다면 원금 손실은 없을 것 ……"라고 설명함으로써 신청인으로 하여금 본건 금융상품이 원금 손실의 위험성이 거의 없는 상품으로 오해하게 하였는데, 이는 허위표시 또는 중요한 사항에 대하여 오해를 유발할 수 있는 표시행위를 금지하고 있는 「간접투자자산운용업법」(이하 "간투법"이라 함) 제57조 제1항 제4호, 투자원금 손실가능성을 반영하지 아니한 단정적인 연수익률의 광고를 허용하지 아니하는 간투법 제59조 제2항 및 비교 광고 시 다른 자산운용회사 및 간접투자기구와의 비교만을 허용하고 있는 간투법 제59조 제2항을 위반한 것이고, 더욱이 이자라는 개념은 금전소비대차거래에 있어 금전의 사용대가를 말하는 것이어서 여·수신 거래에 국한하여 사용하여야 함에도 의도적으로 수익금이라는 표현 대신 이자, 금리, 고정금리라는 표현을 사용하여 설명하였고, 또한 3개월마다 수익금을 지급할 때에도 통장에 이자라는 단어를 印字함으로써 신청인으로 하여금 본건 금융상품을 정기예금 또는 이와 유사한 상품으로서 원금이 보장되는 것으로 오해하게 하였다.

간투법 제56조 제2항, 「표준판매행위준칙」 제13조 및 제14조에 따라 피신청인은 신청인에게 투자설명서를 제공하고, 그 주요 내용을 설명하여야 함에도 이를 위반하여 투자설명서를 제공하지 아니하였음은 물론, 본건 금융상품은 대부분의 자산을 장외파생상품에 투자하여 운용하는 펀드로 "위험 포트폴리오의 이벤트 수"(변동성이 큰 56종목의 주가가 각 종목별로 기준가 대비 65% 초과 하락한 횟수)에서 "보험 포트폴리오의 이벤트 수"(변동성이 작은 56종목의 주가가 각 종목별 기준가 대비 65% 초과 하락한 횟수)를 차감하여 산출되는 "펀드이벤트의 수치"가 58~90 사이일 때 투자원금의 일부가, 91 이상일 때 투자 원금의 전액이 손실된다는 사실을 전혀 설명하지 않았다.

(3) 과대한 위험성 거래를 적극적으로 권유하였는 지 여부

피신청인은 신청인이 가입 당시 나이가 58세(47년생)인 가정주부로 펀드가입 경험이 전혀 없고, 여유자금을 주로 정기예금 등으로 운용하는 보수적 투자성향을 갖고 있다는 사실을 알고 있었거나 알 수 있었음에도 상기와 같이 투자 원금의 전액이 손실될 가능성이 있는 본건 파생상품을 노후자금으로 운용하기에 적합하고, 고정금리에 3개월마다 이자가 지급되며, 안정성이 매우 높다는 식으로 적극적으로 권유하여 신청인으로 하여금 예금담보 대출을 받아 가입하게 한 사실이 인정된다.

(4) 손해배상책임 유무 및 그 범위

이상을 종합해 보면, 피신청인은 경험이 부족한 신청인에게 본건 금융상품 거래행위에 필연적으로 수반되는 위험성에 관한 올바른 인식형성을 방해하고, 신청인의 투자상황에 비추어 과대한 위험성을 수반하는 거래를 적극적으로 권유하는 등 신청인에 대한 보호의무를 이행하지 아니하여 불법행위 책임이 성립되는 바, 피신청인은 신청인이 입은 손해를 배상하여야 한다.

신청인의 손해금액은 가입금액(50백만원)에서 중도 해지 시 수령한 금액(28,074,500원)과 그동안 3개월마다 수령한 수익금(9,212,500원)을 차감한 금액인 12,713,000원이라 한다.

다만, 신청인은 ① "가입하신 투자신탁 상품은 은행예금이 아니며, 운용 실적에 따라 수익이 배분되는 실적배당상품으로서 투자원금의 손실이 발생할 수 있습니다"라고 기재되어 있는 「투자신탁상품 가입고객 확인서」상에 서명날인한 사실이 있는 점, ② 본건 통장의 기재 내용을 보면, 상품명란에 "수익증권(○○ 파워인컴 파생상품투자신탁)"이, 그 하단에는 "펀드종류 : 파생상품형" 등이 기재되어 있는 점, ③ 피신청인이 6년 만기 이전에 해지하는 경우 환매수수료가 발생한다고 설명한 사실이 있는 점 등을 고려할 때, 신청인은 본건 금융상품이 정기예금과는 다른 상품인 것을 인식하였거나 인식할 수 있었음에도 적극적으로 상품 내용을 알려고 하지 아니한 잘못이 있는 점 등을 참작하여 피신청인의 책임 비율을 50%로 제한하는 것이 타당하다.

피신청인은 신청인의 손해금액 12,713,000원중 50%에 해당하는 금액 6,356,500원을 배상할 책임이 있어 이를 인용하고, 신청인의 나머지 청구는 이유없어 기각한다.

2 중도상환에 대한 설명의무

1) 분쟁요지

신청인은 피신청인이 송부한 "파생결합증권(DLS) 제9호"[114] 안내메일을 받고 2007.06.12. 피신청인 강남지점을 방문하여 직원 A씨(이하 "담당직원"이라 함)와 상담 후 1천만원을 동 상품에 투자하였으며, 신청인은 가입 당시 「핵심설명서」와 「상품안내서」를 수령하고 「설명서교부 및 주요내용 설명확인서」에 자필서명하였다.

2007.09.13. 신청인은 유선상 담당직원에게 HTS 화면의 DLS 평가금액과 관련된 문의를 하였는 바, 실제 중도상환 시 지급금액은 평가금액에 중도상환수수료(6%)를 부과하여 산정함에도 불구하고 담당직원은 평가금액은 의미가 없으며, 중도상환 시 원금에 중도상환수수료가 적용된다는 취지로 안내하였다.

피신청인은 2008.06.02. 기초자산(니켈)가격이 하락하여 하방배리어에 도달하자(2008.05.29. 최초기준가격 대비 55% 하락), 신청인에게 본건 상품이 원금손실조건에 해당함을 통지하면서 주의사항으로 총 평가금액의 6%가 환매수수료로 청구됨을 안내하였고, 신청인은 이에 유선상 항의한 이후, 2008.06.18. 만기에 5,958,014원을 수령하였다.

2) 처리결과(2008.11.11. 조정번호 제2008-87호)

본건의 쟁점은 파생결합증권 중도상환에 관한 설명잘못 등 고객보호의무 위반으로 인한 손해배상 책임의 인정여부이다.

(1) 고객보호의무 위반으로 인한 손해배상책임 성립여부

증권회사 직원은 고객에게 상품을 판매하는 경우 투자에 따른 위험을 포함하여 당해 상품의 특성과 주요 내용을 설명함으로써 고객이 그 정보를 바탕으로 합리적인 투자판단을 할 수 있도록 고객을 보호하여야 할 주의의무가 있고, 중요한 사항에 관하여 올바른 인식형성을 방해하는 경우 고객보호의무를 위반한 것이다.

2007.09.13.자 녹취록에 의하면 담당직원은 신청인과의 유선통화과정에서 평가금액은 의미가 없고, 중도상환 시 원금에 6%가 환매수수료로 적용(940만원 상당의 상환금액)되는 것으로 오인될 수 있는 표현을 사용하고 있다.

비록 상품판매 시 상품설명서에 중도상환에 대한 정확한 내용이 적시되어 있다거나, 담당직원의 의사를 DLS의 경우 평가금액의 등락 보다는 상환조건의 충족여부에 관심을 가질 것을 강조하는 취지로 진술한 것이라고 해석한다고 하더라도, 중도상환에 관한 정확한 내용은 신청인의 중도상환여부결정 등 투자판단에 있어서 중요한 사항으로 볼 수 있고, 담당직원의 잘못된 설명으로 신청인은 최종 중도상환 가능일인 2008.06.02.까지 중도상환을 통하여 940만원 상당을 상환받을 수 있는 것으로 오인하여 중도상환 기회를 상실하였다고 볼 수 있고, 2008.06.02. 피신청인으로부터 "원금손실조건 해당 안내"를 받고서야 정확한 내용을 알게 되어 중도상환을 할 수 없었다고 볼 수 있으므로 피신청인은 이에 대한 책임이 있다.

(2) 손해배상액 산정

신청인의 손해금액은 가입 시 입금액 1,000만원에서 만기시 출금액 5,958,014원을 차감한 4,041,986원이라 할 것이다. 다만, 신청인은 주식투자경험이 있으며, 사전에 상품 안내메일을 받고 내점하여 상품에 가입한 점, 본건 DLS 상품과 손익구조 등이 유사한 ELS에 가입한 경험이 있는 점, "설명서 교부 및 주요내용 설명 확인서"에 자필서명하고 있는 점, 상품설명서를 검토하였다면 중도상환 내용에 대해서 충분히 알 수 있었음에도 이를 확인하지 아니한 점, 담당직원과 유선통화 이후에도 평가금액을 확인을 하고 있으며, 다소 리스크를 감소하더라도 높은 수익을 얻고자 투자를 하였고, 조건성취 여부를 고려하여 중도상환을 신청하지 아니한 것으로 보이는 등 투자수익을 중시하고 있으면서도 자기재산관리를 소홀히 한 책임 등을 고려하여, 70%의 과실상계를 함이 타당하다.

피신청인은 신청인에게 손해금액 4,041,986원에서 신청인의 과실 70%를 상계한 나머지 금액 1,212,596원을 배상할 책임이 있어 이를 인용하고, 신청인의 나머지 청구는 이유 없어 기각한다.

3 ELS 연계종목의 주가 영향거래

ELS와 관련하여 해당 ELS를 발행한 증권회사가 자신의 투자위험 관리를 위해 ELS 연계종목의 주가에 영향을 미칠 수 있는 거래를 하여 금융소비자에게 손해가 발행한 경우, 금융회사의 행위는 정당한지에 대한 판례이다.

1) 쟁점

자본시장과 금융투자업에 관한 법률 제178조에서 금지하고 있는 부정행위에 해당하는지 판단하는 기준 / 특정 시점의 기초자산 가격 등에 따라 권리행사 또는 조건성취 여부가 결정되거나 금전 등이 결제되는 구조로 되어 있는 금융투자상품의 경우, 사회통념상 부정하다고 인정되는 수단 등을 사용하여 한 권리행사나 조건성취에 영향을 주는 행위가 자본시장과 금융투자업에 관한 법률 제178조 제1항 제1호를 위반한 부정행위에 해당하는지 여부(적극) 및 위반행위로 인하여 손해를 입은 투자자가 부정거래행위자에 대하여 자본시장과 금융투자업에 관한 법률 제179조 제1항에 따라 손해배상을 청구할 수 있는지 여부(적극) 등이다.

2) 판결내용(대법원 2015.04.09. 자 2013마1052 결정)

어느 행위가 금융투자상품의 거래와 관련하여 자본시장과 금융투자업에 관한 법률(이하 '자본시장법'이라 한다) 제178조에서 금지하고 있는 부정행위에 해당하는지 여부는, 해당 금융투자상품의 구조와 거래방식 및 거래경위, 금융투자상품이 거래되는 시장의 특성, 금융투자상품으로부터 발생하는 투자자의 권리·의무 및 종료 시기, 투자자와 행위자의 관계, 행위 전후의 제반 사정 등을 종합적으로 고려하여 판단하여야 한다. 따라서 특정 시점의 기초자산 가격 또는 그와 관련된 수치에 따라 권리행사 또는 조건성취의 여부가 결정되거나 금전 등이 결제되는 구조로 되어 있는 금융투자상품의 경우에 사회통념상 부정하다고 인정되는 수단이나 기교 등을 사용하여 금융투자상품에서 정한 권리행사나 조건성취에 영향을 주는 행위를 하였다면, 이는 금융투자상품의 거래와 관련하여 부정행위를 한 것으로서 자본시장법 제178조 제1항 제1호를 위반한 행위에 해당하고, 위반행위로 인하여 금융투자상품 투자자의 권리·의무의 내용이 변경되거나 결제되는 금액이 달라져 투자자가 손해를 입었다면 투자자는 부정거래행위자에 대하여 자본시장법 제179조 제1항에 따라 손해배상을 청구할 수 있다.

4 ELS 자체 헤지

1) 사실관계

총 265명의 투자자들은 A증권이 삼성 SDI 보통주를 기초자산으로 하여 2005년 3월 16일에 발행한 "제195회 A증권 공모 ELS 삼성 SDI 신조기상환형"을 청약을 하여 총 121.3억을 매입하였다. 종목형 ELS의 기준가격은 발행일로부터 4개월, 8개월, 12개월, 16개월, 20개월, 24개월, 28개월, 32개월 시점의 기초자산인 삼성 SDI 보통주의 종가였다. 의무중도상환조건은 첫째, 중간평가가격이 기준가격보다 크거나 같을 경우 둘째, 기준가격 결정일 익일부터 최종 중간평가일까지 기초자산의 가격(장중가 포함)이 한번이라도 기준가격 대비 10%이상 상승한 경우였다. 이 ELS는 중간평가일의 가격이 기준가격보다 높을 경우 4개월 단위로 3%의 수익을 받는 상환조건이 있는 상품이었다.

A증권 OTC 파생상품부 직원이 회사의 상품계좌[115]를 통하여 조기상환 평가일인 2005년 11월 16일에 기초주식인 삼성SDI 보통주를 한국거래소 접속매매시간에 12,190주, 종가결정시간에 86,000주 등 총 98,190주를 집중 매도하였다. 단일가로 체결되는 종가결정시간(14:50~15:00)에 예상 체결가와 대비하여 현저하게 저가(500~2,000원을 차감한 가격) 또는 직전가격인 109,000원보다 훨씬 낮은 저가(500~1,500원을 차감한 가격)로 9회에 걸쳐 집중적으로 134,000주의 매도 주문을 내어 86,000주를 체결시켰다. 결과적으로 해당 종목의 종가는 직전 체결가인 109,000원 대비

1,000원 하락하여 108,000원으로 마감되었다. 2005년 11월 16일 삼성 SDI 보통주의 시세하락으로 결국 동사가 발행한 ELS의 자동조기상환이 무산되어 ELS 투자자들에게 금전적인 손해가 발생하였지만 투자자들은 내용을 몰랐다.

마침내, B증권이 발행한 ELS에 대한 백투백 헤지사인 C은행의 기초주식 종가 관여가 사회적인 이슈가 된 후 한국거래소 시장감시위원회는 A증권의 불법행위를 감리한 후 제재금을 부과하였다. 감리결과 발표 후 투자자들은 A증권을 상대로 개별적으로 소송을 제기하였다.

2) 1심 판결
(1) 투자자 패소판결
서울중앙지방법원은 "중도상환의 조건은 그 성격상 해제조건에 해당되며, 중도 상환의 조건성취와 만기상환은 그 법률효과에 있어서 양립할 수 없다."고 판단했다. 결론적으로 법원은 조건성취 방해행위 여부를 다루기 전에 원고들인 투자자들이 만 기일인 2008년 3월 19일에 만기상환금이나 재매입금을 수령하였으므로 A증권과의 법률관계는 이미 종료되었다고 판시하였다[116].

(2) 투자자 승소판결
또 다른 판결에서 서울중앙지방법원은 A증권이 신의성실원칙상의 주의의무가 있으며, 기초주식에 대한 대량매도행위는 신의성실에 반하는 행위로 보았다. 재판 부는 델타헤지행위도 기초자산의 공정한 가격형성에 영향을 주거나 투자자의 이익 과 신뢰를 부당하게 훼손하지 않는 범위 내에서 이루어져야 하며, 헤지와 관련된 투 자자 공시도 제대로 되어 있지 않다고 보았다[117].

(3) 시사점 및 문제점
1심 재판부들은 원고들이 만기상환금이나 재매입금을 받은 부분에 대하여 법 률관계가 종료된 것으로 보는 견해와 만기상환이나 재매입 전에 A증권의 신의성실 에 반하는 중도상환 조건성취의 방해행위가 있었으므로 만기상환금이나 재매입금 을 수령한 이후라도 중도상환조건이 그 이전에 성취되었다고 보는 견해로 나뉜다. 1심들은 본 사건이 자본시장에서 이루어졌음에도 불구하고 민법의 신의성실원칙에 절대적으로 의존하는 모양을 보이고 있다. 또한 사업설명서의 공시 문구에 대하여 투자자들에게 헤지거래에 대한 추상적인 문구만 언급이 되었다는 점과 증권사와 투자자와의 관계가 이해상충이 생길 수 밖에 없다는 점을 도출하였다. 그러나 금융투자회사의 신인의무까지로 나아가지 못했다. 금융투자회사와 투자자와의 이해관계 대립에 대해서 언급한 법원이 조금 더 심층적으로 이해상충의 문제를 접근하지 못한 점이 아쉽다.

3) 2심 판결
(1) 투자자 패소판결
서울고등법원의 한 재판부는 델타헤지에 대한 투자자 사전 고지와 관련하여 1심에서 미흡하다고 본 것과는 다르게 투자자에게 제대로 안내하였다고 판단하였다. 또한 만기상환금이나 재매입금을 수령함으로 법률관계가 종료되었는지에 대하여 법원은 법률관계가 종료되지 않았다고 보았다. 그러나 A증권사의 행위를 고의로 위계를 쓴 사기적 부정거래행위로 보지 않았다[118]. 동 법원의 다른 재판부는 델타헤지의 적정성 및 투자자에 대한 사전 고지 등을 검토하여 A증권의 행위를 고의로 위계를 쓴 사기적 부정거래행위에 해당하지 않는다고 보았다[119].

(2) 시사점 및 문제점
파생상품전문가들이 서울고등법원의 재판들에 참가하여 델타헤지의 정당성에 대하여 논쟁을 벌였다. 델타헤지의 정당성에 재판의 초점이 맞추어지다 보니 재판부는 이해상충상황과 투자자에 대한 공시 등의 문제에 대해서 소홀히 판단하게 되었다. 따라서 금융투자업자의 투자자보호와 의무를 간과한 측면이 있었다.

법원은 A증권의 행위를 델타헤지의 기본원리에 정확하게 부합한다고 평가하기는 어려워 보이지만 그렇다고 A증권이 수행하여 온 헤지거래가 델타헤지에 부합하지 않는다고 단정하기는 어렵다는 식의 논리성이 미흡한 판단[120]을 내렸다. 또한 재판부는 헤지거래에 대한 추상적인 사업설명서의 내용만을 가지고 투자자에게 제대로 공시가 되었다고 판단하였다. 무엇보다도 금융기관의 헤지방법 중의 하나인 델타헤지기법을 법령상 강제되는 헤지거래라고 판단하여 법령의 해석에 문제점을 보였다.

4) 대법원 최초 판결

1심에서 원고 패소[121] 및 일부 승소한 판결[122]들이 2012년 12월 14일 2심에서 동시에 항소기각[123]과 원고패소[124]판결로 결론 났다. 이에 투자자들은 대법원에 상고하였다. 2015년 5월 14일 대법원은 두 건의 ELS상고심에 대하여 최초로 판결하였다[125]. 판결은 투자자인 원고에게 유리하였다. 비록 구 증권거래법이 적용된 판결이지만 ELS소송에 있어서 공정대우의 원칙과 신의성실의 원칙을 제시한 최초의 대법원 판결로서 의미가 있다[126].

대법원은 "민법 또는 구 증권거래법 규정취지에 비추어 볼 때, 증권회사는 고객과 거래를 함에 있어 투자자의 신뢰를 저버리는 내용 또는 방법으로 권리를 행사하거나 의무를 이행하여 투자자의 보호나 거래의 공정을 저해하여서는 안 된다."[127]고 판단하여 원심판결을 파기하였다. 대법원은 델타헤지거래를 정당한 헤지거래로 보았지만 투자자의 신뢰를 저버리지 않는 범위에서 가능하다는 한계점을 분명히 제시하였다[128].

대법원은 투자자와 이해가 상충하지 않도록 노력해야 하며 이해 상충이 불가피할 경우에는 투자자의 이익을 보호하여야 하는 것으로 판시하였다. 그러므로 대법원은 "ELS를 발행한 경우 증권회사가 위험회피거래를 한다고 하여도, 약정 평가기준일의 기초자산 또는 지수에 따라 투자자와의 사이에서 이해가 상충하는 때에는 합리적으로 거래하여야 하며, 그 과정에서 기초자산의 공정한 가격형성에 영향을 끼쳐 조건성취를 방해함으로써 투자자의 이익과 신뢰를 훼손하는 행위를 하여서는 안 된다."[129]고 판시하였다. 이로써 대법원은 기준가격이상의 호가를 제시하여야 하는 기준을 제시한 것이다[130].

대법원은 이 판결에 대하여 "증권회사와 투자자의 이해관계가 서로 충돌하는 경우 증권회사는 투자자의 이익을 우선하여야 할 의무가 있음을 최초로 선언하여 투자자를 보호하고 자본시장의 공정성과 신뢰성을 높이고자 하였다."[131]고 자체적으로 평가하고 있다. 더 나아가 이 판결에 대하여 증권회사에 대해 충실의무자의 지위를 명시적으로 규정하지 않았음에도 불구하고 투자자와의 이해상충상황에서 신의칙에 의거 신인의무를 인정한 것으로 보는 견해도 있다.[132]

대법원 판결과 해당 헤지 담당 직원의 형사유죄판결[133]에도 불구하고 A증권은 자발적으로 모든 투자자[134]에게 일괄보상하지 않았다. 따라서 투자자들은 개별적으로 별도의 소송을 제기하여 배상을 받아야 했다[135]. 2016년 대법원은 A증권이 소송 대상인 동일 사안의 추가적인 소송들에 대하여 기각 또는 승소확정판결을 내렸다. 2013년 중에 1심과 2심에서 투자자가 승소하여 A증권이 대법원에 상고한 사건에 대하여 2016년 2월 18일에 심리 불속행 기각[136]판결을 내렸다.

5) 대법원판결의 문제점
(1) 민법상 신의성실원칙 적용의 한계성
대법원은 민법상 신의성실원칙(민법 제2조)과 조건 성취에 대한 신의칙 위반(민법 제150조 제1항)을 근거규정으로 하였다[137]. 비록 구 증권거래법[138]이 적용된 사례이지만, 이제는 자본시장법이 적용되고 있고 자본시장에서 이해상충상황에 대하여 민법상의 신의성실원칙을 계속 적용하기는 다음과 같은 어려움이 있다.

첫째, 금융투자업자는 개인과 개인 간의 일대일의 계약관계라기 보다는 불특정 다수인을 대상으로 그들의 금융자산에 대하여 관리 및 처분 등의 업무를 수행한다. 따라서 자본시장의 경우 일대일의 관계를 상정하여 규정한 민법상의 신의성실의무를 자본시장의 거래행위에 적용하기에는 적합하지 않다[139]. 따라서 민법의 신의성실의 논리로 이 문제를 해결하는 방법은 왠지 궁색해 보이고, 자본시장을 규제하는 법률이 미흡한 점을 나타내 준다[140].

둘째, 비대면 채널을 통한 거래관계에 대해 민법상 위임의 법리를 적용하기에는 어려움이 있다. 자본시장의 거래는 많은 경우 비대면 채널에서 계약이 이루어진다. 개인 간에 면전에서 만나서 대면계약을 체결하는 것을 상정한 민법의 논리와는 다른 현상이다. 따라서 민법의 논리를 가져오는 것은 자본시장의 특수성을 감안하지 않는 것이고 HTS(Home Trading System) 등을 통한 비대면 채널 거래가 점점 더 비중이 높아진 상황을 고려하여야 한다.

셋째, ELS 판매행위는 자본시장법상 금융투자업자가 행하는 투자매매업과 투자중개업에 해당된다. 금융투자회사가 자체 헤지를 하거나 백투백 헤지를 하여 자기의 명의로 ELS를 발행하여 투자자가 청약하는 경우에는 투자매매업자에 해당한다. 금융투자회사가 ELF를 투자자에게 판매하는 경우에는 투자중개업자에 해당한다. ELS판매에 적용되는 법규는 특별법인 자본시장법이 원칙이다.

넷째, 금융상품과 투자자에 대한 자료를 금융투자업자가 대부분 가지고 있음에도 불구하고 실제소송에서 투자자에게 증명책임을 부과하는 것은 금융투자업의 현실을 감안하지 않은 현상이다[141].

자본시장에서 발생한 사건에 대한 해석론은 두 가지가 있을 수 있다. 첫째, 자본시장법이 명료하지 않는 경우 상법의 위탁매매업 규정이 적용하고, 상법의 위탁매매업의 내용이 명료하지 않는 경우에만 민법의 규정을 적용하는 것이다. 둘째, 자본시장의 특수성을 감안하여 자본시장법의 규정을 유추 해석하는 것이다. 자본시장의 특수성과 변화무쌍함을 반영하여 이제는 자본시장법을 유추 해석하는 방법이 적절한 것으로 판단된다. 법원도 법의 해석과 판단에 있어서 자구의 해석에 얽매이지 말고 사회 경제적인 측면에서 전체적인 시각으로 판단하여야 한다[142]. 2003년 질권확인소송에서 수탁자의 충실의무는 신탁법에 명문의 규정이 없었지만[143] 신탁법상 인정된다고 대법원이 적극적으로 판결[144]한 경우도 있다. 통상적으로 법원은 법률의 흠결이 있는 경우 대륙법계의 전통대로 민법 제2조의 신의성실원칙의 도움을 받아 간접적으로 해결한다. 그러나 이 경우는 영미법 판례와 유사하게 법원이 법률의 흠결을 보충하기 위하여 법형성적 기능을 발휘하였다고 평가된다.

(2) 고객보호의무의 논거로서의 신인의무

법원의 판결에서는 투자자의 피해를 회복하는 근거로써 고객보호의무를 언급하고 있다. 증권거래법 및 증권투자신탁업법과 관련된 판례를 살펴보면 1994년부터 독특하게[145] 나타나고 있는 고객보호의무가 있다. 그러나 판례에서 인정하는 고객보호의무의 의미와 근거를 이해하기는 쉽지 않다[146].

고객보호의무는 민법상 일반적으로 인정되는 보호의무라기 보다는 금융기관의 민법상 부수적 주의의무이며[147], 계약의 준비·교섭단계, 계약성립 후의 이행단계 및 계약종료 후의 단계까지의 계약관련 모든 단계에 적용된다[148]. 판례는 고객보호의무를 "계약에서 직접 도출되는 주된 의무가 아니고 신의칙상의 부수적 의무"[149]로 설명한다.

고객보호의무는 금융기관에 대한 고객들의 오랜 기간 동안의 신뢰를 기반으로 한 신의칙의 부수의무이다. 이 의무는 영미법의 신인의무와 많은 유사점을 가진다. 고객보호법리는 일견 미국의 1943년 Charles Hughes & Co. Inc. v SEC 사건[150]에서 증권업자가 대중을 상대로 간판을 달았을 때에는 고객에 대하여 공정하게 업무를 수행하겠다는 방침을 묵시적인 표시를 한 것으로 보는 간판이론(Shingle Theory)[151]을 수용한 것으로 보인다.

고객보호의무는 다음과 같은 문제점을 내포하고 있다. 첫째, 판례가 고객보호
의무, 선량한 관리자의 주의의무, 충실의무 등 성격이 다른 이 의무들을 혼용하여
두리뭉실하게 같이 사용하는 문제점이 있다. 둘째, 판례상의 이 법리는 그 본질이
금융기관의 신인의무이므로 영미법과 같이 신탁의 법리로부터 접근하고 해결하여
야 했는데, 대륙법계의 영향으로 인하여 위임과 신의성실의 원칙으로 접근[152]하여
해결하고자 하였다. 판례에서 보는 바와 같이 이 법리의 결과물은 신인의무의 결과
물과 거의 유사하다. 형평을 맞추어야 한다는 이론적 근거, 고객과 금융기관의·오
래된 관계, 고객에게 요구되는 금융기관의 도덕성과 전문성 등이 비슷하다. 고객의
기대와 신뢰성이 높고, 이익충돌가능성도 높으며, 고객으로부터 재량권을 받고 있
으며 금융기관에 대한 고객의 의존성과 취약성이 높은 부분도 유사하다. 특히, 가
장 유사한 점들은 법률의 흠결로 인하여 법률 창설적 기능이 있고 개방성과 확장성
이 있다는 것이다. 다만, 증명책임의 문제와 징벌적 손해배상측면에서는 양 법리는
다소 차이점을 보인다. 셋째, 이 법리의 경우 신의칙을 활용하여 지나치게 확장하여
법률관계를 창설하는 것이 문제이다. 대륙법계의 문제점이기도 하지만 신의칙이 만
능기능을 할 수 있다는 점이다.

고객보호의무는 자신이 결정한 바에 대하여 자기가 책임진다는 자기책임원칙
이 지배하는 증권거래에 있어서 증권회사의 부당한 투자권유로 인하여 투자자의 자
기책임원칙이 손상을 받을 때 발생하는 의무이다[153]. 이 원리는 고객과 금융기관 간
의 정보 및 정보처리능력의 격차에 대하여 법원이 형평의 논리로써 적용하는 법리
이다[154]. 그러나 고객보호의무법리는 설명과 이해하기가 어렵고, 적용 후의 결과물
을 보면 영미법상의 신인의무와 너무 유사하다. 그리고 판례에서 차이가 있는 고객
보호의무, 선관주의의무와 충실의무를 구별하지 않고 혼용하여 사용하므로 어려움
이 많다. 따라서 이 법리를 자본시장법에서 보다 명료화하는 작업이 필요하다. 이는
궁극적으로 신인의무를 더 구체적으로 명문화하는 작업이다[155].

(3) 이해상충에 대한 근본적인 해결 미흡

구 증권거래법이 적용된 사안에서 A증권은 내부통제시스템에 의해 이해상충을
감지한 후 그 이해상충현상을 피하려는 노력을 하지 않았다. 오히려 적극적으로 이
해상충상황에서 본인의 이익을 추구하는 행위를 하였다. A증권은 총 5회의 74,000

주 매도주문의 대부분을 조기상환평가가격 이하로 제출하여 삼성 SDI 보통주의 시세를 조기상환평가가격 이하로 고정·하락시키는 결과를 초래하였다. 이런 행위를 과실이라고 할 수 없다. 이것은 당해 금융투자회사가 기초주식의 가격이 하락된다는 사실을 인지하고 고의 또는 미필적 고의를 가지고 대량매도하는 행위에 해당한다[156].

대법원이 적용한 민법 제150조 제1항의 경우 조건의 성취로 인하여 불이익을 받을 당사자가 신의성실에 반하여 조건의 성취를 방해하여야 한다. A증권이 이해상충인 상황에서 최소한 미필적 고의를 가지고 한 행위이므로 제150조를 적용하기 어렵다는 견해도 있다[157]. 특히 A증권의 경우 2005년 10말 기준으로 ELS를 자체 헤지하면서 117.5억의 누적 운용손실을 기록하고 있었으며, 트레이드의 성과보수는 운용이익에 연동되므로 헤지 운용손실의 확대를 막고 성과보수를 받기 위해 이러한 대량매도행위를 했을 가능성이 있다[158].

(4) 백투백 헤지 회사의 책임 문제

백투백 헤지사가 자동조기상환 및 만기상환의 평가일에 기초주식을 이상 대량 매도하여 투자자에게 손해를 끼친 경우 정작 ELS를 고객에게 판매한 발행사는 백투백 헤지사의 불법행위에 대해 어떠한 연대책임도 없다. 그런데 투자자의 측면에서 보면, ELS를 발행한 금융투자회사의 신용을 보고 투자하는 것이고, 백투백 헤지는 발행사와 백투백 헤지사와의 거래에 불과하다. 그런데 발행사인 금융투자회사로부터 백투백 헤지를 받은 금융사가 만기상환일에 기초주식에 대해 이상대량매도를 하는 경우 자본시장법상 발행사는 책임이 없고 백투백 헤지사만 시세조종으로 처벌할 수 있을 뿐이다. 백투백 헤지사가 종가를 관여하는 불법행위를 하는 경우 발행사는 아무 책임도 지지 않는다는 사실을 쉽게 납득할 수 없을 것이다. 발행사와 백투백 헤지사간에 미국법원이 인정하고 있는 scheme liability(위계에 의한 책임 내지 공모가담 책임)을 검토해 볼 수도 있을 것이다.

(5) 시사점

구 증권거래법이 적용된 A증권 소송에 있어서(현재 자본시장법에서도 동일하겠지만) 민법의 "신의성실" 문구가 명시적으로 규정되고 실무에서 거의 사용하지 않던 민법 제150조 반 신의행위[159]에 의존할 수밖에 없는 궁색함을 보여 주었다. 그리고 대법원 판결에서는 투자권유행위에 적용하던 고객보호법리의 범위를 확장시켰다.

원고는 증명책임의 부담 및 과실상계의 위험성 등으로 민법의 신의성실논리를 주장하였다. 원고의 주장에 대하여 대법원은 민법의 근거로 판시하였다. 그러나 자본시장에서 발생한 사안에 대하여 사인간의 거래에 적용되는 민법을 판결의 직접적인 근거규정으로 삼는다는 것은 문제가 있다. 만약 금융투자업자에게 고객과의 거래관계에서 자연적으로 발생하는 신인의무를 인정한다면 굳이 민법의 원칙을 차용할 필요가 없다고 본다. 또한 신인의무위반의 경우 증명책임이 전환되고 손해배상액도 추정되므로 투자자에게 유리하였을 것이다[160].

대법원의 고객보호법리는 신인관계라는 용어를 직접 사용하지 않았지만, 계약, 법률 또는 지속적인 거래의 반복으로 인하여 금융기관과 고객 간에 신인관계가 형성되고 금융기관이 이 신인관계에 위배되는 이해상충행위를 하는 경우에 인정하는 것으로 판단[161]되므로 약간의 차이점은 있지만 "한국판 신인의무"라고 생각된다.

이해상충상황에 대한 근본적인 해결, 증명책임의 부담 및 손해배상의 범위 등을 한꺼번에 해결하고 고객보호의무 법리를 자본시장법에서 보다 명료화하는 작업의 일환으로서, 지금은 신인의무를 보다 더 구체적으로 도입하는 제도적 결단을 모색하여야 할 시점이다.

금융소비자보호 실태평가 및 미스터리 쇼핑은 금융회사의 절대적인 금융소비자보호 수준을 파악함은 물론 금융회사 간 비교평가를 통해 보다 양질의 금융서비스가 제공될 수 있도록 시장 경쟁을 통한 개선을 유도하기 위한 장치이다. 금융소비자에게는 금융회사 서비스 비교를 통해 선택에 참고할 수 있는 유용한 정보를 제공하고 금융회사에게는 스스로 소비자보호에 대한 필요성을 인식하여 관련 시스템을 개선하도록 유도하는 장치로 운영되고 있다.

제5장

금융소비자보호 리스크
관리 및 평가제도

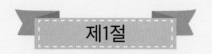

제1절

금융소비자보호 리스크의 관리

1 | 금융소비자 리스크의 개요
2 | 해외 사례

1 금융소비자 리스크의 개요

1) 정의

금융소비자 리스크는 금융회사가 소비자관련법, 규정, 또는 내부절차 등을 이행하지 않아, 법률·감독제재, 금전손실, 소비자 위해(危害), 평판악화 등을 발생시키는 리스크[162·163]를 말한다. 금융소비자리스크는 금융회사가 영업활동 등으로 소비자에게 해를 끼치는 활동 등의 억제 또는 통제가 불충분할 경우 발생한다. 금융소비자리스크는 특성상 계량화하기 곤란한 면이 있어 정성적인 평가비중이 높으며, 소비자리스크 측정을 위해서는 주로 소비자보호조직 및 관리실태, 평판, 민원증감률, 소송 연루, 법규위반 정도 등을 점검한다.

2) 금융소비자 리스크 관리 프로세스

금융소비자 리스크는 리스크 인식(Identification), 평가(Assessment), 모니터링(Monitoring) 및 통제활동(Control Activities) 등으로 관리한다.

(1) 리스크 인식(Risk Identification)

소비자에 영향을 미치는 경영자의 의사결정, 임직원의 행동, 운영 프로세스 등

리스크 발생원천에 대해 파악하여, 리스크를 발생시킬 수 있는 대내외적 요인들을 인식한다.

(2) 리스크 평가(Risk Assessment)

잠재적인 리스크가 금융회사에 어느 정도 영향을 미치게 될 것인가를 측정하는 리스크 평가방법은 일반적으로 정량적(Quantitative) 기법과 정성적(Qualitative) 기법으로 구분한다. 소비자에게 위해를 줄 가능성과 파급 효과의 심각성 등의 측면에서 리스크의 영향력을 평가하여, 민원 등 일련의 리스크 요인들에 대해 발생빈도(Frequency), 심각성(Severity), 통제가능성(Probability of Control) 등을 종합적으로 평가하여 점수화한다.

(3) 모니터링(Monitoring)

소비자리스크를 관리하는 각 요소들이 효과적으로 작동되는가를 관찰, 평가하는 것이며, 지속적인 평가(Ongoing activities) 또는 개별평가(Separate evaluation)의 형태로 수행한다.

(4) 통제활동(Control Activities)

소비자에 대한 리스크 관리가 효과적으로 작동되도록 하기 위한 정책(Policy)과 절차(Procedure)를 의미하며, 금융회사 모든 조직 내에서 이루어지는 활동이다.

3) 기대효과

금융소비자 리스크 관리 프로세스는 금융회사의 소비자보호와 관련된 시스템 및 프로세스 등을 리스크관리 관점을 통해 종합적으로 평가함으로써, 금융회사의 자율적인 소비자보호 역량을 제고하여 사전적인 소비자보호가 가능하도록 한다. 또한 금융회사 소비자보호 업무가 단순한 사후 민원처리 역할에서 벗어나 금융소비자와 금융회사가 모두 만족할 수 있는 상생의 결과로 나타날 것으로 기대된다.

소비자리스크 관리는 금융회사의 평판을 관리하는 것으로 좋은 평판은 기업가치 제고 및 지속적인 성장에 기여할 수 있다. 다보스포럼에 의하면 기업의 평판(Reputation)은 수익성이나 시가총액 보다 기업의 성공을 더 잘 나타내는 지표이며, 시장가치의 40% 이상이 브랜드나 평판, 이미지 등에 의해 형성된다고 한다.

표 5.1 금융기관 경영에 있어서 좋은 평판의 영향

구 분	좋은 평판을 가지는 경우의 영향
종업원	좋은 인재가 모이고, 그 종업원이 속한 금융회사에 대한 직원의 충성도와 생산성 증가
상 품	좋은 평판은 가격에 대한 프리미엄의 형성을 쉽게(유명브랜드는 높은 가격 형성) 해 주며 시장점유율을 상승시킴
수요자, 고객	좋은 평판을 가진 금융회사의 전략이나 사업계획, 상품 등에 대해 쉽게 신뢰하는 경향이 있음
주 가	해당 금융기관 주식에 대한 선호도가 높아지고 주가가 올라감
위기상황	위기상황 발생 시 고객 등의 협조로 위기상황 극복에 유리

2 해외 사례

1) 미국

FRB 산하에 독립기구수준의 독립성이 보장된 CFPB(Consumer Financial Protection Bureau)[164]를 신설하여 은행·비은행권역에 대한 소비자보호업무를 수행하며, 금융회사의 영업행위로부터 발생하는 리스크의 정도 및 원천을 인식하기 위하여 소비자 리스크 관리실태를 평가하고 있다. CFPB는 금융소비자 리스크를 "금융회사가 연방금융소비자법(Federal consumer financial law)을 위반한 결과로 생기는 잠재적인 경제적 손실 또는 기타 법규적으로 인식된 손해액"으로 정의하고 있으며, 크게 고유리스크(Inherent Risks) 및 리스크관리(Quality of Risk Controls) 등 2개의 핵심 축으로 나누어 관리하고 있다.

고유리스크의 경우 금융상품의 특성·구조, 판매 고객, 영업방법 및 판매조직, 고객관계 관리, 조직구성, 소비자리스크에 영향을 주는 기타 요인 등 6개 부문을 평가하고 있는데, 잠재적인 불공정, 사기 또는 남용 행위 및 관행(UDAAP: unfair, deceptive, or abuse acts or practices), 차별 또는 기타 연방금융소비자법률의 위반 증가 요인을 포함한다. 반면 리스크관리는 이사회와 경영진, 법규준수의 권한 및 투명성, 법규준수 리스크 관리 프로그램 및 감시, 금융상품과 시스템 개발 및 수정, 교육, 민원관리 등 7개 부문을 평가한다.

소비자리스크평가는 특정 감독대상 기관의 영업행위로부터 발생하는 리스크의 정도 및 그 리스크의 원천을 인식하기 위하여 최소 1년 단위로 지속적으로 평가하고 있으며, 고유 리스크와 리스크관리를 모두 평가한 후 리스크 요약표(Risk Summary)를 통하여 금융회사의 현황을 전체적으로 종합한다. 고유리스크의 경우는 리스크의 수준을 저(Low), 중(Moderate), 고(High) 리스크로 분류하고 그에 대응하는 리스크관리의 정도를 강(Strong), 적당(Adequate), 취약(Weak)으로 각각 평가하고 있다.

또한, 향후 리스크의 변화 방향을 전체적으로 감소(Decreasing), 증가(Increasing) 또는 안정(Stable/Unchanged) 등으로 판단하여 검사서(Examination Report)에 기술하고 있다. 예를 들어, 금융회사의 고유리스크가 낮은(Low) 수준으로 평가된 경우일지라도 리스크통제가 취약(Weak) 수준으로 평가된다면 종합리스크는 중(Moderate)으로 최종 판단할 수 있다.

검사매뉴얼에 따라 리스크평가 결과와 법규준수 등급, 검사결과, 조치사항 등을 적은 검사서 초안을 작성하며, 이를 건전성 감독당국과 공유하고 관련 기관의 제시 의견을 고려한다.

표 5.2 CFPB의 금융소비자 종합리스크 판단기준

금융소비자 종합 리스크			
구 분	리스크관리		
	Strong	Adequate	Weak
고유 리스크 High	Moderate	High	High
Moderate	Low	Moderate	High
Low	Low	Low	Moderate

2) 영국

영국에서는 통합금융감독기구(FSA) 이후 감독체계를 건전성감독(PCA)과 소비자보호감독(FCA)으로 분리하고 FCA(Financial Conduct Authority)가 소비자보호업무를 담당하고 있다. FCA는 영업 지속가능성(Business 모델, 문화) 및 소비자에 대한 공정한 대우 등 두 가지 항목에 대한 판단(judgement)을 근거로 소비자보호 실태를 평가한다.

표 5.3 영국 소비자보호 기구

구 분	내 용
Firm Systematic Framework(FSF)	소비자를 공정하게 대우하고 시장건전성에 기여하는지를 평가하기 위해 개별 이슈가 아닌 경영전반의 리스크를 평가
Event-driven Work	Firm Systematic Framework 이외에 발생할 수 있는 개별 이슈 차원에서 평가
Issues and Products	개별 기업의 범위를 초월한 시장영역에 대해 평가

그림 5-1 영국 금융감독체계

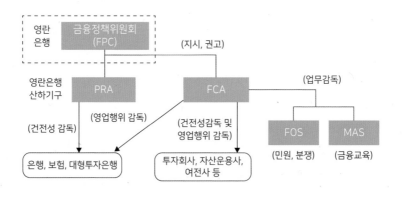

영국 FCA는 기업을 규모 및 특성에 따라 4가지 카테고리로 구분하여 평가한다.

표 5.4 소비자보호 실태평가 관련 분류기준(FCA)

구 분	기 준	감독방법
C1	• 대규모 소매 고객을 보유한 은행·보험 그룹 • 대규모 고객 자산을 보유한 국제(투자)은행	• 개별 기업 전담 감독관 지정 • 개별 기업의 사업 모델/전략 분석
C2	• 대규모 소매 고객을 보유한 회사 • 대규모 도매회사	• 그룹별 전담 감독관 지정 • 그룹별 사업 모델/전략 분석
C3	• 많은 소매 고객을 보유한 회사 • 큰 도매회사	• 각 분야의 팀에 의해 감독 • 기업을 샘플링하여 사업 모델/전략 분석
C4	소규모 회사(중개사 포함)	각 분야의 팀에 의해 감독

> ### 참고
>
> #### 영국 FSCP(Financial Services Consumer Panel)
>
> • 시민단체, 언론계, 법조계, 금융기관, 감독기관 등 12인으로 구성 / FCA는 정책 최
>   종 결정전 FSCP의 검토·자문을 거침(FSCP는 월례보고서를 작성·제출)
>   ※ 미국(Consumer Advisory Board), 호주(Consumer Advisory Panel)도 유사 제도
>   운영

3) 일본

일본에는 금융소비자 관련 독립된 전담기구는 없지만 금융청이 해당법률에 따라 인허가 등의 업무와 함께 소비자보호 업무를 담당하며, 금융서비스 이용자(예금자, 보험계약자, 투자자 등)가 안심하고 서비스를 이용할 수 있는지를 중점적으로 평가한다.

표 5.5 소비자보호 평가 심사항목

평가항목
• 금융서비스 이용자보호의 시스템이 확보되어 적절히 운용되고 있는지 등
• 이용자가 각종 금융서비스의 특성과 이용자보호 시스템에 대해 이해하고 있는지 등
• 금융기관이 법령 등을 준수하는 체제를 확립하여 이용자 보호를 도모하는지 등
• 금융기관의 계좌에 대한 범죄를 사전에 방지함과 동시에 피해자의 보호를 도모하는지 등

제2절

금융소비자보호 실태평가 제도

1 | 금융소비자보호 실태평가제도 개요
2 | 금융소비자실태평가의 결과 및 활용

1 금융소비자보호 실태평가제도 개요

1) 개념

금융감독원은 금융회사 소비자보호 수준의 종합적인 평가를 위해 매년 금융소비자보호 실태평가(이하 '실태평가')를 실시하고, 이를 대외에 공개함으로써 금융소비자에게 금융회사 선택에 유용한 정보를 제공하고 금융회사의 소비자보호 체계 구축 및 강화를 유도하고 있다.

2002년부터 2014년까지 금융감독원은 민원발생과 관련하여 금융회사를 평가('민원발생평가')하여 등급을 매기고 이를 공시하였는데, 금융회사의 민원발생을 5등급(1등급이 가장 높고 5등급이 가장 낮음)으로 평가하고 4~5등급의 경우 민원예방 및 감축계획서를 제출하도록 하였다. 그러나 민원발생평가 결과 공시에 대한 금융회사의 불만제기, 민원의 효과적인 관리를 위해 금융회사에 보다 긍정적인 인센티브를 부과할 필요성 등이 논의되면서 2015년 7월에 '금융소비자보호실태평가'가 도입됨에 따라 민원발생평가는 금융소비자보호실태평가에 통합되었다.

금융소비자보호법은 실태평가 시 내부통제기준 및 금융소비자보호기준 등의 운영에 관한 사항을 평가하도록 규정하고 있으며, 평가 시 금융위 및 각 금융협회와

TF를 구성하여 금소법 내용을 반영하도록 평가기준을 개편하고 그에 따라 평가를 실시한다[165].

2) 평가대상 및 평가주기

실태평가 대상이 되는 금융회사는 금융위원회의 설치 등에 관한 법률 및 금융업 관련 법률 등에 따라 금융감독원의 감독·검사를 받는 은행, 카드, 증권회사, 보험회사, 상호저축은행 등이다. 평가는 원래 매년(연 1회) 실시하는 것이 원칙이었으나 2021년부터 3년 주기로 실시하고 있다. 금융감독원은 평가대상 금융회사를 영업규모, 민원건수, 자산규모 등 계량적 요인과 과거 실태평가 결과 등 비계량적 요인을 고려하여 7개 업권의 74개사로 지정한 후, 74개 금융회사의 민원, 영업규모, 자산비중을 고려하여 업권내 순위를 부여 후 3개 그룹으로 나누었다. 금융감독원은 매년 1개 그룹을 대상으로 실태평가를 실시하고 있으므로 금융회사 입장에서는 3년 주기로 실태평가가 실시되는 것이다. 다만, 민원 발생이 빈발하거나 크게 증가하는 등 소비자보호에 문제가 발생하는 금융회사에 대해서는 추가 점검·평가할 수 있다.

한편, 해당연도에 평가대상이 아닌 금융회사는 자율진단제를 통해 금융회사 스스로 소비자보호체계를 검검하도록 하고 있다. 각 금융회사는 금융감독원이 요구하는 기간 내에 자율진단 결과를 작성하여 금융감독원에 제출하여야 한다.

표 5.6 금융회사(2021년도 평가대상)

구분	은행 (5)	생보 (6)	손보 (4)	카드 (3)	여전 (1)	증권 (4)	저은 (3)
평가대상회사	경남은행, 국민은행, 부산은행, 카카오뱅크, 하나은행	동양생명, 메트라이프생명, 삼성생명, 흥국생명, DGB생명, KDB생명	농협손보, 삼성화재, 한화손보, KB손보	신한카드, 하나카드, 현대카드	현대캐피탈	삼성증권, 유안타증권, 키움증권, 한국투자증권	페퍼저축은행, 한국투자저축은행, SBI저축은행

표 5.7 금융회사(2022년도 평가대상)

구분	은행 (6)	생보 (8)	손보 (4)	카드·여전 (4)	증권 (3)	저은 (5)
평가 대상	광주은행, 대구은행, 수협은행, 신한은행, 우리은행, 케이뱅크	농협생명, 라이나생명, 한화생명, ABL생명, AIA생명, DB생명, DGB생명*, KDB생명*	서울보증, 엠지손보, 현대해상, 흥국화재	롯데카드, BMW 파이낸셜, KB국민카드, KB캐피탈	대신증권, 신한투자증권, NH투자증권	다올저축은행, 신한저축은행, 오케이저축은행, 하나저축은행, JT친애저축은행

* '21년 실태평가 시 '미흡' 등급을 받은 DGB·KDB생명에 대해 실태평가 재실시

3) 평가방법

평가항목은 22년 기준, 2개의 계량 평가항목과 6개의 비계량 평가항목으로 구성된다. 계량평가 항목은 민원 처리 노력 및 금융소비자 대상 소송관련 사항과 금융사고 및 휴면금융재산 찾아주기 항목으로 나뉘는데, 전자는 금융회사에 제기된 민원건수, 처리에 소요된 시간 등 금융소비자로부터 불만이 발생하는 정도와 이를 해결하려는 금융회사의 노력 등을 평가한다. 후자는 금융사고가 발생한 건수와 규모, 금융소비자가 놓치고 있는 휴면재산을 얼마나 적극적으로 찾아주는지 등을 평가하고 있다.

비계량 평가항목은 금융소비자보호 내부통제체계 구축과 이를 운영하기 위한 전담조직 및 인력, 금융상품 개발단계에서 준수하여야 할 기준 및 절차, 금융상품 판매단계에서 준수하여야 할 기준 및 절차, 금융상품 판매 후 단계에서 준수하여야 할 기준 및 절차와 민원관리, 임직원에 대한 금융소비자보호 교육 및 보상체계 운영, 기타 금융소비자 정보제공 및 취약계층 등 피해방지 관련 사항이며, 위의 항목들을 질적으로 평가하고 있다.

평가방식은 절대평가 방식으로 계량항목과 비계량항목의 평가항목별 5개 등급으로(우수, 양호, 보통, 미흡, 취약) 평가하여 종합등급을 산정하며, 금융회사가 제출한 기초자료를 토대로 서면평가를 실시하고, 추가확인 및 담당자 면담 등이 필요한 항목 위주로 현장평가를 실시한다.

표 5.8 금융소비자보호 실태평가 평가등급별 정의

우수	내부통제기준, 금융소비자보호기준이 요구하는 수준을 상회하는 수준의 소비자보호 경영관리를 수행하고 있어 매우 높은 수준의 소비자보호 달성 가능
양호	금융소비자보호 체계·조직·제도가 유기적으로 연계되어 소비자보호 경영관리를 수행하고 있어 양호한 수준의 소비자보호 달성 가능
보통	내부통제기준, 금융소비자보호기준이 요구하는 소비자보호 수준을 대체로 이행하고 있으나, 부분적으로는 소비자보호 체계·조직·제도와 실제 운영 간 연계성이 부족
미흡	내부통제기준, 금융소비자보호기준이 요구하는 소비자보호 수준을 부분적 또는 형식적으로 이행하고 있어 소비자피해 예방에 부분적 결함이 존재
취약	내부통제기준, 금융소비자보호기준이 요구하는 소비자보호 수준을 미이행하고 있어 소비자피해 예방에 심각한 결함 존재

금융감독원의 실태평가 항목 및 기준은 매년 보완 및 수정되고 있는 상황이다. 이에 금융회사들은 실태평가 계획과 관련한 보도자료를 지속적으로 확인하여 평가에 대비하고 있다. 또한 금융감독원은 매년 평가대상이 되는 금융회사를 대상으로 실태평가 계획에 대한 설명회를 개최하는 등 상세한 평가기준을 금융회사에 직접 제공하고 있다.

표 5.9 2022년 실태평가 평가항목

구분		평가구분	세부 평가기준
계량 항목	1	민원 처리노력 및 금융소비자 대상 소송사항	- 금융상품 관련 민원발생건수 - 금융상품 관련 민원 증감률 - 평균 민원처리기한 - 소송패소율, 분쟁조정 중 소송제기 건수 등 소비자대상 소송사항
	2	금융사고 및 휴면금융자산 찾아주기	- 금융사고 건수 및 금액 등 - 휴면금융자산 찾아주기
비계량 항목	3	금융소비자 내부통제체계 구축 및 이의 운영을 위한 전담조직·인력	- 내부통제기준 및 금융소비자보호기준 마련·운영 및 준수현황 점검 - 내부통제체계 구축 등을 위한 이사회 및 대표이사의 권한 및 운영현황 - 내부통제위원회 설치·운영 규정 마련·운영 - 금융소비자보호 담당임원(CCO)의 선임 및 직무 현황 - 금융소비자보호 총괄기관의 설치·운영 및 총괄기관 업무 수행직원의 자격요건 및 직무 현황

비 계량 항목	4	금융상품 개발 단계에서 준수하여야 할 기준 및 절차	- 금융상품 개발 시 금융소비자 위험요인 점검기준 마련·운영 - 금융상품 개발 시 소비자 위험요인 점검 등을 위한 사전협의제도 운영현황 - 금융상품 개발 시 금융소비자의견 등 반영절차 마련·운영
	5	금융상품 판매 단계에서 준수하여야 할 기준 및 절차	- 금융상품 판매 시 준수절차 및 광고물 내부심의절차 마련·운영 - 금융상품 판매 임직원 자격요건 마련·운영 - 해피콜, 미스터리쇼핑 등 판매절차 준수 점검기준 마련·운영 - 판매업무 위탁 시 준수사항 마련·운영 및 상품자문업무수행 관련 보수안내 운영현황
	6	금융상품 판매 후 단계에서 준수하여야 할 기준 및 절차와 민원관리	- 판매상품에 대한 소비자 위험요인 모니터링 및 조치 등 운영현황 - 청약철회권 등 소비자 권리 처리기준 마련·운영 - 소비자의 신용정보 및 개인정보 관리 현황 - 민원처리절차 마련·운영 및 민원관련 적정인력·시스템 구축·운영 - 민원 원인분석 및 사후관리 현황
	7	임직원에 대한 금융소비자 보호 교육 및 보상체계 운영	- 금융상품판매 임직원에 대한 금융소비자보호 교육 운영현황 - 기타 전체 임직원에 대한 금융소비자보호 교육 운영현황 - 금융소비자보호 담당임원(CCO) 및 총괄기관 업무담당자의 성과보상제도 마련·운영 - 금융상품 판매 임직원 및 영업점 조직에 대한 성과보상제도 마련·운영 - 금융소비자 보호 노력 제고를 위한 성과보상제도 마련·운영
	8	기타 금융소비자 정보제공 및 취약계층 등의 피해방지 관련 사항	- 금융소비자의 권리 안내 및 정보제공을 위한 시스템 구축·운영 - 고령자, 장애인 등 취약계층의 거래 편의성 제고 및 피해 방지 노력 - 금융소비자에 대한 금융교육 등 운영현황 - 보이스피싱 등 금융사기 피해 방지 등 소비자 피해방지 노력 - 기타 소비자보호 정책참여 현황 등

표 5.10 '21년 및 '22년 실태평가 평가항목과 개편내용

'21년 평가항목(7개)		'22년 평가항목(8개)		개편내용
계량	I. 민원 사전예방 관련 사항	계량	I. 민원 처리노력 및 금융 소비자 대상 소송 관련 사항	민원항목 (I·II) 통합
	II. 민원 처리노력 및 금융 소비자 대상 소송 관련 사항		II. 금융사고 및 휴면금융재산 찾아주기*	계량지표 다양화
비계량	III. 금융소비자보호 전담조직 관련 사항	비계량	III. 금융소비자 내부통제체계 구축 및 이의 운영을 위한 전담조직·인력	소비자보호체계 구축·운영을 위한 조직 등 명확화
	IV. 금융상품 개발과정의 소비자보호체계 구축 및 운영		IV. 금융상품 개발단계에서 준수하여야 할 기준 및 절차	금융상품 개발·판매·판매 후 등 업무절차별 준수사항을 구분하여 제시
	V. 금융상품 판매과정의 소비자보호체계 구축 및 운영		V. 금융상품 판매단계에서 준수하여야 할 기준 및 절차	
	VI. 민원 관리시스템 및 소비자정보 공시 관련 사항		VI. 금융상품 판매 후 단계에서 준수 하여야 할 기준 및 절차와 민원관리	
	VII. 기타 소비자보호 관련 사항		VII. 임직원에 대한 금융소비자보호 교육 및 보상체계 운영	산재되어 있던 임직원 교육 및 보상 체계 통합
			VIII. 기타 금융소비자 정보제공 및 취약계층 등 피해방지 관련 사항	

2 금융소비자실태평가의 결과 및 활용

1) 공시

금융감독원은 평가결과표를 금융회사에 통보하여 미흡한 사항 등을 개선할 수 있도록 하고, 각 금융회사는 평가결과를 이사회, 경영위원회 등에 보고하며, 항목별 평가등급 및 내역이 기재되어 있는 평가결과를 각 금융회사 및 금융협회 홈페이지 등을 통해 공개하여야 한다. 금융회사는 홈페이지에 평가결과를 공시함은 물론 각 금융협회 홈페이지 공시화면에 연동될 수 있도록 구축하고 있다.

그림 5-2 협회별 공시현황

〈손해보험협회〉

공시실개요　　경영공시　　저축성보험요약공시　　상품비교공시　　자동차보험공시　　기타공시　　보험정보

기타공시

안전한 사회, 행복한 미래 손해보험협회는 소비자와 보험사가 함께 하는 세상을 만들겠습니다

🏠　　기타공시　　∨　　금융소비자보호 실… ∨

금융소비자보호 실태평가 공시

금융소비자보호 실태평가 평가항목별 결과

실시년도　　　　2022년　　∨

회사명	종합등급1)	계량평가항목		비계량평가항목					
		1	2	3	4	5	6	7	8
서울보증	보통	양호	보통	보통	보통	보통	보통	보통	보통
MG손보	보통	양호	양호	보통	미흡	보통	보통	미흡	보통
현대해상	보통	보통	양호	양호	양호	양호	양호	보통	양호
흥국화재	보통	양호	양호	보통	보통	보통	보통	보통	보통

〈은행 연합회〉

은행연합회 소비자포털　　금융상품정보　　금리/수수료 비교공시　　금융서비스정보　　소비자정보　　금융교육　　보이스피싱정보　　☰

소비자정보　　　　소비자공시　　　　　　∨　　　　　　홈 > 소비자정보 > 소비자공시 > 항목별 공시정보 > 금융소비자보호 실태평가

소비자공시

항목별 공시정보	회사별 공시정보

■ 금융소비자보호 실태평가

😀 우수　😊 양호　🙂 보통　😐 미흡　☹ 취약　　[엑셀 다운로드]

회사	종합	계량평가 항목		비계량평가 항목					
		1	2	3	4	5	6	7	8
광주은행	🙂	🙂	🙂	🙂	🙂	🙂	🙂	🙂	🙂
대구은행	🙂	🙂	🙂	🙂	🙂	🙂	🙂	🙂	🙂
수협은행	🙂	🙂	🙂	🙂	🙂	🙂	🙂	🙂	🙂
신한은행	🙂	🙂	🙂	🙂	🙂	🙂	🙂	😊	🙂
우리은행	🙂	🙂	🙂	🙂	🙂	🙂	🙂	🙂	😊
케이뱅크	🙂	🙂	🙂	🙂	😐	🙂	🙂	🙂	🙂

2) 우수사례

또한 금융감독원은 소비자보호 업무 관련 우수사례(Best practice)를 선정하여 전체 금융회사를 대상으로 공유함으로써 개선을 유도하고 있으며, 평가결과를 감독·검사 업무에 활용함으로써 금융회사의 소비자보호 수준을 제고하고자 하고 있다. 또한 평가결과 우수 회사에 대해 포상 등 인센티브를 부여하고 미흡한 회사는 개선하도록 유도하는 등 사후관리를 하고 있다.

표 5.11 '22년도 금융소비자보호 실태평가 주요 우수사례

1	금융사기 피해방지를 위한 'AI 이상행동탐지 ATM' 개발·운영

□ 신한은행은 '22.3월 은행권 최초로 보이스피싱 등 금융사기 피해방지를 위하여 AI(인공지능) 기술을 ATM에 접목한 'AI이상행동탐지 ATM'을 개발
  AI가 ATM 이용자의 이상행동을 분석해 보이스피싱 피해 등의 금융사기 가능성을 탐지하여 고객에게 주의하도록 안내하는 시스템으로,
  - 고객이 ATM 거래 중 휴대전화로 통화를 하거나, 선글라스·헬멧을 착용하는 경우 등 이상행동을 보이면 CCTV와 연동된 AI가 보이스피싱 의심행동으로 판단하여 ATM 화면에 주의문구를 표시
  * 고객이 선글라스를 착용하고 ATM 거래 시 ☞ "선글라스를 벗은 후 거래해주십시오" 문구 안내

2	금융상품 판매 적정성 점검을 위한 '금융소비자보호 오피서' 도입·운영

□ 신한은행은 금융소비자 보호 및 판매직원의 법규 준수 제고를 위하여 금융소비자보호 오피서(CPO)* 제도를 도입
  * CPO(Consumer Protection Officer), '23.2월 현재 34명을 채용하여 운영 중
○ 금융소비자보호 오피서(CPO)는 판매 프로세스 준수여부 점검을 전담하도록 부부장 이상의 퇴직직원을 전문계약직으로 재채용하여 영업점 점검업무를 담당
  - 투자상품 녹취파일 검수, 해피콜 검수 및 보완조치, 민원 발생 우려사항 교육 등 금융상품의 판매프로세스 준수여부 전반을 점검하고 민원의 사전예방 활동을 수행

3	빠른 민원처리를 위한 신속민원처리제도 운영

□ KB국민카드는 향후 민원이 발생할 것으로 예상되는 사안에 선제적으로 대응하기 위하여 '신속민원처리제도'를 운영
○ 이벤트 혜택 미적용 등 민원발생이 예상되는 건*이 소비자보호시스템에 등록되면, 신속민원처리반(4명)이 일반민원과 달리 2시간 이내에 처리하도록 추진
  * 상품·이벤트 혜택 미적용, 주무부서 업무처리 비협조, 발급·이용한도 관련 문의 등

4	판매 금융상품의 소비자피해 방지를 위한 지표 분석 등 점검 강화

☐ DB생명은 금융상품 판매 이후 소비자피해 예방을 위해 조기계약해지율, 불완전판매율 등 소비자피해 요인에 대한 모니터링을 강화

ㅇ 소비자피해 가능성을 조기 포착할 수 있는 소비자보호 모니터링 11개 지표*값을 산출하여 전월·전년대비 증감현황 등을 분석

* 조기계약해지율, 신계약 반송률, 청약철회비율, 월말계약집중도, 비교안내대상계약비율, 보험금 부지급률, 보험금 지급기간, FP조기탈락률, 불완전판매율, 공시민원건수/지수 등

ㅇ 또한, 매분기별로 민원 등이 발생한 유의성 계약에 대하여 발생사유와 상품별·지점별·모집인별 발생비율을 점검

ㅇ 점검 결과, 개선이 필요한 지점 및 모집인에 대하여 개선을 요구하거나 주의 경보를 발령하고 개선대책을 마련

5	금융소비자 의견을 반영한 소비자보호 제도개선 활성화

☐ KB국민카드는 민원, 고객의 소리(VOC, Voice of Customer) 등으로 접수된 고객의 의견 중 제도개선이 필요한 사항에 대한 관리 강화를 위해 제도개선 관리시스템*을 운영

* 콜센터에 접수되는 고객 불만사항에 대한 처리상황을 접수부터 처리완료 시까지 실시간으로 관리하고 처리결과를 지표화하여 관리·평가하는 고객관리시스템

ㅇ 제도개선 필요사항에 대한 관리절차를 4단계*로 구분하여, 소비자보호 총괄기관이 추진일정을 관리하고, 추진내역 및 결과를 全 부서에 공유

* ① 건의사항 등록: 민원, VOC 등을 통해 발굴한 제도개선 필요 사항을 시스템에 등록
  ② 검토: 총괄기관에서 유관부서 지정 후 검토요청→총괄기관 결재
  ③ 추진: 추진 가능한 과제는 완료예정일을 입력하여 알림메시지 발송 등 기일 관리
  ④ 결과등록·종결: 개선과제 완료 근거 등록 및 총괄기관 결재 후 종결처리

ㅇ 아울러 제도개선을 활성화하기 위해 분기별로 과제를 완수한 직원에게 모바일 쿠폰 등을 지급하거나 성과평가 시 KPI 가점을 부여하는 등의 인센티브 제도를 운영

6	금융소비자보호 내부통제위원회 위원 구성 다양화 및 충실한 운영

☐ 금융소비자보호 내부통제위원회*는 통상적으로 대표이사를 의장으로 하고, CCO, 준법감시인, 위험관리책임자 등 내부 임원으로 구성

* 금융소비자 보호 관련 주요 정책을 조정·의결하는 역할을 수행

ㅇ NH 투자증권은 타사와 달리 사모펀드 사태 이후 금융소비자보호 정책관련 폭넓은 전문가 의견 수렴 등을 위해 '21.7월 법학전문대학원 교수를 2년 임기(재위촉 가능)의 외부위원으로 선임

- 외부위원은 '21.7월~'23.1월 기간 중 개최된 7회의 위원회 회의에 모두 참석하였으며, 옵티머스 펀드 민원 처리방안 등 다양한 소비자보호 관련 사항에 대하여 의견을 개진

ㅇ 아울러, 위원회는 금융소비자보호관련 규정 제·개정 이외에 소비자보호 관련 다양한 사안을 논의하고, 논의결과를 의사록에 상세히 기록하고 전산시스템에 등록하는 등 충실하게 운영

제3절

미스터리 쇼핑 제도

1 | 금융소비자보호를 위한 미스터리 쇼핑
2 | 금융감독원의 미스터리 쇼핑

1 금융소비자보호를 위한 미스터리 쇼핑

1) 개념

미스터리 쇼핑은 고객서비스 품질을 조사하기 위한 방법 중 하나이다. 고객서비스 품질을 조사하는 방법에는 설문지를 이용한 점포 이용 경험 조사, 조사 대상 점포에서 이용 고객을 기다렸다가 면접을 진행하는 출구조사 등도 있는데, 미스터리 쇼핑은 훈련된 면접원이 고객으로 위장하여 고객서비스나 직원의 성실성, 제품과 제품의 품질 등을 평가하는 방식이다.

본래 미스터리 쇼핑은 은행이나 소매점에서 부정직한 직원을 적발하기 위해 시행되었으며, 여러 제조 및 서비스업군에서 폭넓게 이용되고 있다.

2) 의의[166]

미스터리 쇼핑은 고객의 시각에서 고객의 접점에 있는 서비스 품질을 평가하는 것이므로 고객 만족의 핵심 요인을 진단할 수 있으며, 조사 대상 회사의 강점과 약점 및 개선사항을 파악하여 고객 서비스 관리자료로 활용 가능하다.

(1) 고객서비스 수준 파악과 고객 만족서비스 강화

기업이 제공하는 서비스에 대한 고객의 인식을 파악할 수 있다. 가령 판매원들이 잠재고객에게 적절히 상품을 추천하는지, 제품설명을 충분히 하는지, 고객의 질문 등 니즈에 적절히 대처하고 있는지, 관련 교육 내용이 서비스 제공 시에 적절히 반영되고 있는지 등을 점검하여 관리할 수 있다.

(2) 직원에게 동기부여 및 판매서비스 기술 개발

판매직원들은 누가 미스터리 쇼퍼인지 모르기 때문에 찾아오는 고객들에게 친절하게 응대하게 된다. 또한 직원들이 고객을 대하는 과정을 분석하여 어떤 부분이 개선 및 교육되어야 하는지 검토하고 판매 기술을 개발할 수 있다.

(3) 점포 및 매장의 효율적 관리

전 매장 또는 특정 지역의 매장을 비교 및 평가하여 점포간 경쟁을 유도하고 미스터리 쇼핑과 관련한 평가기준을 마련함으로써 점포에 따라 서비스의 질이 상이하지 않도록 일관성 유지를 위한 기준을 제시할 수 있다.

(4) 자사의 경쟁력 평가

자사의 점포와 타사의 점포를 같이 미스터리 쇼핑함으로서 실질적인 경쟁 요인을 평가하고 서비스 전략을 마련할 수 있다.

3) 금융권 주요 미스터리 쇼핑

금융회사는 자체적으로 금융회사의 서비스 수준을 점검·확인하기 위해 미스터리 쇼핑을 실시하고 있다. 자체 직원을 활용하기도 하지만 외부 전문조사 기관에 용역을 맡겨 훈련된 쇼퍼를 이용해 자사 서비스 수준을 점검하고 개선 요인을 찾는데 활용하고 있다.

금융소비자보호 관련 비영리기구인 한국금융소비자보호재단은 2007년부터 매년 '펀드판매회사 평가'를 통해 미스터리 쇼핑을 실시하고 있다. 펀드판매회사 평가는 자본시장법이 도입된 이후, 펀드판매 시 적합성 원칙 및 설명의무 등이 잘 적용되는지를 점검하고자 최초 고안되었으며, 금융회사의 펀드판매 서비스의 질을 순위 및 4등급(A+, A, B, C)으로 평가하여 공개하고 있다.

금융감독원은 2009년부터 펀드판매에 대한 미스터리 쇼핑을 시작으로 매년 1~2개의 금융상품을 선정하여 판매서비스의 질을 평가하고 있다. 금융감독원의 미스터리 쇼핑과 관련한 구체적인 내용은 아래에서 정리하였다.

2 금융감독원의 미스터리 쇼핑

1) 미스터리 쇼핑 대상

금융감독원은 2009년부터 펀드, 변액보험, 파생결합증권 등 매년 2개 이상의 금융상품에 대하여 미스터리 쇼핑을 실시하였다. 2022년 기준 미스터리 쇼핑의 평가 결과는 우수, 양호, 보통, 미흡, 저조 등 5개의 등급으로 평가하고 있으나 2014년 이후 미스터리 쇼핑의 구체적인 결과는 발표하지 않고 있다. 이는 업계의 평균 점수가 상승하고 평가 등급이 낮은 회사들이 평가 결과 개선을 위해 노력하고 있음에도 불구하고, 평가결과가 낮은 금융회사의 영업에 큰 차질이 발생된다는 이유 때문인 것으로 파악되었다.

표 5.12 미스터리 쇼핑 대상 금융상품

연 도	금융상품
2009년	펀 드
	CMA
2010년	저축은행 후순위채권
	펀 드
2011년	변액보험
	펀 드
2012년	파생결합증권(ELS)
	펀 드
2013년	변액보험
	펀 드
	파생결합증권(ELS)
2018년	파생결합증권(ELS)
	변액보험
2022년	종신보험

2018년에는 변액보험 등에 대한 미스터리쇼핑의 결과가 발표되었는데, 변액보험의 경우 신국제회계기준의 도입을 앞두고 생명보험사들이 판매에 열을 올리면서 불완전판매비율이 심각한 수준이라고 판단했기 때문이다[167]. 이후 2019년부터는 다시 평가결과를 발표하지는 않고 있으며, 2022년에는 구체적인 회사별 등급은 발표하지 않았으나 종신보험의 미스터리 쇼핑 결과가 공개되었다. 평가결과 2개 회사만 '보통', 나머지는 '저조'로 나타나 소비자 유의사항과 함께 종신보험에 대한 소비자경보를 발령하였다.

2) 미스터리 쇼핑 주요 평가 기준

금융감독원이 미스터리 쇼핑의 주요 기준으로 발표한 내용을 살펴보면 금융소비자보호법상 상품추천 과정에서 적합성 원칙과 설명의무를 준수하였는지의 여부를 기본적으로 확인하고, 추가로 새롭게 도입된 판매규제가 있을 경우 해당 사항이 제대로 정착되고 있는지를 미스터리쇼핑 제도를 통해 점검하고 있는 것을 확인할 수 있다.

(1) 펀드

금융감독원에서 펀드의 미스터리 쇼핑 평가기준을 공개적으로 발표한 자료는 2013년이 마지막이다. 그러나 금융소비자보호법상에서도 투자성 상품의 판매프로세스는 적합성 원칙 준수를 위한 투자자정보의 파악 및 확인서 교부, 이를 근거로 한 금융상품계약 체결의 권유, 금융상품의 주요 내용 설명 및 투자자의 이해 여부 확인 및 서명 수령, 사후 모니터링 콜 실시 등으로 구성되어 있으므로 큰 틀에서는 변화가 없는 것으로 보인다.

펀드 미스터리 쇼핑에서 가장 배점이 높은 항목은 상품 설명 시 투자위험과 수수료를 제대로 설명하는지에 관한 것이며, 이는 상품 가입 후 가장 민원 또는 분쟁이 많은 부분이다.

한편, 계열사의 펀드임을 알리지 않고 권유하거나 단정적 판단(예: 국가가 망하지 않는 한 안전함) 등을 제공하여 투자자의 금융의사결정을 왜곡할 경우 감점처리하는 항목도 있다.

표 5.13 펀드 미스터리 쇼핑 평가기준

단계	주요 항목		세부 평가 기준	배점*	
투자자 정보 및 투자성 향 파악 (30점)	1. 투자자 정보 및 성향 진단 설명		투자자에게 적합성 관련 설문지 교부 전 설문의 취지(적합성 원칙)와 내용에 대해 설명	5	10
	2. 투자자정보 확인서 교부 및 안내		투자자정보 확인 결과 확인서를 교부하고 투자자성향 등 진단 결과에 대해 설명	5	10
	3. 적합한 펀드 권유		투자자의 투자 성향에 적합한 상품을 추 천하고 추천이유에 대해 설명	10	10
	4. 부적합상품 거래사실 안내		투자자가 자신의 투자성향보다 높은 등급 의 상품매수를 원하는 경우, 부적합 사실 및 해당 금융투자상품의 위험성을 설명한 후 고객의 서명을 받음	10	-
상품 설명 의무 (70점)	국 내/ 해 외 투 자 상 품 설 명 (공 통)	5. (간이)투자 설명 서 사용	투자권유 시 정당한 투자설명서 또는 간 이투자설명서(이 경우 투자설명서를 별도 로 요청할 수 있음을 알리는지 여부) 사용 여부	5	
		6.~7. 투자목적, 투 자 대상 자산 및 투자 전략	투자상품의 명칭, 종류, 자산운용사, 위험 등급에 대해 정확히 설명	5	
			투자상품의 투자대상자산, 투자전략에 대 해 설명	10	
		8. 투자위험	상품의 원금손실위험, 최대손실가능금액, 투자자 자기책임의 원칙, 예금자보호제도 비적용 등 투자위험에 대해 설명	15	
		9. 수수료(판매·환 매) 및 펀드보수	투자자에게 직접 부과되는 수수료(판 매·환매) 및 펀드에 부과되는 총보수(운 용·판매·기타)의 개념, 수수료율, 부과방 법 등에 대해 설명	15	
		10. 환매 관련 사항	환매방법, 투자상품의 기준가격 적용기준 일 및 환매지급일을 정확하게 설명	10	
		11. 투자자 이해확인	투자자에게 충분히 설명하고 이해하였음 을 서명 등의 방법으로 확인	5	
		12. 사후관리	투자자에게 제공되는 사후관리제도에 대 한 설명	5	

합 계		100점	
가점 항목 (1항목)	13. 판매 후 모니터링	판매 후 완전판매를 위한 모니터링콜 실시 여부	+2
감점 항목 (2항목)	14. 계열사 펀드 권유	계열사 펀드 고지 및 타계열사 유사펀드 권유 여부	-3
	15. 단정적판단 제공	불확실한 사항에 대하여 주관적 판단 또는 단정적 판단근거를 제공하는지 여부	-3

* 조사원 투자성향에 따라 배점을 차등화

(2) 변액보험

변액보험의 미스터리 쇼핑 평가 기준은 2018년에 발표된 것이 가장 최신이다. 계량항목의 경우 적합성 원칙과 설명의무 준수여부, 비계량항목은 주요 불완전판매의 원인이 되는 미래수익률 보장, 불원확인서 남용 등 6개 항목으로 구성되어 있다.

변액보험은 펀드와 유사한 상품이므로 기본적으로 펀드판매절차와 유사한 프로세스로 판매된다. 그러나 보험이라는 특수성으로 인하여 사업비, 최저보증, 중도해약시 불이익 등 추가적으로 반드시 설명하여야 할 내용들이 있으며 보험설계사 등 모집 조직의 적극적인 마케팅을 통해 계약이 체결되는 비중이 매우 크기 때문에 상품계약체결의 권유 단계의 배점이 매우 높다.

3) 미스터리 쇼핑의 결과 활용

금융감독원은 미스터리 쇼핑 도입 초기에는 평가 결과를 발표하여 금융소비자가 금융회사 선택 시 활용할 수 있도록 하였으나, 2014년 부터는 평가 결과를 직접 금융회사에 송부하여 미스터리 쇼핑 결과와 구체적인 지적 사례를 통보하고 있다. 또한 금융회사가 동 결과를 토대로 개선 계획을 제출토록 하고, 주기적으로 자체 계획을 이행하고 있는지 점검하고 있다. 만약 계획의 이행여부 실적이 저조한 경우, 현장검사 등을 실시하는 계획도 발표된 바 있다[168].

표 5.14 변액보험 미스터리 쇼핑 평가기준

구분	평가항목	세부 평가 기준	배점
적합성 원칙 (50점)	1. 보험계약자 정보 파악 및 보험계약성향 진단	고객에게 보험계약자의 보험성향 진단(회사의 시스템 또는 정해진 매뉴얼 상)을 실시하는지 여부	20
	2. 진단결과 확인서 교부 및 진단결과 설명	고객에게 보험계약자 정보 진단결과 확인서를 교부하고, 진단결과에 대해 설명하는지 여부	10
	3. 적합한 변액보험 권유 (상품 추천)	보험계약자 정보 진단결과를 바탕으로 고객의 투자성향 및 가입목적에 적합한 변액보험 목록을 서면으로 제공하고 추천 및 비교 설명하는지 여부	20
상품 설명 의무 (50점)	4. 승인된 변액보험 안내자료 사용·교부	정당한 보험안내자료(가입설계서, 약관, 핵심상품설명서 등)를 통한 권유 여부	5
	5. 변액보험에 대한 설명	권유 상품의 명칭, 주계약 및 특약, 투자형태 및 구조에 대해 정확히 안내하는지 여부	5
	6. 투자위험에 대한 설명	변액보험의 실적배당, 원금 손실 위험 및 예금자보호 제외 사실에 대해 정확히 설명하는지 및 경과기간별 해지환급률에 마이너스 수익률을 반영하여 설명하는지 여부	10
	7. 수수료, 보수(사업비, 위험보험료, 운용보수)	변액보험의 수수료 및 보수에 대해 정확히 설명하는지 여부	10
	8. 중도해약 관련 사항 설명	중도해약 시 해약환급금이 원금에 미치지 못할 수 있다는 사실에 대해 사유를 통해 설명하는지 여부	5
	9. 계약의 취소, 무효 및 청약철회제도 설명	청약시 자필서명 미이행 등 계약 취소 사유와 계약전 알릴 사항 미고지 등 계약 무효 사유 및 해당 보험의 청약철회 기간·절차 등에 대해 설명하는지 여부	5
	10. 펀드관리 안내	수익률 제고를 위한 펀드관리 필요성, 펀드변경 방법 및 절차 설명 여부	5
	11. 최저보증 설명	변액보험 최저보증 유무 및 최저보증 기능이 있는 경우에도 중도해지 시에는 최저보증이 되지 않는다는 내용 설명 여부	5
비계량 항목	12. 미래수익률 보장	일정기간(2-3년 정도) 보험료 납입 후 원금이 보장된다거나, 객관적 근거 없이 과장된 수익률을 제시하는 행위	참고 자료 (별도 평가)
	13. 불원확인서 남용	투자자의 요청과 관계없이 변액보험에 대한 이해도 및 이행 능력이 인정되는 보험계약자가 아님에도 불원확인서를 징구한 경우 및 불원확인서 없이 적합성 진단을 하지 않은 경우	
	14. 부적합 항목 미적용	적합성 진단을 한 결과 부적합항목에 해당하였음에도 판매 권유를 진행한 경우	

	15. 계약자성향 재진단	투자권유 또는 판매하고자 하는 상품의 위험등급에 맞추어 투자자성향을 재진단 또는 투자성향 진단 시 응답을 유도하는 경우	
	16. 설계사 연결의 신속·편의성	콜센터, 홈페이지 상담 등을 통해 설계사가 신속 원활히 연결되는지 여부	
	17. 적합한 상품추천	가입목적에 맞지 않는 상품을 추천하였는지 여부 (3번에서 평가하되 해당시 세부내용 기술)	
합계	-	-	100

금융소비자와 금융회사는 분쟁 예방을 넘어 상생관계를 유지하는 것이 필요하다. 직업윤리에 있어서 금융회사의 윤리경영과 임직원의 금융상품 판매윤리는 경영에 있어서 본질적인 요소이다. IMF 이후 도입된 준법감시제도는 내부통제시스템 구축 및 운영을 통해서 정도경영, 윤리경영 및 ESG경영을 정착시킨다. 금융회사 임직원은 금융회사와 고객 중 누구의 편인가? 고객의 이익과 실질적인 설명의 범위에 대해서도 이런 차원에서 생각해 보아야 한다. 고객과의 커뮤니케이션에 있어서 단계별 판매수칙 및 체크리스트는 가장 기본적인 절차이다.

제6장

금융영업과 윤리

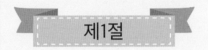

제1절

윤리경영과 내부통제

1 윤리경영

1) 윤리경영 정의

국민권익위원회에서 2009년 발간한 윤리경영보고서 표준안에 의하면 기업의 사회적 책임 중 경제적 책임, 법적 책임, 윤리적 책임의 수행을 윤리경영으로 정의하고 있다. 이 정의에 의하면 사회공헌 및 사회기여는 자선적 책임에 해당되므로 윤리경영에서 사회공헌은 배제하고 있다. 윤리경영은 기업이 지속적으로 성장하기 위하여 경제적 책임뿐만 아니라 사회적, 환경적 책임을 다함으로써 경쟁우위를 창출하는 경영전략이다.

표 6.1 윤리경영, 사회적책임 및 지속경영 비교

구분	윤리경영	사회적 책임	지속경영
개념발전 과정	법규 준수 및 직원의 윤리적 의사결정과 판단기준	기업이 갖는 책임으로서 사회적 측면에서 발전	지구환경을 보전하기 위한 지속가능한 발전 개념에서 출발
현재 정의	기업정보 공개에 관한 투명경영과 시업의 사회적 책임개념까지 일부 도입되었으나 직원의 윤리적 의사결정을 위한 준거기능이 더 강함	사회적 측면 이외에 환경적 측면까지 수용하게 됨	지속가능한 발전이라는 개념에 경영방식을 접목시켜 기업의 지속가능성을 향상시키기 위한 지속경영 개념이 발전됨

(출처: 산업연구원, 산업정책연구원, 지속가능경영 논의동향과 대응방안(2005), 국민권익위원회, 2010년 기업윤리경영모델 재인용)

윤리경영은 소비자에게 가치 있는 서비스를 제공하고 임직원들에게는 윤리적 인간으로서 마음의 고통을 느끼게 하지 않게 하면서 보람 있는 일자리를 만들고, 회사는 지속가능한 이익을 내는 것이다. 기업은 영리성 추구가 가장 본질적인 목표이므로 기업에 있어서의 준법이나 윤리의 실현, 사회적 역할의 증가 등도 건전한 이윤 창출 그리고 기업의 지속적인 발전과 함께 맞물려서 검토되어야 한다. 이러한 한계점으로 인하여 준법경영이나 윤리경영에 대한 접근과 판단은 조심스럽고 까다로울 수밖에 없다.

무엇보다 실효적 효율적이며 불필요한 낭비나 소모 없이 준법과 윤리를 실현해 가는 방법은 준법 및 윤리적 자세를 기업문화의 내용으로 만드는 것이다. 내부통제가 바로 이러한 접근태도의 산물이라고 볼 수 있다. 내부통제는 한마디로 말해서 포괄적인 경영상 위험을 관리하는 체제를 의미하는 것으로, 적정하고 합리적인 내부통제체제 구축과 운용에 성공한다면 자연스럽게 기업들은 법률은 물론이고 윤리나 건전한 경영철학 등에 충실한 업무수행을 행하게 되고 사회적 책무까지 자체적으로 점검할 수 있기 때문에, 외부의 강제적 통제나 규제 없이 높은 수준의 준법 및 윤리경영에 다가갈 수 있게 된다.

엔론, 월드컴 등의 회계부정문제로 인하여 글로벌 선진기업들이 윤리경영을 적극적으로 도입하게 되었지만, 윤리경영의 도입은 기업들이 단기적인 이윤추구로는 기업의 지속가능성을 보장하기 할 수 없기 때문이다. 기업뿐만 아니라 WTO,

OECD, ICC와 같은 국제기구들도 부패방지라운드를 추진하였고, OECD, UNEP, ISO 등에서도 윤리경영의 규범화와 표준화를 추진하고 공정하고 투명한 경쟁규칙을 국제거래에 적용하려고 노력하고 있다. 특히, OECD는 1999년 외국 공무원에 대한 뇌물방지협약을 발표하여 정부조달 관련 뇌물, 환경문제, 탈세, 규제관련 등 비윤리적 행위를 사전에 예방할 수 있도록 형사처벌을 요구하고 있다. ISO 26000는 ISO가 제정하는 조직의 사회적 책임에 관한 국제표준으로 기업, 공공기관 및 시민단체 등 모든 조직에 적용되고 있다. 국내외 윤리경영 관련 기준 영역별 핵심요소는 다음과 같다.

표 6.2 국내외 윤리경영 관련 기준 영역별 핵심요소

No	구분	내용
1	윤리경영방침	윤리경영 의지, 윤리경영 비전, 윤리경영 규범
2	조직 및 시스템	지배구조, 추진조직, 회계 투명성, 부패방지, 평가 및 보고
3	주주 및 투자자	주주 및 투자자 보호
4	고객	고객보호, 고객만족
5	임직원	종업원 다양성, 인권보호, 보상 및 복리후생, 교육훈련, 보건 및 안전, 노사관계, 윤리경영제도, 부패방지
6	협력업체	계약 및 거래시스템, 상생협력, 커뮤니케이션, 부패방지
7	지역사회	사회공헌, 부패방지

(출처: 국민권익위원회, 2010년 기업윤리경영모델)

2) 윤리경영 모델

국민권익위원회에서 2010년 제시한 기업윤리경영 모델은 윤리경영방침, 조직 및 시스템, 주주 및 투자자, 고객, 임직원, 협력업체 및 지역사회 등과 관련된 내용으로 구성되어 있다.

표 6.3 2010년 제시한 기업윤리경영 모델

대분류	중분류	소분류	단계별		
			도입	확산	정착
윤리경영방침	윤리경영의지	윤리경영도입 선포	O		
		윤리경영동기부여		O	
		윤리경영 문화정착			O
	윤리경영비전	경영비전과 연계된 윤리경영 비전 수립	O		
		각 이해관계자 그룹의 비전 공유		O	
	윤리경영규범	각 이해관계자를 고려한 윤리규범 제점	O		
		윤리규범의 지속적 개정, 보완		O	
조직 및 시스템	지배구조	이사회 기반 확립	O		
		이사회 기능 활성화		O	
		이사회 책임 강화		O	
		이사회 공정한 평가 및 보상			O
	추진조직	윤리경영 전담(담당)조직 구성	O		
	회계 투명성	내부회계관리 시스템 구축	O		
		공시 강화		O	
		인증 강화		O	
		감사 강화		O	
	부패 방지	부패방지 정책 수립	O		
		내부신고제도		O	
		교육 프로그램		O	
		부패방지 모니터링 및 성과공개			O
	평가 및 보고	윤리경영 성과 평가			O
		윤리경영 성과 보고			O
주주 및 투자자	주주 및 투자자 보호	관리 보호	O		
		평등 대우		O	
고 객	고객 보호	고객 보호 정책 수립	O		
		고객보호 프로그램		O	
		윤리적 마케팅 활동		O	
		윤리적 제품과 서비스 제공			O
	고객 만족	고객관리경영(CRM)		O	
		고객만족도 측정			O

임직원	종업원 다양성	다양성 관련 정책 수립	0		
		다양성 확대방안 마련		0	
	인권보호	인권보호 정책수립	0		
		인권보호 프로그램		0	
		인권관련 모니터링			0
	보상 및 복리수행	보상 및 복리후생 제도	0		
		보상 및 복리후생 커뮤니케이션		0	
		보상 및 복리후생 제도 평가체계			0
	교육훈련	직무교육 계획수립	0		
		직무 외 교육훈련 시행		0	
		교육훈련 평가체계			0
	보건 및 안전	보건 및 안전 정책 수립	0		
		보건 및 안전 교육		0	
		보건 및 안전 평가체계			0
	노사관계	노조설립 보장 및 운영	0		
		노사 커뮤니케이션		0	
		종업원 경영참가		0	
	부패방지	부패방지 정책 수립	0		
협력업체	계약 및 거래시스템	거래시스템 구축	0		
		거래시스템 운영 활성화		0	
		거래시스템 모니터링 및 평가체계			0
	상생협력	윤리경영 공농추진	0		
		협력업체 지원프로그램 운영		0	
		협력업체 공유프로그램 운영			0
	커뮤니케이션	의견수렴 채널 구축	0		
		의견수렴 정책 반영		0	
		의견수렴 성과 공개			0
	부패방지	부패방지 정책 수립	0		
지역사회	사회공헌	지역사회 요구 분석	0		
		사회공헌 실행		0	
		커뮤니케이션		0	
		사회공헌 평가			0
	부패방지	부패방지 정책 수립	0		

(출처: 국민권익위원회, 2010년 제시한 기업윤리경영 모델)

3) 윤리경영 성과

미국의 경우 Fortune지가 선정하는 '미국의 가장 존경받는 기업(Ame-rica's Most Admired Companies)' 리스트에 올랐던 기업들의 주가수익율은 S&P 500의 평균 주가 수익률 보다 높았다. 국내의 경우 2001년과 2002년 전국경제인연합회회의 '기업 윤리와 기업 성과간의 관계'에 대한 조사보고서에 의하면 윤리경영 실천기업들의 주가 상승률과 매출액 영업이익률이 비 실천기업들보다 월등하게 높았다. 특히 2002년간 KOPSPI(종합 주가지수)는 9.5% 하락하였으나, 윤리경영 실천기업들의 평균 주가는 10.2%나 상승하였다. 윤리경영 실천기업들의 매출액 영업이익률도 1998~2001년 평균 10.3%를 기록하여 비 실천기업들의 7.3%을 초과하였다.

기업 이해관계자들과의 관계에서도 윤리경영은 긍정적인 역할을 한다. 윤리적인 기업은 종업원, 고객, 지역 사회, 주주들로부터 존경과 신뢰를 얻게 되어 눈에 보이지 않는 자산이 된다. 세계 1위의 식품업체 Nestle는 윤리와 투명성이 소비자의 신뢰를 얻는 가장 경영전략이라고 생각하고 실천하고 있다. 세계 최초 분유개발 기업인 Nestle는 1960년대 개발도상국 시장에서 위생 관념 부족으로 아이들이 병에 걸리는 문제가 발생하자 의료 기관을 통해서만 분유를 공급하기로 결정했다. 이러한 윤리경영 철학이 Nestle의 투명한 이미지를 소비자들에게 각인시키고 소비자들에게 강력한 브랜드 파워를 가지게 되었다.

2 국내 금융기관 윤리경영

1) 금융기관 윤리강령

2007년 6월 베어스턴스의 서브프라임 모기지 관련 헤지펀드의 손실로 시작된 글로벌 금융위기는 2008년 9월 리멈브라더스의 파산, 10월 미국의 구제금융법안 발효, 실물경제 침체 등이 겹치면서 국제 실물 및 금융시장에 큰 충격을 주었다. 이러한 글로벌 금융위기는 글로벌 금융기관(Investment Banking)의 내부통제의 미흡에서 기인하고 있다는 점에서 국내 금융기관뿐만 아니라 기업에게 시사하는 바가 크다. 그들은 수익확대 및 천문학적인 보상에 눈이 멀어 내부통제 기능이 떨어져 리스크를 제대로 관리할 수 없었다.

최근 들어 금융산업은 자산규모의 대형화, 첨단 금융상품과 투자기법의 등장,

보수체계의 지나친 성과지향성 등으로 말미암아 국내·외 적으로 직면한 사후감독만으로는 금융기관의 안정성 유지에 한계가 있으며, 한 금융기관의 위험직면은 금융시장 전반에 심대한 영향을 초래할 수도 있다. 따라서 임직원을 사전에 교육·훈련·통제시킬 수 있는 제도적 장치화 자산운용부서 등에 대하여 철저한 사전 또는 상시 감독이 가능하도록 하는 조직 및 운영체계를 수립하여 회사 내부에 잠재된 위험성을 사전에 최대한 제어할 수 있는 수단으로서 내부통제와 컴플라이언스 제도의 필요성이 존재한다.

내부통제와 컴플라이언스 제도는 IMF관리체제와 OECD가입에 따라 기업지배구조 개선을 위한 외부압력과 "기업지배구조 개선위원회"를 구성하여 기업의 경영투명성 제고와 책임경영체제를 구축하려는 내부적인 노력의 일환으로 도입되었다.

일반적으로 기업의 준법 프로그램(compliance program)으로서의 내부통제와 컴플라이언스 제도는 기업을 둘러싼 환경의 변화가 다양하고 급격하며, 임직원 개인의 불법행위에 의하여 기업이 행정적 제재, 이미지 추락, 이해관계자에 의한 손해배상소송 등 다양한 위험이 발생할 가능성이 증가함에 따라 기업이 자체 단속체계(self police system)을 갖추는 제도이다. 과거 1995년에 발생한 베어링사의 도산과 자딘플레밍사 및 모건그렌펜 자산운용사의 부당한 자산운용과 관련한 거액의 손해배상금 지급 사례, 다이와 은행 뉴욕지점의 미국 재무부 증권(Treasury Bond)매매에 따른 거액 손실의 발생, 거대기업인 엔론의 회계 부정 및 최근의 글로벌 금융위기 등은 내부통제와 법규준수가 금융기관 및 기업에 매우 중요한 요소임을 잘 보여 주는 사례이다.

우리나라는 금융시장에 대한 정부감독당국의 권위주의적인 규제 풍토와 공식적인 유권해석을 기피하는 행정적 양태 그리고 현행 감사제도가 회사 경영에 대한 실질적인 견제 권한이 없다는 것 등이 준법 프로그램의 정착을 힘들게 만드는 요인들일 것이다. 또한, 상법 개정으로 인하여 기업에서도 준법지원인제도를 운영하고 있다.

이렇듯 현재의 금융환경은 우리 금융기관도 법규준수 활동이 현 수준보다 월등하게 강화되지 않고서는 세계금융시장에서 국제적 신뢰를 확보하거나 외국기관과의 원만한 관계를 형성하는 데 어려움이 있다는 점에서 준법감시제도를 통한 법규준수 강화가 그 어느 때보다 절실하게 필요한 시점이다.

윤리강령의 제정 목적은 임직원의 올바른 윤리의식 함양을 통해 조직원으로서 책임과 의무를 성실하게 수행하고 투자자를 보호하여 자본시장의 건전한 발전과 국가경제 발전에 기여하는 것이다. 윤리강령의 적용범위는 모든 임직원에게 적용되며, 임직원은 고객은 물론 아무런 계약관계를 맺지 않은 잠재적 고객에 대해서도 윤리강령을 준수한다.

기업의 윤리강령은 임직원들이 일상 업무를 수행함에 있어 따를 수 있는 행동가이드라인을 제공하기 위해 제정된다. 기업의 미션과 가치, 원칙을 명확히 하고, 임직원의 직무수행을 이 세 가지와 연결시키는 역할을 한다. 기업은 윤리강령을 제정함으로써 해당 기업이 어떻게 운영되는지와 임직원 행동에 대한 가이드라인을 대중에게 공개할 수 있다. 또한 윤리강령은 기업이 임직원들을 어떻게 대우하는지, 그리고 기업 활동을 함에 있어 어떤 기준을 갖고 있는지와 지역사회와의 관계 등 기업이 중요하게 생각하는 가치에 대해 외부 이해관계자들과 소통하는 도구로서의 역할을 수행한다. 내부적으로는 임직원들이 윤리적 딜레마, 편견, 애매한 상황에 놓였을 때, 이를 잘 해결해나갈 수 있도록 도와주고 윤리적 이슈에 대해 의논할 수 있도록 돕는 도구가 된다. 기업 내부에 잘 정착된 윤리강령을 통해 기업은 '윤리적인 기업'이라는 이미지를 구축할 수 있고, 이러한 이미지를 통해 행정 및 사법당국과 기업에 우호적인 관계를 맺을 수 있다. 또한 이해관계자들과 지역사회의 신뢰를 얻을 수 있으며, 직원들 스스로 윤리적인 가치관을 쌓을 수 있다. 미국의 경우 「사베인스-옥슬리법(SOX)」을 통해 모든 상장회사들은 윤리강령을 제정하도록 하고 있으며, 「미연방기업양형지침」도 기업이 기업윤리강령을 통해 내부 통제시스템을 갖추었을 경우 배상책임을 감경해주고 있다.

국내 금융기관의 윤리강령을 예시적으로 살펴보면 윤리강령은 전문(서문, 윤리강령 선언문, 윤리적 의사결정을 위한 자문), 본문 및 윤리행동기준의 내용으로 구성되어 있다.

금융기관에서 실제로 사용하는 윤리강령의 전문을 살펴보자.

<윤리강령 전문>

전통적인 관점에서 금융투자회사는 고객자산의 수익과 회사 이익을 극대화 할 수 있는 역량이 경쟁력 척도로 인정받았습니다. 그러나 사회적 제도로서 금융투자기관과 임직원에게는 단순한 이익실현 능력뿐만 아니라 윤리적 행동능력을 요구하고 있습니다.

과거를 되돌아보면 비윤리적인 회사가 지속적인 성장을 하거나 성공하는 경우는 없습니다. 윤리적 회사문화를 꾸준히 정착시키고 윤리적 행동을 강조한 회사만이 고객과 주주의 신뢰를 바탕으로 양적·질적 성장을 통해 세계적인 기업으로 성장했음을 알 수 있을 것입니다. 따라서 모든 임직원은 반드시 윤리적인 행동을 기초로 고객과 회사에 책임과 의무를 다하여야 합니다.

고객은 신뢰로 맺어진 또 하나의 가족으로서 회사 경쟁력의 핵심입니다. 임직원은 고객의 평생 파트너가 되겠다는 마음으로 정직하고 성실하게 행동하고 고객의 이익을 위해 최선을 다하여야 합니다. 고객 중심으로 업무수행과 의사결정을 하고 고객 요구에 부합하는 상품 및 서비스를 제공하여 고객과 지속적인 관계를 유지하여야 합니다.

고객으로부터 신뢰를 얻기 위해서는 자기 분야에 정통한 전문가가 되어야 합니다. 경쟁에서 살아남기 위해서는 남들과 차별화된 자신만의 전문성과 개인 브랜드를 가져야 할 것입니다. 임직원은 자기계발을 위해 최선의 노력을 다하여야 하며 반드시 윤리에 기반을 두어야만 고객에게 진정한 전문가로 인정받을 수 있을 것입니다.

불건전한 영업은 고객에게 피해를 끼치고 회사의 이익을 훼손하는 행위입니다. 고객에게 피해를 끼치면서 회사와 임직원의 이익을 추구하는 것은 비윤리적 행위입니다. 법과 윤리 범위 내에서 회사의 이익을 추구하는 것이 임직원의 의무이며, 고객으로부터 신뢰를 얻는 행위임을 명심해야 할 것입니다.

(출처: OO 투자증권)

2) 윤리강령 선언문

회사의 임직원이 윤리적으로 행동하고 실천할 수 있도록 윤리강령 선언문을 제정하여 행동하도록 하고 있다.

<윤리강령 선언문>

회사는 임직원이 윤리적으로 행동하고 실천하도록 윤리강령을 제정하고 다음과 같이 행동할 것을 선언합니다.

- 우리는 정직과 신뢰를 가장 중요한 가치관으로 삼고, 도덕적 윤리에 입각하여 직무를 공정하게 수행한다.
- 우리는 고객재산의 선량한 관리자로서 고객의 이익을 항상 최우선으로 한다.
- 우리는 효율적인 경영으로 최선의 실적을 실현함으로써 회사의 이익을 보호한다.
- 우리는 법규와 사규를 준수하고 선의의 경쟁을 통하여 자본시장의 건전한 발전을 선도한다.
- 우리는 회사의 발전이 곧 우리의 발전이라 굳게 믿고 개인적인 이익을 위하여 회사의 이익에 반하는 어떠한 행위도 하지 않는다.
- 우리는 신뢰받는 금융전문가가 되도록 노력하며 전문가로서 사명감을 가지고 최선을 다한다.

(출처: OO 투자증권)

---

3) 윤리적 의사 결정을 위한 자문

윤리강령에는 임직원이 회사 내에서 행위를 함에 있어 윤리적 의사결정을 하기 위하여 사내의 내부통제부서에 자문을 구할 수 있다는 내용을 포함하고 있다.

<윤리적 의사 결정을 위한 자문>

임직원은 어떤 행위를 하게 될 때 윤리적 행동에 대한 불확실성이 생길 수 있습니다. 이러한 경우에는 다음과 같은 질문을 해 보시기 바랍니다. 만약 정답이 정확하지 않으면 그 행위는 임직원 본인이나 회사에 올바른 행위가 아닐 것입니다. 단순히 무엇이 유리한가가 아닌 무엇이 올바른 행위인가에 근거한 의사결정을 해야 합니다. 윤리적 행동을 위한 의사결정을 하기 위해 관련 부서의 담당자에게 자문을 요청하고 담당자와 상의하기 어렵거나 도움을 요청할 대상이 명확하지 않은 때에는 내부통제부서와 협의하시기 바랍니다.

- 내 행동이 합법적이며 정당한가?
- 내가 공명정대하고 정직한 일을 하고 있는 것인가?
- 회사의 경영방침에 부합하는가?
- 본인의 행위가 좋은 사례나 프로세스로 남을 수 있는가?
- 본인의 행위가 언론에 공개되면 회사 평판에 나쁜 영향을 미칠 것인가?
- 고객에게 부정적인 결과를 초래할 가능성이 있는가?

(출처: OO 투자증권)

---

4) 임직원의 윤리기준

통상적인 윤리강령에서 규정하는 임직원의 윤리기준의 내용은 신의성실의무, 충실의무, 법규준수 및 고객우선원칙 등을 포함한다.

표 6.4 윤리 기준

구분	내용
신의성실의무	정직과 신뢰, 도덕적 윤리에 입각하며 직무를 공정히 수행
충실의무	전문성 유지, 업무에 충실
법규준수	관련 법규를 충분히 이해하고 준수
고객우선원칙	고객의 입장에서 판단하고 행동

(출처: ○○투자증권)

5) 임직원의 윤리

윤리강령에서 통상적으로 규정하는 임직원의 윤리는 일반적인 임직원의 윤리, 소속회사에 대한 윤리 및 고객에 대한 윤리로 구성된다.

표 6.5 임직원의 윤리

구분		내용
일반적인 윤리	독립성 및 객관성 유지	독립성과 객관성 유지를 위한 합리적 주의
일반적인 윤리	이해상충 방지	회사, 주주, 고객과 이해상충 방지
	불공정 거래 금지	미공개 중요정보 이용, 시세조종행위 등 불공정거래 행위 금지
	금품수수의 금지	직무수행의 대가, 직무수행 관련 선물 등 요구, 사회상규 벗어나는 향응, 금품수수 금지
	위반행위의 보고	업무 관련 법규, 윤리강령 위반 사실 발견, 그 가능성 인지하면 상사나 관련부서 즉시 보고
	전문성 배양	업무수행에 필요한 이론과 실무 숙지, 직무에 적합한 전문능력유지, 향상 노력
	상호존중	동료를 존중하고 예의를 지키며, 공정 경쟁을 통해 상호 신뢰 구축

소속 회사에 대한 윤리	직무전념	외부업무 겸직금지, 겸직할 경우 회사의 사전승인 필요	
	정보보호	중요정보 누설금지, 적법한 절차에 따라 유지 관리	
	품위유지	회사의 품위나 사회적 신용이 훼손되는 일체의 행위 금지	
	회사재산의 부당사용 금지	회사 재산 부당사용금지, 자신의 지위를 이용한 사적 이익 추구 금지	
	중간 감독자의 감독, 관리	감독자는 지휘, 감독하에 있는 직원이 직무 관련 법규를 위반하지 않도록 적절한 감독과 관리	
	고용계약 종료 후의 의무	임직원이 퇴직하는 경우 적절한 후속조치, 퇴직 이후 상당기간 회사의 이익을 해치는 행위 금지	
고객에 대한 윤리	고객이익 우선	고객 이익 최우선	
	주의의무	고객의 최대 이익과 시장의 건전성을 위해 전문가로서 최선의 주의	
	적합성 유지	투자권유 적합성 원칙 고수	
	공정성 유지	정당한 사유 없이 고객 차별	
	고지 및 설명의무	중요한 내용 고지, 고객이 이해할 수 있도록 설명	
	합리적 근거 제공	투자정보 제공 시 합리적이고 충분한 근거 바탕	
	정확한 표시 의무	투자권유 시 개인의 의견과 객관적 사실 구분, 불확실한 사항에 대한 단정적 판단 제공 금지	
	보고 및 기록의무	위임 받은 업무에 대하여 그 결과를 고객에게 지체없이 보고, 업무처리 관련 기록, 증거물을 절차에 따라 보관	
	고객정보 누설 및 부당이용금지	고객 정보 누설 금지, 자기 또는 제3자 이익을 위해 부당한 이용 금지	

(출처: OO투자증권)

6) 보고와 징계

(1) 내부제보제도

윤리강령은 임직원이 수행하는 업무에 대하여 적법성을 확신하기 어려운 경우 컴플라이언스, 감사, 인사, 법무 등의 담당자에게 도움을 구하도록 하고 있으며, 담당자는 언제든지 지침을 제공하고 상담 및 안내를 하도록 하고 있다.

또한 윤리강령은 위반행위 신고와 점검과 관련하여 내부제보제도의 근거를 제공하고 있다. 구체적으로 임직원은 다른 임직원이 윤리강령을 위반하여 업무를 처리하거나 위반할 가능성을 사전에 인지한 경우 그 행위에 관여하거나 조력하면 안되고 인지한 내용을 준법감시인이나 감사(위원회)에 즉시 보고하도록 하고 있다.

<내부제보제도>

다음과 같은 행위에 대해 내부제보제도를 운영하고 있습니다.
• 금융사고 발생 또는 그 발생이 예상되는 경우
• 임직원이 금융 관련 법규 및 내부통제기준, 시규 등을 위반하는 경우
• 임직원이 직무와 관련하여 그 지위 및 권한을 남용하여 부당한 업무처리를 지시, 강요하거나 제의를 받은 경우
• 임직원이 직무와 관련하여 법규를 위반하는 행위로 고객 또는 회사에 재산상의 손해를 가하는 경우
• 기타 회사의 명예가 실추될 우려가 있는 경우

제보자는 제보행위와 이와 관련한 진술 그 밖에 자료제출 등의 이유로 회사로부터 어떠한 신분상의 불이익이나 근무 조건상의 차별을 받지 않습니다. 그러나 다른 사람이나 회사의 명예를 훼손하거나 비방할 의도를 갖고 고의로 거짓 또는 잘못된 정보를 신고하는 임직원은 징계조치를 받게 됩니다.

윤리강령 운영책임자는 임직원의 기준 이행실태 및 준수여부 등을 상시 점검하여야 하며 점검결과 임직원이 기준을 위반한 사실을 발견한 경우 즉시 대표이사 및 감사(위원회)에 보고하고 필요한 조치를 취하여야 한다.

(출처: 00 투자증권)

(2) 옴부즈만 제도

윤리강령에는 특히 성희롱과 성차별 예방을 위하여 운영하고 있는 옴부즈만 제도의 운영에 대하여 안내하고 있다.

<옴부즈만 제도 운영>

회사는 성희롱과 성차별 예방을 위해 여성상담채널(옴부즈만)을 운영하고 있으므로 성희롱 발생 시 피해 임직원은 여성상담채널에 신고할 수 있습니다.

(출처: 00 투자증권)

(3) 징계

임직원의 징계와 관련하여 윤리강령을 준수하지 않을 때에는 면직을 포함한 징계조치를 받을 수 있으며 범죄행위인 경우 형사고발 조치를 할 수 있다고 명시하고 있다.

7) 운영 및 교육

윤리강령의 운영과 교육에 대한 내용을 명시하고 있다. 준법감시인을 운영책임자로 지정하고 준법감시부서를 전담부서로 명시하고 있다. 아울러 운영책임자인 준법감시인은 윤리강령의 내용에 대하여 정기적인 교육을 실시하도록 강제하고 있다. 이를 통하여 윤리강령에 대한 운영책임자의 책임감 부여와 임직원에 대한 정기적인 교육을 강조하고 있다.

윤리강령 운영책임자는 준법감시인으로 하고 준법감시부서를 전담부서로 하며, 본문 이외의 첨부된 윤리행동기준 및 컴플라이언스 제도의 내용 변경 시에는 준법 감시인의 전결로 개정합니다.

윤리강령 운영책임자는 임직원에 대한 임직원 윤리강령의 교육·상담 및 준수여부의 점검, 내부제보에 관한 업무를 담당합니다. 윤리강령 운영책임자는 이 기준과 관련하여 상담한 내용을 별지 서식에 기록·보관하며 상담한 내용에 대하여 비밀을 누설하면 안 됩니다.

윤리강령 운영책임자는 임직원에 대하여 그 기준의 준수를 위한 교육계획을 수립·시행하여야 하며, 그 시기는 임직원의 신규채용, 임용 및 매년 1회 이상 교육을 실시하여야 합니다.

(출처: 00 투자증권)

---

3 내부통제 제도

1) 정의

내부통제는 컴플라이언스, 준법감시 등으로도 불린다. 내부통제는 컴플라이언스 제도보다 광범위한 개념이지만, 여기서는 내부통제와 컴플라이언스를 동일한 개념으로 보기로 한다. 컴플라이언스는 사전적으로 "정해진 법규를 준수한다."라는 의미로 관련 법규준수와 이를 위하여 제정된 내부규정의 준수를 목표로 하는 모든 업무를 말한다.

회사가 투명하고 공정한 경영을 통한 대외 경쟁력 제고를 목적으로 회사의 모든 경영활동 및 영업행위에 대하여 관련 법, 규정 및 시장원리를 준수하는 것을 말한다. 즉, 기업 등이 법률위반행위를 예방하기 위한 조치를 취하는 법집행당국을 납득시키기 위해 채택하는 정책시스템과 통제시스템이라고 할 수 있다. 컴플라이언스 제도는 이사회, 경영진, 감사(위원회) 및 중간관리자와 일반직원에 이르기까지 조직 내 모든 구성원들에 의해 운영된다.

우리나라는 내부통제제도의 도입과 관련하여 내부통제 관련 법률제정에 노력을 기울였다. 상법에 준법지원인 및 준법통제 제도(상법 제542조의13)를 두었고, 금융회사의 지배구조에 관한 법률(금융회사 지배구조법")을 제정하여 기존의 금융관계법상에 규정되어 있던 준법감시인 및 내부통제제도(금융회사의 지배구조에 관한 법률 제24조~제30조)를 일률적으로 규정하였다. 특히, 금융회사 지배구조법은 준법감시인 이외에도 위험관리책임자를 별도로 선임하도록 하는 등 금융회사의 특성을 반영한 내부통제시스템을 포함하고 있다. 이와는 별도로 주식회사의 외부감사에 관한 법률에 의거하여 과거부터 내부회계관리제도(외감법 제2조의2, 제2조의3)를 운영하고 있다.

2) 발전 과정[169]

내부통제 개념은 1949년의 미국 회계사 협회 감사절차위원회 특별보고서 내부통제(Internal Control)에서 도입되었다. 이 내부통제 개념은 1958년 감사절차서(SAP) 29호에서 재무제표에 직접적인 영향을 가져오는 회계통제와 간접적 영향이 있는 경영통제로 구분되었다. 이로 인하여 회계통제는 감사인이 하지만, 경영통제도 재무제표에 영향을 미치므로 이에 대한 통제를 평가할 필요성이 요구되었다.

1960년대 초의 전기산업 독점금지 스캔들 발생 이후에 미국에서 현대적인 컴플라이언스 프로그램이 시작되었다. 1961년 대형 전기장비회사들의 가격고정과 반경쟁적 행위에 대한 검찰의 수사가 종결되고 난 후 제너럴 일렉트릭, 웨스팅하우스 그리고 앨리스-찰머스 등의 전기 장비 제조업체들이 연루된 입찰가격 조작, 가격고정 공모 등으로 30개 이상의 기업과 50명 이상의 개인이 반독점행위로 징역형을 선고받거나 형사 벌금형을 선고 받았다. 이로 인하여 반독점 컴플라이언스 행동강령 및 프로그램의 발전이 이루어졌다. 민간단체를 중심으로 내부통제를 경영관리목적으로 기업내부에 마련할 지에 대한 논의가 시작되었다.

(1) 해외부패방지법(Foreign Corrupt Practice Act, FCPA)

1977년 미 연방의회가 「해외부패방지법(Foreign Corrupt Practice Act, FCPA)」를 제정

하여 외국에서 영업을 위하여 뇌물을 제공하는 것을 범죄로 규정하여 공적으로 미국기업들에 대한 내부통제규제가 이루어졌다. 이 FCPA의 제정은 1972년 봄에 시작된 워커게이트 사건이 도화선을 제공하여, 선임된 특별감찰관이 미국기업에 의한 1972년 닉슨 재선 캠페인의 위법한 기부금을 적발한 것이 계기가 되었다. 유죄판결이 나온 것을 계기로 허위의 기록이나 비밀계정을 사용한 경영자에 의한 회사 자금의 남용 및 부적절한 지급의 은폐가능성에 대해서 미국증권거래위원회(SEC)가 조사에 착수하여 1974년 3월 8일부터 의심스러운 국내 및 국외에 대한 지급이나 회계실무를 기업이 SEC에 보고하는 자율적 공시 프로그램이 시행되었다.

(2) 미연방기업양형지침

1991년에는 미국 양형위원회(The United States Sentencing Commission)가 범죄행위에 대한 공정한 처벌 및 범죄의 발견과 예방을 위한 억제에 대한 인센티브를 적용하는 「미연방기업양형지침(United States Sentencing Guidelines for Organizations)」을 제정하였다. 기업양형지침은 형량을 경감받기 위하여 컴플라이언스 프로그램(법령준수프로그램)을 갖추거나, 보호관찰 대상기간 중 이행하여야 할 의무의 일환으로서 컴플라이언스 프로그램을 갖추도록 명령하는 등의 방법으로 기업들에게 효과적인 컴플라이언스 프로그램을 갖출 인센티브를 제공한다. 이 지침에 따라 완전히 새로운 직위인 윤리 및 컴플라이언스 책임자(Ethics & Commission Officer)가 선임되었고 기업들은 기존의 컴플라이언스 프로그램의 개선이나 새로운 컴플라이언스 프로그램의 창설에 박차를 가하게 되었다.

2004년에는 기업양형지침이 개정되어 ① 컴플라이언스 지침 및 절차, ② 기업의 리더십 및 컴플라이언스 문화, ③ 금지대상자 제외를 위한 합리적인 노력, ④ 지침 및 절차에 대한 연수 및 의사소통, ⑤ 프로그램의 유효성에 대한 감독, 감사 및 평가, ⑥ 성과에 대한 인센티브 및 징계조치, ⑦ 위반행위에 대한 대응 및 시정조치로 기업들은 범죄행위의 처벌을 감경받기 위해 컴플라이언스 및 윤리프로그램을 강화하였다.

(3) 1992년 COSO보고서: 내부통제-통합구조보고서

1970년대 경제불안 속에서 워커게이트 사건을 시작으로 기업의 해외 불법로비 등과 같은 위법행위는 물론 분식결산 등과 같은 회계부정사건이 빈발히였다. 1980

년대의 다수 기업의 파탄 및 분식결산을 계기로, 1985년 6월에 미국공인회계사협회(American Institute of Certified Public Accounting, AICPA)가 중심이 되어 미국회계학회, 재무담당경영자협회, 내부감사인협회, 전미회계인회의 협력하에 '부정한 재무보고에 관한 국가위원회(National Commission on Fraudulent Financial Reporting)을 조직하여 문제해결을 위한 방안 수립을 시작하였다. 1987년 10월에 동 위원회가 COSO로 통칭되는 The Committee of Sponsoring Organizations of the Treadway Commission가 부정 재무보고에 관한 전국위원회 보고서(Report of the National Commission on Fraudulent Financial Reporting)로 작성하였다.

그 후 내부통제의 개념 정의 및 평가기준 등에 관한 구조를 어떻게 책정할지를 Pricewaterhouse Coopers에 위탁하여 1992년에는 최종적으로 재무보고에 관한 내부통제를 포괄적으로 정의하고 기술한 "내부통제-통합구조보고서(Internal Control -Integrated Framework, 1992년 COSO보고서)"를 발표했다.

1992년 COSO보고서는 내부통제를 어떤 기업의 이사회, 경영진 및 기타의 임직원에 의하여 시행되고, ① 사업운영의 효율성 및 유효성(effectiveness and efficiency of operations), ② 재무보고의 신뢰성(reality of financial reporting), ③ 관련된 법령 및 규칙의 준수 또는 준거성(compliance with applicable laws and regulations)라는 3가지 목적의 달성에 관한 합리적인 확신을 제공하도록 설계된 프로세스라고 정의하고 있다.

2002년말 엔론사와 월드컴사는 회계부정사건에 연루되었는데, 미국 역사상 월드컴은 최대 규모의 파산사건으로 기록되었고, 엔론사는 두 번째 규모의 파산 사건으로 기록되었다. 2008년 9월 금융위기 때 리먼 브라더스는 미국 역사상 최대의 파산 사건이 되었다. 1992년 COSO보고서의 내부통제구조는 2002년 「사베인스-옥슬리법(SOX)」에 수용되었고, 회사가 내부고발자를 통한 비리보고시스템을 갖추도록 하였으며, 기업비리에 대한 민·형사상의 벌칙을 강화하였다.

(4) 2004년 COSO 보고서: 전사적 위험관리

COSO는 2004년에 기존 1992년 COSO보고서상의 내부통제의 구성요소를 확대하고 내용을 개정하여 보고서를 공표하였다. 이 보고서에는 내부통제를 기존의 내부통제체제와 위험관리체제를 회사의 전조직적 차원에서 통합하여 구축한 "전사적 위험관리-통합구조(2004년 COSO보고서)"의 틀 속에서 설명하고 있다. 내부통제체제와 기업의 위험관리체제를 통합적으로 결합시킨 내부통제개념으로 발전시켰다.

COSO ERM은 사업체의 목적을 달성하기 위한 내부통제구축을 위하여 전략 (Strategic), 업무(Operations), 보고(Reporting) 및 법령준수(Compliance)의 4가지 목적을 제시하고 있다.

(5) 2013년 COSO보고서

2011년 1월에 국제적인 온라인 조사를 한 후에 개정된 2013년 COSO 보고서를 발간했다. 2013년 COSO보고서는 1992년 COSO보고서상의 내부통제개념을 보완하여 재무보고의 범위를 확대하였고 불명확하거나 추상적인 설명부분들을 보충하였다. 2013년 COSO보고서에서도 내부통제를 "사업운영(operation), 보고(reporting), 법령준수(compliance)에 관하여 사업목적의 달성에 관한 합리적 확신을 제공하기 위해 어떤 조직의 이사회, 경영진 및 기타의 자에 의해 만들어진 과정"이라고 규정하고 있다.

2013년 COSO보고서는 내부통제의 5가지 구성요소인 ① 통제환경(Control environment), ② 위험평가(Risk assessment), ③ 통제활동(Control activities), ④ 정보 및 의사소통(Information and communication), ⑤ 모니터링 활동(Monitoring activities)별로 총 17개의 구성요소별 원칙을 적용하고 있다.

2013년 COSO보고서는 내부통제의 형태에 대한 최소한의 원칙만을 정해주고, 각 회사의 상황에 맞게 변형하여 운영할 수 있도록 하고 있다.

3) 내부통제제도 범위

내부통제조직은 내부감사(internal audit)뿐만 아니라 통제환경의 구축, 위험평가체제, 통제 활동, 정보와 전달체계 등 조직 전반에 대한 통제를 포괄하는 개념이다. 또한 이사회, 경영진 기타 직원이 운영의 효과성 및 효율성, 재무보고의 신뢰서, 법규 준수 등의 목적 달성을 위한 합리적인 확신을 제공하는 과정(process)이다. 그러므로 내부통제조직은 경영관리·통제시스템으로 Risk management, Financial control, Internal audit, Legal affair management 등을 포함한다.

4) 내부통제제도 목적

COSO보고서와 BIS 보고서에 의하면 내부통제조직은 회사 경영진이 다음의 목적 달성에 관한 합리적 확신을 제공 받기 위하여 설계한 정책과 절차를 말한다.

(1) 업무의 효과성과 효율성(effectiveness and efficiency of operations)

성과 목표의 달성 및 회사 자산의 보호를 말하며 자산 또는 그 밖의 자원을 투입하여 성과를 산출하는 데 있어 업무의 효과성과 효율성에 관한 것으로 손실로부터 회사 자산을 보호하는 것을 포함한다.

(2) 재무정보의 신뢰성(reliability of financial and management information)

의사결정에 필요한 재무정보의 신뢰성에 관련하여 투자의사결정에 필요한 재무제표와 공시가 관련 규정에 따라 표시되고 이루어졌는가 하는 것뿐만 아니라 경영의사결정에 필요한 재무정보가 목적 적합적이고 신뢰할 수 있게 생산되고 보고되는가 하는 내용도 포함한다. 이 목적을 달성하기 위한 내부통제로는 회계감사(financial statement auditing) 등이 있다.

(3) 법규의 준수(compliance with applicable laws and regulations)

업무 집행이 적법하게 이루어지고 있는가에 관한 것으로 법규뿐만 아니라 사규(윤리규정 포함)도 해당된다. 이 목적을 달성하기 위한 내부통제로는 컴플라이언스 관리(compliance management), 컴플라이언스 감사(compliance auditing) 등이 있다.

특히 금융기관은 안전하고 건전한 경영을 위하여 내부통제제도, 내부 및 외부감사제도 등을 운영한다. 금융기관은 감독당국으로부터 내부통제 적정성을 평가받고, 외부감사인으로부터 독립적 객관적 평가 및 피드백을 제공받는다. 외부감사인은 감독당국으로부터 금융회사에 대한 외부감사의 적정성을 평가받는다. 이런 과정을 통하여 감독당국, 외부감사인 및 금융기관들은 상호협조 및 보완작용을 한다.

5) 내부통제제도 구성요소

(1) 통제환경(control environment)

조직의 기풍이나 문화를 결정하고 조직에 속한 사람들의 통제에 대한 의식에 영향을 미치는 것을 말한다. 통제환경에 있어서 가장 중요한 것은 경영자의 리더십이며, 사업체에 속하는 사람들의 성실성, 윤리적 가치관·권력, 경영자의 철학 및 행동 양식들이 이에 포함된다.

(2) 리스크 평가(risk assessment)

리스크 평가란 사업체의 목적을 분명하게 한 후에 목적 달성에 관련한 리스크를 식별, 분석하고 리스크 관리방법을 결정하는 기초를 제공하는 활동을 말한다. 사업목적달성을 위해 장애가 되는 리스크를 찾고 평가하여 적절하게 대응하는 시스템을 갖추는 것이 중요한 의미를 갖는다.

(3) 통제활동(control activities)

경영자의 명령, 지시가 적절하게 실행되는 것을 보증하기 위하여 수립되는 정책이나 절차를 말한다. 리스크에 적절하게 대처하기 위해 필요한 활동으로서 의미를 가지고 있다.

(4) 정보와 전달(information and communication)

사업체를 구성하는 사람들이 자기 책임하에 필요한 정보가 자기 책임하에 필요한 정보가 관계자에게 적절하게 전달되도록 하는 것을 말한다. 정보에 목적과의 정합성, 적시성, 정확성, 가용성, 신뢰성을 확보하고, 조직내외에 있어서 정보전달수단을 확립한 후에 정보전달을 실행하는 것이다. 내부통제가 실행되기 위해서는 필요한 정보가 최고경영자로부터 종업원에게, 종업원에게서 최고경영자에게 또한 사외로부터 사내로 적절하게 전달될 수 있는 체계를 갖추어야 한다.

(5) 모니터링

모니터링이란 사업체가 정한 통제가 실행되고 있는 것을 감시, 확인 또는 평가하는 활동을 말한다. 모니터링에는 일상적인 관리활동에 해당하는 일상적 감시활동과 주로 내부감사부문이 행하는 독립적 평가활동의 2가지가 있다.

표 6.6 통제 환경, 위험 평가, 통제 활동, 정보 및 의사소통, 모니터링

구 분	원칙 개수	내 용
통제 환경	5가지	조직은 청렴성과 도덕성에 대한 책임을 실천하고, 이사회는 경영진으로부터 독립하여 내부통제의 정비 및 운영상황에 대한 감독을 실시하고, 경영진은 이사의 감독 아래 내부통제의 목적달성을 위한 조직구조, 보고체계 및 책임을 설정하고, 조직은 내부통제의 목적에 따라 능력 있는 구성원을 채용·육성하며, 조직은 내부통제의 목적을 추구함에 있어 구성원 각자가 자기의 내부통제제도상 책임을 명확히 수행하고 그 결과에 대하여 책임을 질 수 있도록 한다.
위험 평가	4가지	조직은 내부통제의 목적과 관련된 위험을 인식하고 평가할 수 있도록 명확한 내부통제의 목적을 설정하고, 조직은 내부통제 목적 달성과 관련된 조직 전반에 걸친 위험을 식별하고, 동 위험의 관리방법을 결정하기 위한 토대로서 관련 위험을 분석하고, 조직은 내부통제의 목적달성과 관련된 리스크를 평가함에 있어 부정의 가능성을 고려하며, 조직은 내부통제시스템에 중대한 영향을 미칠 수 있는 변화를 인식하고 평가한다.
통제 활동	3가지	조직은 내부통제의 목적달성을 저해하는 위험을 수용 가능한 수준까지 줄일 수 있도록 적절한 통제활동을 선택하여 정비하고, 조직은 내부통제의 목적 달성을 위해 기술과 관련된 전산일반통제활동을 선택하여 정비하고, 조직은 목표 달성을 위한 정책과 그러한 정책에 영향을 주는 관련 절차에서 규정하고 있는 **통제활동**을 수행한다.
정보 및 의사 소통	3가지	조직은 내부통제의 다른 구성요소의 기능을 지원하는 관련성이 있고, 질이 높은 정보를 획득하거나 작성하여야 하고, 내부통제의 다른 구성요소의 기능을 지원하는데 필요한 정보를 조직 내부에 전달하고, 내부통제의 다른 구성요소의 기능에 영향을 주는 사항과 관련된 외부관계자와 정보를 교류하여야 한다.
모니 터링	2가지	조직은 내부통제의 구성요소가 실재하고, 제대로 작동하고 있는지에 대하여 확신을 갖기 위한 일상적 그리고 독립적 평가를 선택하여 적용·실시한다. 또한, 조직은 상급 경영진 및 이사회를 포함하여 미비점의 시정조치를 수행할 책임을 지는 당사자에게 내부통제의 미비점을 적시혜 평가하여 전달한다.

(출처: 금융투자협회, 2009년 내부통제 전문가 과정 교재(2009))

6) 내부통제제도 운영주체

내부통제제도는 이사회, 경영진, 감사(위원회) 및 중간관리자와 일반 직원에 이르기까지 회사내 모든 구성원들에 의해 운영된다.

이사회는 내부통제 운영의 최종책임을 담당하면서 내부통제를 지휘 및 통제한다. 경영진은 내부통제 시스템을 구축(설계)하고 유지하면서 운영을 하는 책임을 진다. 감사위원회는 경영진의 내부통제 운영의 적정성을 평가하고 평가결과 및 미비점을 이사회에 보고한다. 중간관리자 및 일반직원은 업무부문별 내부통제절차를 마련하고 운영하면서 내부통제기준에 따른 업무를 수행한다.

내부통제제도 정책과 절차의 이행책임은 해당 Business Line의 사업 대표(Senior Executive Offcier)에 달려 있으며, 궁극적으로는 이사회에 부여되고 있다고 보면 된다.

7) 다른 제도와의 비교
(1) 감사조직과의 비교

감사조직의 경우 상법에 의거하여 모든 주식회사는 반드시 설치하도록 되어 있다. 감사제도는 관련 법규에 의거하여 내부적으로 위반사항이 최소화될 수 있도록 감사·감독하는 등 감독기구를 대신하여 법규를 준수하도록 한다는 점에서는 내부통제조직(사전·상시적 수행)과 상당부분 유사하다.

감사조직은 업무의 상당부분이 사후적으로 이루어질 뿐만 아니라 실제로는 형식적으로 이루어지는 경향도 있어, 예방적인 역할이 미흡하고 감독기구의 감사에 대비하는 성격이 강한 것도 사실이다.

내부통제조직은 포괄적인 의미에서 관련 법규가 준수될 수 있도록 사전·상시 감독체계를 체계적으로 운영한다는 점에서 기존의 감사업무와 비교하면 그 업무의 수행성격의 범위와 방법 그리고 적극성 등의 정도에서 차이가 있다고 할 수 있다.

내부통제조직은 감사업무의 범위와 방법을 보다 적극적으로 해석하여 관련 법규 등이 엄격히 준수될 수 있도록 사전 또는 상시적으로 통제할 수 있는 조직 및 체계를 갖추고 그에 따라 업무처리가 이루어지도록 제도화하는 것으로 해석이 가능하다.

표 6.7 감사조직, 내부통제조직의 의의, 수행업무, 보고체계

구 분	감사조직 [감사(위원회)]	내부통제조직
의 의	경영진의 직무를 제3자적 관점에서 견제·감사(주주의 입장)	임직원이 직무수행 시 스스로 내부통제 기준을 준수하도록 하는 체제를 구축·운영(경영자의 입장)
수행업무	자체 감사(일상감사, 상시감사 포함) 및 외부감사인 선임 등 감사업무	법규준수체제 및 리스크관리체제 등 내부통제제도(또는 체제)
보고체계	감사결과를 이사회·주총에 보고	모니터링 및 내부통제기준 위반 행위에 대한 조사결과를 경영진 및 감사위원회에 보고
기 타	사후적 수행(소극적)	사전·상시적 수행(보다 적극적)

(출처: 박종철, 내부통제와 컴플라이언스, 금융투자협회 교재(2009))

(2) 위험관리조직과의 비교

일반기업과는 달리 금융기관은 특별하게 위험관리조직을 설치하여야 한다. 금융기관은 재무위험을 관리하기 위하여 필요한 위험관리지침을 마련하여야 한다. 위험관리지침은 금융기관이 내부적으로 관리할 재무지표, 운용자산의 내용과 위험의 정도, 자산의 운용방법, 고위험자산의 기준과 운용한다, 자산의 운용에 따른 영향, 내부적인 보고 및 승인체계, 위반에 대한 내부적인 징계 내용 및 절차 등에 관한 기본적인 사항, 위험관리조직의 구성 및 운영에 관한 사항과 기타 필요한 사항을 정하여야 한다. 금융기관은 위험관리지침을 제정한 때에는 금융감독당국에 보고하여야 하며 필요한 경우 금융감독당국은 그 개선을 요구할 수 있다.

위험관리조직의 대상 업무는 감사조직 또는 내부통제조직의 업무대상이 업무 전반에 걸친 것에 비교해 볼 때 자산의 운용에 한정되어 있다. 준법감시인이 필요 시 위험관리부서를 준법감시인의 보조조직으로 둘 수 있으며, 위험관리에 대해 수시로 점검이 가능하다.

(3) 내부견제시스템의 기본체계

내부통제조직 및 위험관리조직은 공히 Middle Office(내부통제 및 위험관리)라고 지칭한다. Middle Office는 Front Office(수익부문)의 활동을 견제하는 한편 Back Office(사무부문)으로부터의 보고를 통해 Front Office와의 정합성을 모니터링함으로써 Back Office와 내부통제조직 및 위험관리조직간의 견제기능을 유지하는 것이 요구된다.

4 금융기관 내부통제제도

내부통제제도는 미국이나 영국 등 선진국에서는 금융기관뿐만 아니라 일반기업에서도 도입할 만큼 광범위하게 시행되고 있으며, 특히 금융기관의 경우 어느 업종보다 내부통제제도가 강조되고 있다. 미국의 경우 금융기관 스스로가 내부통제제도를 도입해 시행하고 있는 반면, 영국에서는 감독체계의 일환으로 법제화되어 엄격하게 시행되고 있다. 이와 같은 차이는 양국의 금융제도와 문화적인 차이에서 기인한다.

국내 금융기관의 경우 금융회사 지배구조법에서 내부통제기준 및 준법감시인제도의 규정화를 통해 금융회사가 내부통제를 제도화하고, 준법감시인을 통해 내부통제 제도를 실행하게 하고 있다.

1) 금융회사의 내부통제 기준 설정의무

금융회사는 법령을 준수하고 자산을 건전하게 운용하며, 이해상충방지 등 투자자를 보호하기 위하여 임·직원이 그 직무를 수행함에 있어서 따라야 할 기본적인 절차와 기준(내부통제기준)을 정하여야 한다.

2) 준법감시인의 역할

금융회사는 내부통제 기준의 준수 여부를 점검하고, 내부통제 기준을 위반하는 경우 이를 조사하여 감사 또는 감사위원회에 보고하는 자(준법감시인)를 1인 이상 두어야 한다.

(1) 준법감시인의 업무영역

① 내부통제기준의 준수 여부 점검
- 내부통제기준(임직원 윤리강령 등 포함)의 제·개정
- 법규준수체제의 구축 및 운영
- 내부통제기준 및 법규준수 여부 점검

② 영업행위준칙 적용기준 마련·통제
- 영업행위준칙 준수를 위한 통제기준 제정
- 영업행위준칙 관련 통제기준의 준수 여부 점검

③ 법률자문

- 각종 내·외 법규에 관한 자문

- 외부법률자문계약의 체결 및 관리

④ 준법업무 교육

- 법규준수와 관련한 임직원에 대한 교육·연수 실시

⑤ 일상업무에 대한 준법감시 모니터일 업무

- 업무수행과정상의 위법·부당 사항 및 임직원의 법규준수 여부

- 법규준수 실태 모니터링

- 정관, 규정 등의 제정 및 개폐 시 법규 준수 측면에서의 사전 검토

- 신상품개발 등 새로운 업무의 개발 및 추진 시 사전 검토

(2) 감사(위원회)의 업무영역

① 내부감사업무

- 업무 및 회계감사에 관한 계획 수립, 시행 및 결과보고

- 본·지점 감사

- 회계기준의 제정 및 변경

- 준법감시인이 수행하는 내부통제 시스템의 적절한 운영여부 감시

② 외부감사업무

- 외부감사의 수검 총괄

- 외부감사결과에 기초한 시정, 권고 및 해당부서에 감사결과 전달

- 수검에 관련된 사항 및 감독기관에 감사결과 보고

③ 일상업무 감사

- 주요 업무 및 예산 집행 등에 대한 감사

- 회계방침의 변경에 관한 감사

- 투자자산 및 고정자산의 취득 및 처분에 관한 감사

(3) 상호 수행 가능 업무

① 민원사항 및 사후관리

- 대고객 사고분쟁의 예방과 처리 등 민원처리업무

- 사고 구상채권 담보확보 및 관리

- 사고발생 처리 및 보고

② 소송관련 업무
- 소송의 제기 및 수행

③ 주요 일상업무 관련 사항
- 사고구상채권의 보전
- 영업점 이상매매 등 불공정거래행위 감시업무
- 상시감시자료 점검 및 제출

④ 경영공시업무
- 영업보고서 내용의 적정성 등 검토

3) 내부통제기준

내부통제기준에 포함해야 할 사항은 다음과 같다.

---

(1) 업무의 분장 및 조직구조에 관한 사항
(2) 고유의 재산과 투자자 재산의 운용이나 업무를 수행하는 과정에서 발생하는 위험의 관리지침에 관한 사항
(3) 임·직원이 업무를 수행할 때 준수하여야 하는 절차에 관한 사항
(4) 경영의사결정에 필요한 정보가 효율적으로 전달될 수 있는 체계의 구축에 관한 사항
(5) 임·직원의 내부통제기준 준수 여부를 확인하는 절차·방법과 내부통제기준을 위반한 임·직원의 처리에 관한 사항
(6) 임·직원의 금융투자상품 매매와 관련한 보고 등 법에 따른 불공정행위를 방지하기 위한 절차나 기준에 관한 사항
(7) 내부통제기준의 제정 또는 변경절차에 관한 사항
(8) 준법감시인의 임면 절차에 관한 사항
(9) 이해상충의 파악, 평가와 관리에 관한 사항
(10) 집합투자재산이나 신탁재산에 속하는 주식에 대한 의결권 행사와 관련된 법규 및 내부지침의 준수 여부에 관한 사항
(11) 집합투자재산이나 신탁재산에 속하는 자산의 매매를 위탁하는 투자중개업자의 선정기준에 관한 사항
(12) 그 밖에 내부통제기준에 관하여 필요한 사항으로서 금융위원회가 정하여 고시하는 사항

---

4) 내부통제기준의 제정 및 변경 절차

금융회사가 내부통제기준을 제정하거나 변경하고자 하는 경우에는 이사회의 결의를 거쳐야 하고, 금융당국은 검사결과 법령을 위반한 사실이 드러난 경우 법령위반행위의 재발방지를 위하여 내부통제기준의 변경을 권고할 수 있다.

5) 준법감시인의 자격요건과 금지행위

(1) 준법감시인의 자격요건

금융회사가 준법감시인을 임면하고자 하는 경우에는 이사회의 결의를 거쳐야 하고, 준법감시인은 아래의 요건에 적합한 자이어야 한다.

① 한국은행 또는 검사대상기관에서 10년이상 근무 경력자

② 금융관련분야 석사학위 이상 소지자로서 연구기관 또는 대학에서 연구원 또는 전임강사 이상의 직에 5년 이상 근무 경력자

③ 변호사 또는 공인회계사 자격소지자로서 당해 업무에 5년 이상 근무경력자

④ 재정경제부·금융위원회·증권선물위원회 또는 금융감독원(한국거래소, 협회 또는 금융관련 법제업무 기관)에서 5년 이상 근무한 경력이 있는 자

준법감시인은 위와 같은 요건에 적합해야 하며, 아래에 해당되지 않아야 한다.

① 자본시장법 제24조(임원의 자격) 제 2항 각 호의 어느 하나에 해당 되지 아니할 것

② 최근 5년간 자본시장법 또는 금융관련법령을 위반하여 금융위원회 또는 금융감독원장으로부터 문책경과 또는 견책요구에 해당하는 조치를 받은 사실이 없을 것

(2) 준법감시인의 금지업무

금융회사가 준법감시인을 임명한 때에는 그 사실을 금융위원회와 협회에 통보하여야 하며, 준법감시인은 선량한 관리자의 주의로 그 직무를 수행하여야 하고, 아래의 업무를 수행하는 직무를 담당하여서는 안 된다.

① 해당 금융회사의 고유재산의 운용업무

② 해당 금융회사가 영위하고 있는 금융업 및 그 부수업무

(3) 준법감시인의 신분보장

금융회사는 준법감시인이 그 직무를 수행함에 있어서 자료나 정보의 제출을 임직원에게 요구하는 경우에는 당행 임직원으로 하여금 이에 성실히 응하도록 하여야 하고 준법감시인이었던 자에 대하여 당해 직무수행과 관련한 사유로 부당한 인사상의 불이익을 주어서는 안 된다.

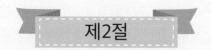

제2절

금융상품 판매 윤리

1 금융판매업자의 위치

프리드만(M. Friedman)은 그의 저서 「선택할 자유(Free to Choose)」에서 정보비대칭성으로 인한 피해로부터 소비자를 보호할 수 있는 시장 내의 자생적인 방법으로 '중간 상인'의 역할을 제시하고 있다. 중간 상인은 소비자를 대신하여 상품에 대한 전문적인 평가와 비교를 진행함으로써 소비자의 비전문성을 보완하고 올바른 선택을 돕는 역할을 하는데, 이런 견지에서 보면 금융판매업자는 금융소비자와의 접점에서 금융소비자의 이익을 대변해 줄 수 있는 위치에 있다.

최근 비즈니스 영역 특히, 고객과의 관계 구축과 관련하여 상당한 관심을 받고 있는 용어에 주목할 필요가 있다. 바로 진정성(authenticity)이다. 진정성이란 자기 자신의 내면세계를 인식하고 그 내면의 진실에 따라 행동하는 것을 의미한다[170]. 소셜미디어와 같은 새로운 미디어의 확산으로 공중의 힘은 커지고 조직은 점점 더 투명함과 솔직함을 요구받으면서 기업의 활동, 마케팅 커뮤니케이션뿐만 아니라 일상적인 환경에서도 진정성에 대한 가치부여는 점점 높아지고 있다[171]. 또한 실제 여러 연구에서 기업의 진정성이 고객들의 구매에 양(+)의 영향을 미친다는 사실이 밝혀지고 있기에, 진정성은 그 자체로도 가치가 있을 뿐만 아니라 기업의 영리성에도 도움이 되는 전략이라고 할 수 있다. 이러한 트렌드에 따르면 금융상품판매업자도 현란한 마케팅 및 기술적인 설득으로 고객을 유혹하기보다 묵묵히 제 할일을 다하며 진정성을 보여주는 쪽으로 판매전략을 구축해야 한다.

이를 위해서 금융판매업자는 자신의 가치가 고객의 이익의 크기로 결정된다는 사실을 이해하여야 한다. 이를 통해 무엇보다 금융판매업자가 해야 할 일은 어떻게 하면 금융소비자의 이익이 증진될지 적극적으로 모색하는 것임을 염두에 두고 금융회사의 입장을 대변하기보다는 자신의 고객의 입장에서 유리한 금융상품 및 그 조합을 연구하고 제시함으로써 신뢰를 쌓아나가는 자세가 필요하다. 금융소비자가 금융판매업자의 진정성을 의심치 않을 때 자신의 재산을 믿고 맡길 수 있음은 두말할 필요가 없다.

2 주요 법규 속 판매자의 신의성실 의무

1) 자본시장법 제37조

자본시장법은 다른 선진 국가들의 예와 유사하게 금융투자업자에 대한 공법상의 규제로써 그 영업행위규제를 규율하고 있는 것이 특색이다. 이는 금융투자업자가 투자자와의 계약 또는 계약체결의 교섭단계에서 준수하여야 할 계약상의 의무로 투자자보호의무를 규정하는 것과는 차이가 있다.

따라서 공법상 규제를 위반한 것만으로 바로 투자자에 대한 불법행위가 성립하는 것은 아니며, 규제에 반하는 행위의 위법성이 현저하여 불법행위의 정도에 이르고 그로 인하여 투자자에게 손해가 발생한 경우에 한하여 손해배상책임을 지게 되는 구조가 된다.

구 증권거래법이나 구 간접투자법상에는 투자자의 위험감수능력이나 투자경험, 투자재원의 규모 등에 따라 투자자를 달리 취급하는 조항은 마련되어 있지 않았지만, 자본시장법은 투자자를 위험감수능력, 즉, 금융투자상품 거래에 따라 필연적으로 발생하는 각종 위험을 스스로 감수할 수 있는 능력에 따라 "전문투자자"와 "일반투자자"로 구분하여 이들과 거래하는 금융투자업자의 거래행위에 대한 규제를 달리하고 있다.

2) 투자자보호의무

금융투자업자는 신의성실의 원칙에 따라 공정하게 금융투자업을 영위하여야 하고(자본시장법 제37조 제1항), 금융투자업을 영위함에 있어서 정당한 사유 없이 투자자의 이익을 해하면서 자기가 이익을 얻거나 제삼자가 이익을 얻도록 하여서는 아니된다(동조 제2항). 제1항은 신의성실의무, 제2항은 투자자이익 우선의무로 해석된다.

3 고객과의 커뮤니케이션 전략

금융판매업자가 금융소비자의 입장에서 그 이익을 대변하는 등 진정성 있는 자세를 갖추었다면, 그 상태로 만족할 것이 아니라 이러한 자신의 마음가짐을 금융소비자가 인식할 수 있도록 해야 한다. 그래야 비로소 상호작용을 통해 신뢰가 쌓이고, 장기적인 관계 구축 및 올바른 상품판매로 이어질 수 있다. 이를 위해 금융판매업자는 올바른 커뮤니케이션 전략을 모색해야 한다.

앞서 금융소비자보호와 관련된 여러 금융법규와 분쟁사례를 살펴보았는데, 그 내용이 상당히 복잡하고 전문적이지만 판매업자에게 주문하는 바는 명확하다.

첫째, 고객중심의 대화를 이끌어내야 한다는 것이다. 자신이 고객과 평소 대화하는 모습을 머릿속에 그려보자. 고객과 자신 중 누가 대화의 주도권을 갖는가? 말의 비중은 어떠한가? 간혹 자신의 고객인 금융소비자에게는 말할 기회도 주지 않고, 각종 전문지식과 현란한 말솜씨를 뽐내며 대화를 주도하는 금융판매업자들을 볼 수 있다. 이런 전략이 몇몇 고객에게는 유용할지 모르나, 결국 효과적인 고객 니즈의 파악을 방해하게 된다. 즉, 판매에 있어 적합성의 원칙을 위배할 소지가 높아진다. 소비자가 금융상품의 필요성을 스스로 긍정적으로 인지하고 자발적으로 구매한다면 만족도가 높아진다[172]. 따라서 고객과 대화를 할 때에는 금융상품과 관련된 주장을 하기보다 질문을 많이 준비하는 것이 더욱 중요하다. 알맞은 질문을 통해 고객이 자신의 재무상황을 스스로 인지하고 금융상품의 필요성을 느끼도록 한다면 자발성의 작용으로 고객의 상품구매 만족도도 높아짐은 물론 재무문제 해결사로서 금융상품판매업자의 위치도 명확히 할 수 있다.

둘째, 항상 자신이 한 말이 진실에 기반해 있도록 해야 한다. 쉬운 말이지만 상품 판매현장에서 실천하기는 상당히 어렵다. 종종 상품을 권유할 때 고객이 빠른 의사 결정을 내리도록 해당 상품이 실제 가진 가치보다 부풀려 설명하는 경우가 있다. 이러한 판매인의 태도는 금융소비자로 하여금 높은 기대를 하도록 하여, 거꾸로 해당 상품에 대한 불만이 커지게끔 작용하기도 한다. 불만이란 결국 기대가치와 실제가치의 괴리에서 오기 때문이다. 따라서 당장의 판매에는 도움이 안 되지만 언제나 상품가치 그대로의 정보를 전달하는 것이 중요하며, 이런 과정이 반복될 때 금융소비자는 다른 누구의 말보다 솔직한 정보를 주는 금융판매인의 말을 신뢰하게 될 것이다.

셋째, 잘못한 경우 바로 인정하고 이를 만회할 수 있는 개선 방안을 모색해야 한다. 고객과의 관계에서 본의 아니게 실수를 하거나 정보를 잘못 전달한 경우, 자신의 이미지를 걱정하여 이를 숨기거나 축소하지 않고, 사실 그대로를 다시 전달하는 것이 중요하다. 당장은 고객이 실망하겠지만 거꾸로 문제가 있을 경우, 올바르게 다시 수정될 것을 알게 되므로 장기적인 관계에서는 솔직하고 진실된 태도가 훨씬 유리하다.

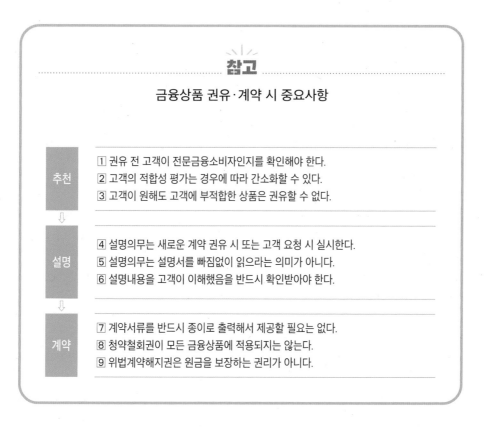

참고

금융상품 권유·계약 시 중요사항

추천
1 권유 전 고객이 전문금융소비자인지를 확인해야 한다.
2 고객의 적합성 평가는 경우에 따라 간소화할 수 있다.
3 고객이 원해도 고객에 부적합한 상품은 권유할 수 없다.

⇩

설명
4 설명의무는 새로운 계약 권유 시 또는 고객 요청 시 실시한다.
5 설명의무는 설명서를 빠짐없이 읽으라는 의미가 아니다.
6 설명내용을 고객이 이해했음을 반드시 확인받아야 한다.

⇩

계약
7 계약서류를 반드시 종이로 출력해서 제공할 필요는 없다.
8 청약철회권이 모든 금융상품에 적용되지는 않는다.
9 위법계약해지권은 원금을 보장하는 권리가 아니다.

4 단계별 판매수칙 및 체크리스트

법규 및 분쟁사례, 금융판매윤리 전략 등을 고려하여 자신만의 판매수칙[173]을 만들어보자. 또한 고객이 금융상품 및 서비스를 구매하는 과정에서 반드시 확인해야 할 내용을 중심으로 체크리스트를 만들어보자.

이런 작업을 금융회사의 준법감시부서나 영업지원부서 등의 업무로 간주하지 말고 자신만의 차별화 요소로 이용해야 한다. 고객유형별, 상품유형별로 해당 체크리스트를 구비하여 제공하면서, 대화를 이끌어 나간다면 분쟁의 소지를 없앰은 물론 금융소비자의 해당 상품에 대한 이해 증진 및 다른 판매업자와 차별되는 진정성 있는 서비스를 제공할 수 있을 것이다.

1) 금융상품 추천 단계

금융상품 권유 전 고객이 일반금융소비자인지를 확인해야 한다. 금융소비자보호법에서는 전문금융소비자(금융회사 등)가 아닌 자를 일반금융소비자로 본다. 금융소비자보호법상 일부 규정(적합성 원칙, 적정성 원칙, 설명의무, 청약철회권, 소액분쟁조정 이탈금지)은 일반금융소비자에 한해 적용되고, 그 밖에 불공정영업금지, 부당권유금지, 위법계약해지권 등은 전문금융소비자에게도 적용된다.

표 6.8 금융소비자보호법 적용 규정

구 분	내 용
적합성 원칙	소비자의 고객정보를 파악하고, 부적합한 상품 권유를 금지
적정성 원칙	소비자의 고객정보를 파악하고, 해당 상품이 부적합한 경우 그 사실을 고지
계약철회권	계약 후 일정기간 내 소비자가 청약을 철회할 수 있는 권리
소액분쟁조정 이탈금지	분쟁조정가액이 2천만원 이하인 경우 분쟁조정 중 금융회사의 소제기 금지

금융상품 유형에 따라 일반금융소비자로서의 권리와 책임이 달라진다. 일반금융소비자를 대상으로 한다면 예금가입 시 설명의무가 적용되지 않고, 계약서류로서 설명서를 제공해야 하며, 「약관법」에 따른 약관설명의무를 이행할 필요가 있다. 금

융상품 판매자는 고객이 일반금융소비자인지를 확인할 때 객관적 자료(예: 소상공인 시장진흥공단의 소상공인 확인서 등)에 의해 판단해야 하며, 예금성 상품의 경우, 법 시행 초기에는 일반적인 상황에서 피성년후견인 또는 피한정후견인에 해당하는지를 확인하기 위한 증빙자료 요구 없이 확인 가능하다.

표 6.9 일반금융소비자

예금성 상품 (예금, 적금 등)	미성년자, 피성년후견인, 피한정후견인, 만 65세 이상
대출성 상품 (대출, 신용카드 등)	개인(금융상품판매대리중개업자 제외) / 상시근로자 5인 미만 법인·조합·단체
보장성 상품 (보험, 신협 공제)	「보험업법」상 일반보험계약자와 동일
투자성 상품 (펀드, 금전신탁 등)	「자본시장법」상 일반투자자와 거의 동일 (투자권유대행인, 공제법인 등 일부 제외)

고객의 적합성 평가는 경우에 따라 간소화할 수 있는데, 적합성 평가는 소비자로부터 제공받은 정보를 토대로 법령에 따라 마련한 적합성 판단기준에 따라 실시한다. 사모펀드의 경우 일반금융소비자에 적합성 평가 등 적합성 원칙 적용을 요청할 수 있는 권리가 있음을 사전에 알려야 하고[174], 판매자의 권유 없이 소비자가 특정 금융상품의 계약 체결을 원하는 경우에는 적합성 원칙이 적용되지 않는다. 과거 거래를 했던 소비자가 신규 거래를 하려는 경우에 과거에 소비자로부터 제공받은 정보와 적합성 판단기준에 변경이 없다면 적합성 평가를 해야할 실익이 크지 않으므로, 적합성 판단기준이 동일하면, 소비자 정보의 변경여부를 확인하는 절차로 적합성 평가를 갈음할 수도 있다.

고객이 원해도 부적합한 상품은 권유할 수 없으며, 권유과정에서 부적합한 상품의 목록을 제공한 후 "불원확인서"(적합성 원칙 회피를 위해 고객이 권유를 원하지 않았다는 사실을 확인받는 서류), "부적합확인서"를 받고 판매하던 관행은 허용되지 않는다.

표 6.10 적합성 판단 기준

구 분	내 용
투자성 상품·보장성 상품	소비자가 손실감수능력이 적정수준인지를 평가
대출성 상품	소비자의 상환능력이 적정수준인지를 평가
예금성 상품	적합성 원칙 적용대상이 아님

2) 금융상품 설명 단계

설명의무는 신규 계약 권유 시 또는 고객 요청 시 실시하고, 대출기한 연장, 실손의료보험 갱신, 신용카드 갱신 등 신규 계약이 아닌 경우에는 설명의무가 적용되지 않는다.

설명의무는 설명서를 빠짐없이 읽으라는 의미가 아니다. 판매자는 설명의무에 따라 설명서 내용을 소비자가 이해하기 쉽게 전달해야 하고, 그 방법에는 제한이 없다. 반드시 설명서를 구두로 읽어야 할 필요는 없으며 동영상 등 다양한 매체를 활용할 수 있다. 설명서 내용 중 소비자가 설명을 필요로 하지 않는다는 의사를 표시한 항목은 제외할 수 있는데, 설명서 주요 내용을 요약한 자료를 설명한 후 소비자가 추가로 요구한 부분만 설명할 수도 있다.

설명내용을 고객이 이해했음을 반드시 확인받아야 하므로, 판매자는 소비자가 설명내용을 이해했다는 사실에 대해 서명(전자서명 포함), 기명날인, 녹취 중 어느 하나로 확인받아야 한다.

소비자가 충분한 이해없이 확인하려 할 경우에는 이러한 소비자의 확인이 추후 소송이나 분쟁에서 소비자에게 불리하게 작용할 수 있다는 점을 주지시킬 필요가 있다. 설명의무 위반에 대한 손해배상 입증책임 전환 규정[175]에 따라 판매자가 입증해야할 사항은 '위반사실'이 아니라 '위반에 고의·과실이 없음'이므로, 위반사실은 소비자가 입증해야 한다.

3) 금융상품 계약 단계

계약서류를 반드시 종이로 출력해서 제공할 필요는 없으며, 금소법상 계약서류는 일반적으로 계약서, 약관, 설명서이고, 계약서는 계약의 성립을 증명하는 문서로서 그 형식에 별도의 제한을 두지 않는다.

계약서류는 소비자가 원하는 방식에 따라 서면, 우편(전자메일 포함), 문자메시지 등 전자적 의사표시(위·변조 불가)로 제공 가능하고, 비대면 거래의 경우 해당 전자문서[176]에 대해 다운로드 기능이나 상시조회서비스를 제공하는 방법도 가능하다. 계약에 대한 청약철회권이 모든 금융상품에 적용되지는 않으며, 대출성·보장성 상품은 원칙 적용하되 일부 예외[177]가 허용되며, 예금성 상품은 허용되지 않고, 투자성 상품은 제한적으로 허용된다.

위법계약해지권은 원금을 보장하는 권리가 아니다. 위법계약해지권은 계속적 계약으로 해지 시 재산상 불이익이 발생[178]하는 금융상품에는 원칙적으로 모두 적용되며, 위법계약 해지의 효과는 장래를 향해 발생하기 때문에 해당 계약은 '해지시점' 이후부터 무효가 된다. 해지 전까지 계약에 따른 서비스와 관련된 비용 등[179]은 원칙적으로 계약해지 후 소비자에 돌려주지 않는다.

< 청약철회권 허용 투자성 상품(고난도 상품은 '21.05.10. 이후 적용) >

▶ 부동산 신탁 등 비금전신탁
▶ 고난도 금전신탁계약 / 고난도 투자일임계약
▶ 고난도 금융상품인 펀드(일정기간 자금을 모은 후 운용하는 상품에 한정)

표 6.11 금융상품 거래단계별 체크리스트(예시)

구 분	업 무	금소법 시행 후 변화
권유 전	고객 유형 파악	• 예금성·대출성 상품도 일반금융소비자인지를 확인
금융상품 추천 (적합성 원칙 적용 시)	일반금융 소비자의 정보 파악·확인	• 금융상품 유형에 따라 법령상 규정된 고객정보(연령, 재산상황, 투자성향 등) 파악 후 고객 확인 징구 • 사모펀드(전문투자형)의 경우 일반금융소비자에 적합성 원칙 적용 요청 권리가 있음을 고지
	적합성 평가	• 대출성 상품도 적합성 평가 절차 신설 • 법령에 따라 마련된 적합성 판단기준에 따라 평가 → 적합성보고서 작성(고객에는 미제공)
	금융상품 추천	• 불원확인서·부적합확인서 징구 불가

설 명	설명서 제공·설명	• "투자설명서"나 "간이투자설명서"가 제공되는 경우에는 금소법상 필수 안내정보 중 해당 설명서에 없는 부분만 별도로 설명서를 제공 • 설명한 사람이 "설명내용과 설명서가 동일하다는 사실"에 대해 설명서에 서명할 것(예금성·대출성 상품은 제외) • 일반금융소비자가 판매자의 금융상품 권유없이 계약을 체결하는 경우에 설명요청권이 있음을 고지 ※ 금융상품판매대리·중개업자를 통해 설명서 제공 및 설명이 이루어진 경우에는 추가 제공 불필요
	고객 이해 확인	• "고객이 설명내용을 모두 이해했다는 사실"을 서명(전자서명), 기명날인, 녹취 중 어느 하나의 방법으로 확인받을 것 • 고객이 충분한 이해없이 확인할 경우 소송, 분쟁에 불리하게 작용할 수 있음을 알릴 것

⇩

계 약	계약서류 제공	• 계약서류: "계약서, 약관, 설명서, 보험증권" • 권유 단계에서 설명서가 제공된 경우에는 설명서 제공 불필요 • 계약 후 서면, 우편(전자메일 포함), 문자메시지 등으로 계약서류를 지체없이 제공할 것(고객이 특정방식을 희망할 경우 그 방식에 따라 제공)

금융권에서 사용하고 있는 표준내부통제기준, 광고규제 가이드라인, 투자자 적합성평가제도 운영지침, 금융상품 설명의무의 합리적 이행을 위한 가이드라인 등은 금융소비자보호를 위한 구체적인 실천력을 강화한다.

제**7**장

부록

은행연합회 금융소비자 보호 표준내부통제기준

금융소비자보호에 관한 내부통제 모범규준

2021.07.26
은행연합회

제1장 총 칙

제1조(목적) 이 규준은 「금융소비자보호에 관한 법률」(이하 "금융소비자보호법"이라 한다) 및 관련 법규(이하 "금융소비자보호법령"이라 한다)에서 정한 바에 따라, 금융소비자보호를 위한 은행의 내부통제기준, 영업에 관한 준수사항, 기타 금융소비자 권익 보호를 위한 제반 사항을 규정함으로써 금융소비자보호의 실효성을 높이고, 금융소비자의 신뢰를 제고하는 것을 목적으로 한다.

제2조(적용 범위) ① 이 규준은 은행의 모든 임직원과 금융소비자보호와 관련한 모든 업무에 적용한다. 다만, 은행 업무의 일부를 위탁 받은 자 및 위탁업무에 대해서는 그 위탁 범위 내에서 이 규준을 적용한다.

② 금융소비자보호와 관련하여 이 규준 및 이 규준의 위임에 따른 하위 규정 등(이하 "이 규준 등"이라 한다)에서 정하지 아니한 사항은 금융소비자보호법령에 따른다.

제3조(용어의 정의) 이 규준에서 사용하고 있는 용어의 정의는 다음 각 호와 같다.

1. "금융상품"이란 금융소비자를 상대로 계약을 체결함에 있어 그 대상이 되는 상품으로서, 「은행법」에 따른 예금 및 대출, 「자본시장과 금융투자업에 관한 법률」(이하 "자본시장법"이라 한다)에 따른 금융투자상품, 「보험업법」에 따른 보험상품, 「상호저축은행법」에 따른 예금 및 대출, 「여신전문금융업법」에 따른 신용카드, 시설대여, 연불판매, 할부금융 등 금융소비자보호법 제2조 제1호에서 정한 '금융상품'을 말한다.

2. "금융소비자"란 은행이 제공하는 금융상품에 관한 계약의 체결 또는 계약 체결의 권유를 받거나 청약을 하는 자로서 금융소비자보호법 제2조 제8호에서 정한 '금융소비자'를 말한다.

3. "전문금융소비자"란 금융상품에 관한 전문성 또는 소유자산규모 등에 비추어 금융상품에 관한 계약에 따른 위험감수능력이 있는 금융소비자로서 금융소비자보호법 제2조 제9호에서 정한 '전문금융소비자'를 말한다.

4. "일반금융소비자"란 전문금융소비자가 아닌 금융소비자를 말한다.

5. "대리·중개업자"란 금융상품에 관한 계약의 체결을 대리하거나 중개하는 것을 영업으로 하는 자로서 금융소비자보호법 제2조 제3호 나목에서 정한 '금융상품 판매대리·중개업자'를 말한다.

6. "임직원 등"은 소속 임직원 및 은행이 업무를 위탁하는 대리·중개업자를 말한다.

7. "내부통제체계"란 효과적인 내부통제 활동을 수행하기 위한 조직구조, 업무분장 및 승인절차, 의사소통·모니터링·정보시스템 등의 종합적 체계를 말한다.

8. "내부통제기준"이란 금융소비자보호법령을 준수하고 건전한 거래질서를 해치는 일이 없도록 성실히 관리업무를 이행하기 위하여 임직원 등이 직무를 수행할 때 준수하여야 할 기준 및 절차로서 금융소비자보호법 제16조 제2항에서 정한 '내부통제기준'을 말한다.

9. "금융소비자보호 내부통제위원회"란 금융소비자보호에 관한 내부통제를 수행하는데 필요한 의사결정기구로서 「금융소비자 보호에 관한 감독규정」(이하 "감독규정"이라 한다) [별표2]에서 정한 '금융소비자보호 내부통제위원회'를 말한다.

10. "금융소비자보호 총괄기관"이란 금융소비자보호에 관한 내부통제를 금융상품 개발·판매 업무로부터 독립하여 수행하는데 필요한 조직으로서 감독규정 [별표2]에서 정한 '금융소비자보호 총괄기관'을 말한다.

제4조(금융소비자보호에 관한 기본 방침) ① 은행은 금융소비자의 권익 증진, 건전한 금융거래 지원 등 금융소비자보호를 위하여 노력한다.

② 은행은 금융소비자 불만 예방 및 신속한 사후구제를 통하여 금융소비자를 보호하기 위하여 그 임직원이 직무를 수행할 때 준수하여야 할 기본적인 절차와 기준(이하 "금융소비자보호기준"이라 한다)을 정하여야 한다.

③ 은행은 금융소비자보호가 효과적으로 이루어지도록 이에 필요한 인적, 물적 자원을 적극적으로 확보하여야 한다.

제5조(다른 내규와의 관계) 금융상품의 개발, 판매 및 금융소비자에 대한 민원·분쟁 처리 등 금융소비자 보호에 관한 사항은 은행 내 다른 내규 등에서 특별히 정한 경우를 제외하고는 이 규준 등에서 정하는 바에 따른다.

제2장 업무의 분장 및 조직구조

제6조(내부통제체계의 운영) 은행은 금융소비자보호 업무에 관한 임직원의 역할과 책임을 명확히 하고, 업무의 종류 및 성격, 이해상충의 정도 등을 감안하여 업무의 효율성 및 직무 간 상호 견제와 균형이 이루어질 수 있도록 업무분장 및 조직구조를 수립하여야 한다.

제7조(이사회) ① 이사회는 은행의 금융소비자보호에 관한 내부통제체계의 구축 및 운영에 관한 기본방침을 정한다.

② 이사회는 제1항의 내부통제에 영향을 미치는 경영전략 및 정책을 승인한다.

제8조(은행장) ① 은행장은 이사회가 승인한 이 규준 및 금융소비자보호기준에 따라 금융소비자보호와 관련한 내부통제체계를 구축·운영하고, 임직원 등이 금융소비자보호 업무를 수행할 수 있도록 관리·감독하여야 한다.

② 은행장은 다음 각 호의 내부통제기준 운영 업무를 수행할 수 있다. 다만, 은행장은 금융소비자보호 담당임원에게 구체적인 범위를 명시하여 금융소비자보호에 관한 내부통제 운영 업무를 위임할 수 있으며, 은행장이 해당 업무를 위임하는 경우 정기

적으로 관리·감독할 수 있는 절차를 마련하여야 한다.

    1. 내부통제기준 위반방지를 위한 예방대책 마련

    2. 내부통제기준 준수 여부에 대한 점검

    3. 내부통제기준 위반시 위반내용에 상응한 조치방안 및 기준 마련

  ③ 은행장은 은행의 금융소비자보호 내부통제체계가 적절히 구축·운영되도록 내부통제 여건을 조성하고, 영업환경 변화 등에 따라 금융소비자보호 내부통제체계의 유효성이 유지될 수 있도록 점검하여야 한다.

제9조(임직원 및 조직) ① 임직원 등은 자신의 직무와 관련하여 금융소비자보호 내부통제에 대한 1차적인 책임을 지며, 직무수행 시 자신의 역할을 이해하고 금융소비자보호법령을 숙지하여 이를 충실히 준수하여야 한다.

  ② 은행은 내부통제기준을 효과적으로 준수하기 위해 금융소비자보호 총괄기관과 금융상품의 개발·판매·사후관리 부서 간의 역할과 책임을 명확히 하고 상호 협력과 견제가 이루어질 수 있도록 조직을 구성하여야 한다.

제3장   임직원 등이 업무를 수행할 때 준수해야 하는 기준 및 절차

제10조(금융소비자보호 총괄기관과의 사전협의) ① 금융소비자보호 총괄기관은 금융상품 개발 및 마케팅 정책 수립 시 다음 각 호의 사항을 포함하여 사전협의 관련 절차를 구축, 운영하여야 한다.

    1. 사전협의 경과 및 결과 관리

    2. 사전협의 누락 시 대책수립

  ② 제1항에 따른 사전협의 관련 절차를 구축, 운영함에 있어 다음 각 호의 사항을 고려하여야 한다.

    1. 금융상품의 위험도·복잡성

    2. 금융소비자의 특성

    3. 금융상품 발행인의 재무적 건전성, 금융상품 운용 및 리스크 관리능력

  ③ 금융상품 개발 및 마케팅 정책 수립을 담당하는 부서는 다음 각 호와 관련하여 금융소비자보호 총괄기관과 사전에 협의하여야 한다.

1. 금융상품 개발·변경·판매중단

2. 상품설명서 등 중요서류의 제작·변경

3. 판매절차의 개발·변경

4. 고객 관련 판매촉진(이벤트, 프로모션 등), 영업점 성과평가 기준 등 주요 마케팅 정책 수립 및 변경 등

5. 기타 소비자 보호를 위하여 금융소비자보호 총괄기관이 정하는 사항

④ 금융소비자보호 총괄기관은 금융상품 개발 및 마케팅 정책, 약관 등으로 인해 금융소비자에게 피해가 발생할 가능성이 있다고 판단하는 경우 관련 부서에 새로운 금융상품의 출시 중단, 마케팅 중단, 개선방안 제출 등을 요구할 수 있다.

⑤ 은행은 제3항의 사전협의를 누락한 경우 성과평가 또는 민원평가에 반영하여야 한다.

제11조(금융상품 개발 관련 점검항목 및 자체 내부준칙 수립) ① 금융소비자보호 총괄기관은 새로운 금융상품을 개발하는 경우 금융소비자에게 불리한 점이 없는지 등을 진단하기 위한 점검항목을 마련하여야 한다.

② 은행은 금융 관련 법규 등에서 정한 바에 따른 금융상품 개발과정에서 다음 각 호의 사항을 포함한 자체 내부준칙을 수립하여 운영하여야 한다.

1. 금융상품 개발부서명 및 연락처를 상품 설명 자료에 명기하는 등 책임성 강화

2. 금융상품 개발부서의 금융상품 판매자에 대한 충분한 정보 공유 책임 강화

제12조(금융소비자의 의견청취) ① 은행은 금융상품 개발 등 초기 단계에서부터 금융소비자의 불만예방 및 피해의 신속한 구제를 위해 민원, 소비자 만족도 등 금융소비자의 의견을 적극 반영할 수 있도록 업무 절차를 구축 및 운영하여야 한다.

② 은행은 새로운 금융상품의 출시 후 금융소비자 만족도 및 민원발생 사항 등의 점검을 통해 이를 사후 검증하고, 점검 결과 제도개선이 필요한 사안은 즉시 관련부서에 통보하여 적기에 반영될 수 있도록 체계를 구축 및 운영하여야 한다.

제13조(금융상품의 판매 과정 관리) ① 금융소비자보호 총괄기관은 금융상품 판매 과정에서 불완전판매가 발생하지 않도록 금융상품 판매 및 마케팅 담당 부서를 대상으로

금융소비자보호 관점에서 다음 각 호의 판매절차를 구축하고, 이를 매뉴얼화 하여야 한다.

    1. 금융상품 판매 전 절차

      가. 금융상품 판매자에 대해 금융상품별 교육훈련 체계를 갖추고, 금융상품별 판매자격기준을 마련하여 운영하여야 한다.

      나. 금융상품의 판매과정별 관리절차(반드시 지켜야 할 사항에 대한 점검항목 제공 및 이행 여부 포함)를 구축 및 운영하여 불완전판매 예방을 위한 통제기능을 강화하여야 한다.

      다. 금융소비자가 금융상품 선택과정에서 반드시 알아야 할 사항 및 금융상품의 주요 위험요인 등에 대한 금융소비자의 확인절차를 마련하여야 한다.

    2. 금융상품 판매 후 절차

      가. 금융소비자의 구매내용 및 금융거래에 대한 이해의 정확성 등 불완전판매 여부를 확인하여야 한다.

      나. 불완전판매 개연성이 높은 상품에 대해서는 해당 금융상품의 유형을 고려하여 금융소비자보호 절차를 마련하여야 한다.

② 금융소비자보호 총괄기관은 금융소비자의 불만내용과 피해에 대한 분석을 통하여 불만 및 피해의 주요 원인을 파악하고 이를 관련부서와 협의하여 개선토록 하여야 하며, 구축된 판매 절차가 원활히 운영될 수 있도록 적정성을 점검하여야 한다.

제14조 (금융상품의 판매 후 금융소비자의 권익 보호) ① 은행은 금융상품 판매 이후 거래조건 등 주요내용의 변경, 금융상품에 내재된 위험성의 변경, 금융소비자의 대규모 분쟁발생 우려 시 관련사항을 금융소비자에게 신속하게 안내하여야 한다.

② 은행은 금융소비자가 법령 및 계약상 권리를 청구하는 경우 신속하고 공정하게 처리될 수 있도록 관련 절차와 기준을 마련하여야 한다.

제15조(영업행위의 일반원칙) ① 은행은 금융상품 판매시 금융소비자보호법령에 따라 적합성 원칙, 적정성 원칙, 설명의무 등을 준수하여야 하며, 상품판매 시 금융소비자보호법령을 위반하여 불완전판매가 발생하지 않도록 최선의 노력을 다하여야 한다.

② 은행은 금융상품의 판매과정에서 은행 또는 임직원 등의 귀책사유로 금융소비

자에게 피해가 발생하는 경우에는 신속한 피해구제를 위해 최선의 노력을 다하여야
한다.

제16조(광고물 제작 및 광고물 내부 심의에 관한 사항) ① 은행은 금융상품 및 업무(이하 '금융
상품 등'이라 한다)에 관한 광고를 하는 경우에는 금융소비자보호법령 등을 준수하여야
하고, 금융소비자가 금융상품의 내용을 오해하지 아니하도록 명확하고 공정하게 전
달하여야 한다.

② 은행은 금융상품 등에 관한 광고를 하는 경우에는 준법감시인의 심의를 받아야
한다.

③ 은행은 대리·중개업자의 금융상품에 관한 광고를 허용하기 전에 그 광고가 금
융소비자보호법령 등에 위배되는지를 확인해야 한다.

④ 은행은 제3항에 따라 대리·중개업자의 금융상품에 관한 광고를 확인할 때에는
소요기간을 안내하여야 하며, 정해진 기일 내에 확인이 곤란할 경우 그 사유를 지체
없이 대리·중개업자에 통보하여야 한다.

⑤ 은행은 금융상품 등에 관한 광고물 제작 및 내부 심의에 관한 세부기준 및 절차
를 마련하여 운영하여야 한다.

제17조(금융상품별·판매업무별 판매준칙) ① 은행은 임직원 등이 금융상품에 관한 계약의
체결 또는 계약 체결의 권유 등 금융소비자를 대상으로 직무를 수행할 때 금융소비
자를 보호하기 위하여 준수하여야 할 각 금융상품별·판매채널별 절차와 기준을 마
련하고 이를 문서화하여야 한다.

② 제1항의 절차와 기준을 제정·변경하고자 하는 부서는 금융소비자보호 총괄기
관과 사전에 협의를 거쳐야 한다.

제18조(금융소비자와의 이해상충 방지) ① 은행은 은행 및 임직원 등이 금융소비자의 권익
을 침해하지 않고 모든 금융소비자의 이익을 동등하게 다루도록 최선을 다하여야 하
며, 금융소비자와의 이해상충이 발생하지 않도록 이해상충 방지 시스템을 구축하여
야 한다.

② 임직원 등은 금융소비자와 이해상충이 발생하거나 우려되는 경우 금융소비자

보호 등에 문제가 발생하지 아니하도록 필요한 조치를 취하여야 한다.

제19조(금융소비자 보호 관련 교육) ① 은행은 임직원 등을 대상으로 금융소비자의 권리 존중, 민원 예방, 금융소비자보호법령 준수 등 금융소비자 보호 관련 교육을 정기·수시로 실시하여야 한다.

② 금융소비자보호 총괄기관은 제1항에 따른 금융소비자 보호 관련 교육의 기획·운영을 총괄한다.

제20조(금융소비자 신용정보, 개인정보 관리) ① 은행은 금융상품 판매와 관련하여 금융소비자의 개인(신용)정보의 수집 및 활용이 필요할 경우 명확한 동의절차를 밟아서 그 목적에 부합하는 최소한의 정보만 수집·활용하여야 하고, 당해 정보를 선량한 관리자의 주의로서 관리하여야 하며, 당해 목적 이외에는 사용하지 아니하여야 한다.

② 은행은 수집된 개인정보를 관리하는 개인정보 관리책임자를 선임하여야 한다.

제21조(대리·중개업자에 대한 업무위탁 범위) ① 은행은 은행의 본질적 업무를 제외한 금융상품에 관한 계약의 체결을 대리·중개하는 업무를 제3자에게 위탁할 수 있다.

② 은행은 제1항에 따라 제3자에게 업무를 위탁하는 경우 금융소비자보호 또는 건전한 거래질서를 위하여 다음 각 호의 사항을 제3자와의 위탁계약 내용에 포함하여야 한다.

1. 대상 금융상품의 종류 및 업무위탁의 범위
2. 계약기간, 계약갱신 및 해지사유
3. 수수료 산정 및 지급방법
4. 대리·중개업무시 준수 및 금지사항
5. 사고방지대책 및 교육에 관한 사항
6. 손실보전대책 및 손해배상책임의 범위
7. 금융협회의 자료제출 요청에 대한 협조
8. 광고 및 재판관할 등 기타 필요사항

제22조(대리·중개업자에 대한 관리기준) ① 은행은 제21조의 업무 위탁에 관하여 금융소

비자와의 이해상충 및 금융소비자의 개인(신용)정보의 분실·도난·유출·변조·훼손이 발생하지 않도록 대리·중개업자의 업무위탁에 관한 계약의 이행 상황을 관리·감독하여야 한다.

② 은행은 대리·중개업자에 대한 체계적 관리를 위해 수수료 산정 및 지급기준, 위탁계약의 체결 및 해지절차 등에 대한 다음 각 호의 관리기준을 사전에 마련하여야 한다.

    1. 대리·중개업자의 위탁계약 체결 및 해지 절차

    2. 대리·중개업자의 영업행위에 대한 점검 절차 및 보고체계

    3. 금융소비자의 개인정보보호(정보접근 제한, 정보유출 방지대책을 포함한다) 대책 및 관련 법규준수에 관한 사항

    4. 내·외부 감사인의 자료접근권 보장

    5. 위탁계약서의 주요 필수 기재사항

     가. 위탁업무 범위

     나. 위탁자의 감사 권한

     다. 업무 위·수탁에 대한 수수료 등

     라. 고객정보의 보호

     마. 감독기관의 검사 수용의무

    6. 내리·중개업자의 실적 등에 대한 기록 및 관리

    7. 수수료 산정 및 지급기준·방법

    8. 교육프로그램, 교육주기, 교육 방법 등에 관한 사항

제23조(금융상품 자문업무에 대한 보수기준) ① 은행은 금융소비자보호법 제2조 제5호에 따른 금융상품자문업자로서 자문업무를 수행하는 경우 금융소비자의 이익을 보호하기 위하여 선량한 관리자의 주의로 자문업무를 충실히 수행하여야 하며, 자문업무 수행 시 금융소비자로부터 받는 보수금액 및 그 산정기준을 사전에 정하고 해당 내용을 금융소비자에게 제공하는 계약서류에 명시하여야 한다.

② 은행은 제1항에 따른 보수 이외에 추가로 금전등을 요구하여서는 아니되며, 금융상품판매업자로부터 자문과 관련한 재산상 이익을 제공받는 경우 해당 사실을 금융소비자보호법령에서 정하는 바에 따라 금융소비자에게 알려야 한다.

제4장 내부통제기준의 운영을 위한 조직 및 인력

제24조(금융소비자보호 내부통제위원회의 설치 및 운영) ① 은행은 금융소비자보호에 관한 내부통제를 수행하기 위하여 금융소비자보호 내부통제위원회(이하 "위원회"라 한다)를 설치한다.

② 은행은 은행장, 금융소비자보호 업무를 담당하는 임원(이하 "금융소비자보호 담당임원"라고 한다), 준법감시인, 위험관리책임자 및 은행이 정하는 사내 임원(「금융회사의 지배구조에 관한 법률」(이하 "지배구조법"이라 한다) 제2조 제2호에 따른 임원을 말한다)을 위원회의 위원으로 구성한다.

③ 위원회는 다음 각 호의 사항을 조정·의결하여 그 결과를 이사회에 보고하여야 하며, 위원회에서 논의한 사항은 서면·녹취 등의 방식으로 5년간 기록·유지하여야 한다.

1. 금융소비자보호에 관한 경영방향

2. 금융소비자보호 관련 주요 제도 변경사항

3. 금융상품의 개발, 영업방식 및 관련 정보공시에 관한 사항

4. 임직원의 성과보상체계에 대한 금융소비자보호 측면에서의 평가

5. 이 규준 및 금융소비자보호법 제32조 제3항에 따른 금융소비자보호기준의 적정성·준수실태에 대한 점검·조치 결과

6. 금융소비자보호법 제32조 제2항에 따른 평가(이하 "금융소비자보호실태평가"라 한다), 감독(금융소비자보호법 제48조 제1항에 따른 "감독"을 말한다) 및 검사(금융소비자보호법 제50조에 따른 "검사"를 말한다) 결과의 후속조치에 관한 사항

7. 중요 민원·분쟁에 대한 대응 결과

8. 광고물 제작 및 광고물 내부 심의에 대한 기준 및 절차

9. 상품설명서 등 금융상품 계약서류 제·개정안 검토(준법감시인이 해당 계약서류를 사전 검토하는 경우에는 제외할 수 있다)

10. 금융소비자보호 총괄기관과 금융상품 개발·판매·사후관리 등 관련 부서 간 협의 필요사항

④ 은행장이 주재하는 회의를 매 반기마다 1회 이상 개최한다.

제25조(금융소비자보호 총괄기관의 설치 및 운영) ① 은행은 금융소비자보호에 관한 내부통

제 업무를 금융상품 개발·판매 업무로부터 독립하여 수행할 수 있도록 금융소비자보호 총괄기관을 은행장 직속으로 설치한다.

② 은행은 금융소비자보호 총괄기관의 업무수행에 필요한 인력을 갖춰야 하며, 제3항 각 호에 따른 업무를 원활히 수행할 수 있는 직원을 금융소비자보호 담당직원으로 선발, 운영하여야 한다.

③ 금융소비자보호 총괄기관은 다음 각 호의 업무를 수행한다.

1. 금융소비자보호에 관한 경영방향 수립
2. 금융소비자보호 관련 교육의 기획·운영
3. 금융소비자보호 관련 제도 개선
4. 금융상품의 개발, 판매 및 사후관리에 관한 금융소비자보호 측면에서의 모니터링 및 조치
5. 민원·분쟁의 현황 및 조치결과에 대한 관리
6. 임직원의 성과보상체계에 대한 금융소비자보호 측면에서의 평가
7. 위원회의 운영(제1호부터 제5호까지의 사항을 위원회에 보고하는 업무를 포함한다)

제26조(금융소비자보호 총괄기관의 역할) ① 금융소비자보호 총괄기관은 금융소비자보호 및 민원예방 등을 위해 다음 각 호의 사항을 포함하는 제도개선을 관련부서에 요구할 수 있다. 이 경우 제도개선 요구를 받은 부서는 제도개선 업무를 조속히 수행하여야 한다. 다만, 부득이한 사유로 제도개선 업무의 수행이 불가능할 경우 그 사유를 위원회를 통해 소명해야 한다.

1. 업무개선 제도운영 및 방법의 명확화
2. 개선(안) 및 결과 내역관리
3. 제도개선 운영성과의 평가
4. 민원분석 및 소비자만족도 분석 결과 등을 토대로 현장 영업절차 실태 분석 및 개선안 도출

② 금융소비자보호 총괄기관은 금융상품의 개발, 판매 및 사후관리 과정에서 금융소비자 보호 측면에서의 영향을 분석하고 점검하여야 하며, 그 과정에서 고객의 피해 발생이 우려되거나 피해가 발생한 경우 등 중대한 사안이 발생하는 경우 적절한 대응방안을 마련하여 조치하여야 한다.

③ 금융소비자보호 총괄기관은 이 규준 및 금융소비자보호법령의 준수 여부를 점검하는 과정에서 위법·부당행위 발견하였거나 중대한 금융소비자 피해 우려가 있는 경우 등에는 직접 조사(자료제출 요구, 출석요청 및 임점조사를 포함한다)하거나 필요한 경우 관련부서에 조사를 의뢰할 수 있으며, 조사 대상자 또는 조사 대상부서는 이에 성실히 응하여야 한다.

④ 금융소비자보호 총괄기관은 금융소비자보호 제도와 관련하여 관련 부서에 임직원 교육 및 필요 시 제2항에 따른 특정한 조치에 관한 협조를 요청할 수 있고, 금융상품의 개발·판매 담당 부서에 사전협의 절차의 진행을 요청할 수 있다. 이 경우, 협조 요청을 받은 관련 부서는 특별한 사정이 없는 한 이에 협조하여야 한다.

⑤ 금융소비자보호 총괄기관은 제3항에 따른 조사결과를 은행장에게 보고하여야 한다.

⑥ 은행은 금융소비자보호 총괄기관과 준법부서 간의 권한 및 책임을 명확히 구분하고 이를 문서화하여야 한다.

제27조(금융소비자보호 담당임원) ① 은행은 금융소비자보호법령에 따라 금융소비자보호 총괄기관의 업무를 수행하는 금융소비자보호 담당임원을 선임하여야 한다.

② 최근 5년간 금융관계법령을 위반하여 금융위원회 또는 금융감독원장으로부터 문책경고 또는 감봉요구 이상에 해당되는 조치를 받은 사람은 제1항의 금융소비자보호 담당임원으로 선임될 수 없다.

③ 금융소비자보호 담당임원은 금융소비자의 권익이 침해되었거나 침해될 우려가 현저히 발생하는 경우 이를 은행장에게 즉시 보고하여야 하며, 은행장은 보고받은 사항을 확인하여 신속히 필요한 제반사항을 수행·지원하여야 한다.

④ 은행은 금융소비자보호 담당임원의 공정한 직무수행을 위해 금융소비자보호 업무의 독립성을 보장하고 직무수행과 관련한 인사평가 시 부당한 불이익이 발생하지 않도록 하여야 하며, 이를 위해 은행의 재무적 경영성과와 연동되지 아니하는 별도의 공정한 업무평가기준 및 급여지급기준을 마련하여 운영하여야 하며, 민원발생 건수 및 금융소비자보호 실태평가 결과 등은 금융소비자보호 담당임원의 급여 등 보상에 연계하지 아니하고, 민원발생 및 민원처리과정의 부적정 등의 원인을 직접 제공한 부서 및 담당자의 급여 등 보상에 반영하여야 한다.

⑤ 은행은 금융소비자보호 담당임원에 대한 근무 평가 시, 징계 등 특별한 경우를 제외하고는 타업무 담당자 등 타 직군 등에 비해 직군 차별, 승진 누락 등 인사평가의 불이익이 발생하지 않도록 하여야 한다.

제28조(금융소비자보호 담당직원) ① 은행은 금융소비자보호 업무 수행의 전문성 및 신뢰도 제고를 위해 은행의 특성과 사정을 고려하여 금융소비자보호 총괄기관의 업무를 수행하는 금융소비자보호 담당직원을 임명할 수 있다.

② 제1항에 따른 금융소비자보호 담당직원의 자격요건 및 근무기간은 다음 각 호에 따른다.

　1. 자격요건: 입사 후 3년 이상 경력자로서 상품개발·영업·법무·시스템·통계·감사 등 분야에서 2년 이상 근무한 사람이어야 한다. 다만, 다음 각 목에 해당하는 경우에는 예외로 할 수 있다.

　　가. 제1호 본문에 해당하는 자와 동일한 수준의 전문지식과 실무경험을 갖추었다고 금융소비자보호 담당임원이 인정하는 경우

　　나. 설립 후 10년이 지나지 않은 은행으로서, 해당 은행의 금융소비자보호 담당임원이 별도로 정하는 기준에 따르는 경우

　2. 근무기간: 금융소비자보호 업무의 특성 및 전문성을 고려하여 특별한 경우를 제외하고 3년 이상 금융소비자보호 업무를 전담하여야 함(다만, 승진전보 및 금융소비자보호 담당임원의 승인시에는 예외로 할 수 있다)

③ 은행은 금융소비자보호 담당직원에 대한 근무평가 시, 징계 등 특별한 경우를 제외하고는 소비자보호 관련 실적이 우수한 담당직원에게 인사상 가점을 부여하여야 한다.

④ 은행은 금융소비자보호 담당직원에 대하여 금융소비자보호와 관련한 교육 참여, 자격증 취득 등 직무향상의 기회를 제공하여야 하고, 금융소비자보호 우수 직원 등에 대한 포상(표창, 해외연수) 제도를 마련하여야 한다.

⑤ 금융소비자보호 담당직원의 업무평가기준, 급여지급기준 및 근무평가 등과 관련하여서는 제27조 제4항과 제5항을 준용한다.

제5장 　내부통제기준 준수 여부에 대한 점검·조치 및 평가

제29조(내부통제기준 준수 여부에 대한 점검 및 평가) ① 은행은 임직원 등의 금융상품 판매 관련 업무가 이 규준 및 금융소비자보호법령을 충실히 준수하고 있는지 여부를 업무의 중요도 및 위험도 등을 감안하여 수시 또는 주기적으로 점검한다.

　② 은행은 제1항에 따른 점검의 방법, 위규 사실 확인 시 조치사항 등에 관한 사항이 포함된 세부기준을 마련하여 시행한다.

　③ 금융소비자보호 담당임원은 제1항에 따른 점검 사항을 평가하고, 그 결과를 은행장 및 금융소비자보호 내부통제위원회에 보고하도록 하여야 한다.

제30조(임직원 등의 법령, 규정 위반에 대한 조치) ① 은행은 금융소비자보호 업무와 관련하여, 해당 임직원등이 관련 법령 및 내부통제기준을 위반하였다고 판단하는 경우, 위반행위의 정도, 위반횟수, 위반행위의 동기와 그 결과 등을 감안하여 관련 부서 및 임직원에 대한 조치 방안을 마련하고, 관련 부서에 검사를 의뢰하거나 징계 등 필요한 인사 조치를 요구할 수 있다. 이 경우 해당 부서의 장은 특별한 사정이 없는 한 이러한 요구에 응하여야 한다.

　② 은행은 중대한 위법·부당행위의 발견 등 필요한 경우 감사위원회 또는 상임감사위원에게 보고할 수 있다.

제6장 　금융소비자 대상 직무수행 임직원의 교육수준 및 자격에 관한 사항

제31조(금융상품 판매 임직원 등에 대한 교육 및 자격) ① 은행은 개별 금융상품에 대해 권유, 계약 체결 등 금융소비자를 대상으로 금융상품 판매 관련 업무를 수행하는 임직원 등에 대하여 금융상품의 위험도·복잡성 등 금융상품의 내용 및 특성을 숙지하고, 윤리역량을 강화하기 위한 교육을 정기적으로 실시하여야 한다.

　② 은행은 제1항의 교육실시를 위하여 해당 금융상품의 위험도, 적합·부적합한 금융소비자 유형 및 그 근거 등을 포함하는 상품숙지자료를 작성하여 활용할 수 있다.

　③ 은행은 금융상품의 위험도, 금융소비자의 유형에 따라 금융상품 판매 관련 업무를 수행하는 임직원등의 판매자격을 구분할 수 있으며, 보수교육 및 재취득 절차 등 판매자격에 관한 세부사항 및 판매자격 보유 여부를 정기적으로 확인하여야 한다.

제32조(성과보상체계의 설계 및 운영) ① 은행은 금융상품 판매 관련 업무를 수행하는 임직원과 금융소비자 간에 이해상충이 발생하지 않도록 성과보상체계를 설계·운영하여야 한다.

② 제1항의 금융상품 판매 관련 업무를 수행하는 임직원은 다음 각 호를 포함한다.

    1. 소비자에게 금융상품을 직접 판매하는 직원

    2. 금융상품을 직접 판매하는 직원들의 판매실적에 따라 주로 평가받는 상급자

    3. 금융상품을 직접 판매하는 직원들의 판매실적에 따라 주로 평가받는 영업 단위조직

③ 은행은 금융상품 판매 관련 업무를 수행하는 임직원에 대한 성과평가 시 고객수익률 등 고객만족도 및 내부통제 항목을 중요하게 반영하는 등 금융소비자보호 관점에서 균형 있는 성과평가지표(KPI)를 운영하여야 한다.

제33조(성과평가 시 책임확보 방안) ① 은행은 금융상품 판매 관련 업무를 수행하는 임직원에 대한 평가 및 보상체계에 불완전판매 건수, 고객수익률 등 고객만족도, 계약 관련 서류의 충실성, 판매절차 적정성 점검결과 등 금융소비자 보호를 위한 지표를 감안하여 실질적으로 차별화가 되도록 성과보상체계를 운영하여야 한다. 다만, 구체적인 반영항목 및 기준은 취급하는 금융상품의 특성 등에 따라 은행이 합리적으로 마련하여 운영할 수 있다.

② 은행은 특정 금융상품 판매실적을 금융상품 판매 관련 업무를 수행하는 임직원에 대한 성과평가지표(KPI)와 연계하여서는 아니되며, 금융상품 판매와 관련된 내부통제기준 준수 여부 점검결과와 제1항에 따른 금융소비자 보호를 위한 지표를 성과평가지표(KPI)에 반영하여야 한다.

③ 소비자들이 불건전영업행위, 불완전판매 등 판매담당 직원의 귀책사유로 금융거래를 철회·해지하는 경우 은행은 판매담당 직원에 이미 제공된 금전적 보상을 환수할 수 있으며, 이를 위해 보상의 일정부분은 소비자에게 상품 및 서비스가 제공되는 기간에 걸쳐 분할 또는 연기하여 제공할 수 있다.

제34조(성과보상체계의 수립절차 및 평가) ① 금융소비자보호 총괄기관은 민원의 발생 또는

예방을 포함하여 각 부서 및 임직원이 업무를 수행함에 있어 소비자보호에 충실하였는지를 조직 및 개인성과 평가에 반영하는 평가도구를 마련하여야 하며, 금융소비자보호 담당임원은 평가도구에 기반한 점검 및 실제 평가를 총괄한다.

② 은행에서 성과보상체계를 설정하는 부서는 매년 금융상품 판매 관련 업무를 수행하는 임직원에 대한 성과보상체계를 수립하기 전에 금융소비자보호 총괄기관의 의견을 확인하여야 한다.

③ 금융소비자보호 총괄기관은 제2항에 따른 의견 확인 시 금융소비자보호 관점에서 금융상품 판매 관련 업무를 수행하는 임직원에 적용되는 평가 및 보상구조가 적절히 설계되어 있는지를 검토하여야 한다.

④ 금융소비자보호 총괄기관은 성과보상체계 설정 부서, 성과평가 부서, 상품 개발·영업 관련 부서, 준법감시부서 등과 불완전판매 등 관련 정보를 수집·공유하고 정기적으로 협의하며, 금융소비자보호 관점에서 판매담당 직원 등에 적용되는 평가 및 보상구조가 적절히 설계되어 있는지를 정기적으로 검토하여야 한다.

⑤ 금융소비자보호 담당임원은 제3항 및 제4항의 검토결과를 은행장 및 금융소비자보호 내부통제위원회에 보고하여야 하며, 필요한 경우 금융상품 판매 관련 업무를 수행하는 임직원에 대한 성과평가지표(KPI) 조정을 포함한 평가·보상체계의 개선을 건의할 수 있다.

⑥ 제3항 및 제4항의 검토결과 등 관련 기록은 금융소비자보호 총괄기관에서 보관하고, 이를 감사·준법감시부서 등에 공유하여 참고토록 하여야 한다.

제8장 금융소비자보호 내부통제기준의 변경 절차 및 위임

제35조(이 규준 등의 신설·변경 및 세부사항 위임 등) ① 관련 법령 제·개정, 감독당국의 유권해석, 금융소비자보호 총괄기관 등의 개선 요구, 대규모 소비자 피해발생 등이 있는 경우 은행은 이를 반영하기 위한 이 규준 등의 제정·변경을 할 수 있다.

② 이 규준 등의 내용을 신설하거나 변경하고자 하는 부서는 신설 또는 변경하고자 하는 내용에 관하여 금융소비자보호 총괄기관과 사전 협의하여야 하고, 금융소비자보호 총괄기관은 이 규준 등의 신설 또는 변경 필요성을 금융소비자보호 측면에서 검토하여 그 검토 결과를 은행장에게 보고하여야 한다.

③ 은행은 이 규준 등의 내용을 신설하거나 변경하고자 하는 경우에 이사회의 승인을 받아야 한다. 다만, 법령 또는 관련 규정의 제정·개정에 연동되어 변경해야 하는 사항, 이사회가 의결한 사항에 대한 후속조치, 이 규준의 위임에 따른 하위 규정 등의 제정·개정 등 경미한 사항을 변경하는 경우에는 은행장의 승인으로 갈음할 수 있다.

④ 은행은 제2항에 따라 이 규준 등을 신설하거나 변경한 경우에는 제정·개정 사실 및 이유, 금융소비자에게 미치는 영향, 적용시점 및 적용 대상 등 주요 현황을 구분하여 인터넷 홈페이지에 게시하고, 이 규준 등의 제정·개정 사실을 임직원이 확인할 수 있는 방법으로 안내하며, 필요한 경우 교육을 실시할 수 있다.

⑤ 이 규준 등의 시행 및 금융소비자보호에 관한 내부통제 운영에 필요한 세부사항은 은행장이 별도로 정하는 바에 따른다.

제9장　고령자 및 장애인의 금융거래 편의성 제고 및 재산상 피해 방지

제36조(고령자의 편의성 제고 및 재산상 피해 방지) ① 은행은 금융상품 개발, 판매, 사후관리 등 모든 금융거래 과정에서 고령금융소비자를 보호하고 관련 내부통제를 강화하기 위해 노력하여야 한다. 이를 위해 상품 개발단계에서 고령자 위험요인을 점검하고, 금융상품 판매 시 강화된 권유절차 및 상품별 중점관리사항 등을 정하여 운영하여야 한다.

② 고령금융소비자는 65세 이상 금융소비자를 원칙으로 하나, 소비자의 금융상품 이해정도, 금융거래 경험, 재산 및 소득상황 등을 감안하여 자체적으로 고령금융소비자 분류기준을 마련할 수 있다.

③ 은행은 고령자의 금융거래 편의성 제고 및 재산상 피해 방지 등에 관한 세부사항을 지침 등에서 별도로 정할 수 있다.

제37조(장애인의 편의성 제고 및 재산상 피해 방지) ① 은행은 장애인의 금융거래 편의성 제고를 위하여 장애인의 장애유형별 세부 응대 매뉴얼을 마련하고, 점포별로 장애인에 대한 응대요령을 숙지한 직원을 배치하며, 관련 상담·거래·민원접수 및 안내 등을 위한 인프라를 구축하여야 한다.

② 은행은 장애인이 모바일·인터넷 등 비대면거래를 원활하게 할 수 있도록 전자

금융 이용 편의성을 제고하여야 한다.

③ 은행은 장애인의 금융거래의 편의성 제고 및 재산상 피해 방지 등에 관한 세부 사항을 지침 등에서 별도로 정할 수 있다.

부칙

제1조(시행일) 이 규준은 2021년 7월 26일부터 시행한다. 다만, 이 규준에서 정한 바를 준수하기 위해 은행이 관련 내규의 제·개정이 필요한 경우 2021년 9월 24일까지 시행을 유예할 수 있다.

금융투자회사의 금융소비자보호 표준내부통제기준

금융투자회사의 금융소비자보호 표준내부통제기준

제1장 총칙

제1조(목적)

이 기준은 「자본시장과 금융투자업에 관한 법률」 제8조에 따른 금융투자업자(이하 "회사"라 한다)가 「금융소비자보호에 관한 법률」(이하 "법"이라 한다) 제16조, 「금융소비자 보호에 관한 법률 시행령」(이하 "시행령"이라 한다) 제10조, 「금융소비자 보호에 관한 감독규정」(이하 "감독규정"이라 한다) 제9조 및 관련 법규(이하 총칭하여 "금융소비자보호 법령"이라 한다)에서 정한 바에 따라, 회사의 임직원 및 금융상품판매대리·중개업자가 직무를 수행할 때 준수하여야 할 기준 및 절차를 규정함으로써 금융소비자의 권익을 보호하는 것을 목적으로 한다.

제2조(용어의 정의)

이 기준에서 사용하고 있는 용어의 정의는 다음 각 호와 같다. 이 기준에서 달리 정의되지 않는 한 금융소비자보호법령에서 정의된 용어와 동일한 의미를 갖는다.

1. "대리·중개업자"란 금융상품에 관한 계약의 체결을 대리하거나 중개하는 것을 영업으로 하는 자로서 법 제2조 제3호 나목에서 정한 '금융상품판매대리·중개업자'를 말한다.

2. "임직원 등"은 소속 임직원 및 회사가 업무를 위탁하는 대리·중개업자를 말한다.

3. "내부통제체계"란 효과적인 내부통제 활동을 수행하기 위한 조직구조, 업무분장 및 승인절차, 의사소통·점검·정보시스템 등의 종합적 체계를 말한다.

4. "내부통제기준"이란 회사가 금융소비자보호법령을 준수하고 건전한 거래질서를 해치는 일이 없도록 성실히 관리업무를 이행하기 위하여 마련한 임직원 등이 직무를 수행할 때 준수하여야 할 기준 및 절차로서 법 제16조 제2항에서 정한 금융소비자보호 내부통제기준을 말한다.

5. "내부통제위원회"란 금융소비자보호에 관한 내부통제를 수행하는데 필요한 의사결정기구로서 감독규정 [별표2]에서 정한 '금융소비자보호 내부통제위원회'를 말한다.

6. "금융소비자보호 총괄기관"이란 금융소비자보호에 관한 내부통제를 금융상품의 개발 또는 판매 업무로부터 독립하여 수행하는데 필요한 조직으로서 감독규정 [별표2]에서 정한 '금융소비자보호 총괄기관'을 말한다.

제3조(적용 범위 등)

① 이 기준은 회사의 모든 임직원과 금융소비자보호와 관련한 모든 업무에 적용되며, 회사의 업무 일부를 위탁 받은 자 및 위탁업무에 대해서는 그 위탁 범위 내에 한하여 이 기준을 적용한다.

② 금융소비자보호와 관련하여 이 기준 및 이 기준의 위임에 따른 내부규정 등(이하 "이 기준 등"이라 한다)에서 정하지 아니한 사항은 금융소비자보호법령에 의한다.

③ 금융상품의 개발, 판매 및 금융소비자에 대한 민원·분쟁 처리 등 금융소비자 보호에 관한 사항은 회사 내 다른 내부규정 등에서 특별히 정한 경우를 제외하고는 이 기준 등에서 정하는 바에 따른다.

제4조(금융소비자보호에 관한 기본 방침)

① 회사는 금융소비자의 권익 증진, 건전한 금융거래 지원 등 금융소비자보호를 위하여 노력한다.

② 회사는 금융소비자의 불만 예방 및 신속한 사후구제를 통하여 금융소비자를 보호

하기 위하여 그 임직원이 직무를 수행할 때 준수하여야 할 기본적인 절차와 기준(이하 "금융소비자보호기준"이라 한다)을 정하여야 한다.

③ 회사는 금융소비자보호가 효과적으로 이루어지도록 이에 필요한 인적, 물적 자원을 적극적으로 확보하여야 한다.

제2장 업무의 분장 및 조직구조

제5조(내부통제체계의 운영)

① 회사는 금융소비자보호 업무에 관한 임직원의 역할과 책임을 명확히 하고, 업무의 종류 및 성격, 이해상충의 정도 등을 감안하여 업무의 효율성 및 직무 간 상호 견제와 균형이 이루어질 수 있도록 업무분장 및 조직구조를 수립하여야 한다.

② 회사는 업무분장 및 조직구조에 관한 내부규정을 제·개정할 때에는 제1항의 내용을 충실히 반영하여야 한다.

③ 회사의 금융소비자보호에 관한 내부통제조직은 이사회, 대표이사, 금융소비자보호 내부통제위원회, 금융소비자보호 총괄기관 등으로 구성된다.

제6조(이사회)

① 이사회는 회사의 금융소비자보호에 관한 내부통제체계의 구축 및 운영에 관한 기본방침을 정한다.

② 이사회는 내부통제에 영향을 미치는 경영전략 및 정책을 승인하고 이 기준, 내부통제체계 등 내부통제와 관련된 주요사항을 심의·의결한다.

제7조(대표이사)

① 대표이사는 이사회가 정한 내부통제체계의 구축 및 운영에 관한 기본방침에 따라 금융소비자보호와 관련한 내부통제체계를 구축·운영하여야 한다.

② 대표이사는 회사의 금융소비자보호 내부통제체계가 적절히 구축·운영되도록 내부통제환경을 조성하고, 관련 법규의 변경, 영업환경 변화 등에도 금융소비자보호 내부통제체계의 유효성이 유지될 수 있도록 관리하여야 한다.

③ 대표이사는 다음 각 호의 사항에 대한 권한 및 의무가 있다. 단, 대표이사는 제1호

내지 제3호의 업무를 금융소비자보호 총괄책임자에게 위임할 수 있으며, 업무를 위임하는 경우 위임하는 업무의 범위를 구체적으로 명시하여야 한다.

1. 이 기준 위반 방지를 위한 예방대책 마련
2. 이 기준 준수 여부에 대한 점검
3. 이 기준 위반내용에 상응하는 조치방안 및 기준 마련
4. 제1항 및 제2항에 필요한 인적, 물적 자원의 지원
5. 준법감시인과 금융소비자보호 총괄책임자의 업무 분장 및 조정

④ 대표이사는 제3항에 따라 업무를 금융소비자보호 총괄책임자에게 위임하는 경우에 금융소비자보호 총괄책임자로 하여금 매년 1회 이상 위임업무의 이행사항을 내부통제위원회(내부통제위원회가 없는 경우 대표이사)에 보고하게 하는 등 위임한 업무에 대한 주기적 관리·감독절차를 마련하여야 한다.

제8조(임직원 및 조직)

① 회사의 각 부서는 담당업무와 관련된 금융소비자보호 내부통제에 대한 1차적인 책임이 있다.

② 회사의 모든 임직원은 자신의 담당직무 수행 시 금융소비자 보호를 위한 책임자로서 자신의 역할을 이해하고 금융소비자보호법령 및 이 기준을 숙지한 후 이를 충실히 준수하여야 한다.

③ 회사는 내부통제기준을 효과적으로 준수하기 위해 금융소비자보호 총괄기관과 금융상품의 개발·판매·사후관리 부서 간의 역할과 책임을 명확히 하고 상호 협력과 견제가 이루어질 수 있도록 조직을 구성하여야 한다.

④ 회사의 각 부서는 금융소비자보호 내부통제 관련 내부규정 등을 수립하거나 변경할 경우에 금융소비자보호 총괄기관과 협의하여야 한다.

제3장 금융소비자보호 내부통제기준의 운영을 위한 조직 및 인력

제9조(금융소비자보호 내부통제위원회의 설치 및 운영)

① 회사는 금융소비자보호에 관한 내부통제를 수행하기 위하여 필요한 의사결정기구로서 "내부통제위원회"를 설치한다. 다만, 금융소비자보호법령에 따라 내부통제위

원회 설치에 대한 예외가 인정되는 경우에는 설치하지 아니할 수 있다.

② 내부통제위원회는 대표이사, 금융소비자보호 총괄기관의 업무를 수행하는 임원, 사내임원(「금융회사의 지배구조에 관한 법률」 제2조 제2호에 따른 임원을 말한다), 준법감시인 및 위험관리책임자로 구성한다(단, 준법감시인과 위험관리책임자의 경우 이를 별도로 두고 있는 경우로 한정한다). 다만, 준법감시인 또는 위험관리책임자는 준법감시인 또는 위험관리책임자의 고유 업무와 관계없는 안건에 대하여는 회의에 참석하지 않을 수 있다.

③ 내부통제위원회는 다음 각 호의 사항을 조정·의결한다. 다만, 제5호 및 제7호의 경우에는 담당부서로부터 해당 내용을 보고받고 필요한 조치를 취할 수 있다.

1. 금융소비자보호에 관한 경영방향

2. 금융소비자보호 관련 주요 제도 변경사항

3. 임직원의 성과보상체계에 대한 금융소비자보호 측면에서의 평가

4. 금융상품의 개발, 영업방식 및 관련 정보공시에 관한 사항

5. 이 기준 및 법 제32조 제3항에 따른 금융소비자보호기준의 적정성·준수실태에 대한 점검·조치 결과

6. 법 제32조 제2항에 따른 평가(이하 "금융소비자보호 실태평가"라 한다), 감독(법 제48조 제1항에 따른 "감독"을 말한다) 및 검사(법 제50조에 따른 "검사"를 말한다) 결과의 후속조치에 관한 사항

7. 중요 민원·분쟁에 대한 대응 결과

8. 광고물 제작 및 광고물 내부 심의에 대한 내부규정(단, 준법감시인이 별도로 내부규정 마련 시 제외할 수 있다)

9. 금융소비자보호 총괄기관과 금융상품 개발·판매·사후관리 등 관련부서 간 협의 필요사항

10. 기타 금융소비자보호 총괄기관 또는 기타 관련부서가 내부통제위원회에 보고한 사항의 처리에 관한 사항

④ 대표이사가 주재하는 회의를 매 반기마다 1회 이상 개최한다.

⑤ 내부통제위원회는 회의결과를 이사회에 보고하고, 논의사항은 서면·녹취 등의 방식으로 최소 5년간 기록·유지하여야 한다.

제10조(금융소비자보호 총괄기관의 설치 및 운영)

① 회사는 책임과 권한을 가지고 금융소비자보호에 관한 내부통제 업무를 수행하기 위하여 필요한 조직으로서 금융소비자보호 총괄기관을 설치한다.

② 금융소비자보호 총괄기관은 소비자보호와 영업부서 업무 간의 이해상충 방지 및 회사의 소비자보호 업무역량 제고를 위하여 금융상품 개발·판매 업무로부터 독립하여 업무를 수행하여야 하고, 대표이사 직속 기관으로 한다.

③ 회사는 금융소비자보호 업무를 원활하게 수행할 수 있도록 고객 수, 민원 건수, 상품개발·판매 등 관련 타부서와 사전협의 수요 등을 고려하여 금융소비자보호 총괄기관의 업무수행에 필요한 인력을 갖춰야 하며, 제11조 제1항 각 호에 따른 업무를 원활히 수행할 수 있는 직원을 금융소비자보호 업무담당자로 선발·운영하여야 한다.

④ 회사는 조직·인력 등을 감안하여 제11조 제1항의 업무를 준법감시부서가 수행하도록 할 수 있다. 단, 금융소비자보호 총괄기관을 준법감시부서 등과 별도로 두는 경우에는 양 부서 간의 권한 및 책임을 문서화된 별도의 내부규정으로 명확히 정하여야 한다.

제11조(금융소비자보호 총괄기관의 권한)

① 금융소비자보호 총괄기관은 다음 각 호의 업무를 수행한다.

 1. 금융소비자보호에 관한 경영방향 수립

 2. 금융소비자보호 관련 교육의 기획·운영

 3. 금융소비자보호 관련 제도 개선

 4. 금융상품의 개발, 판매 및 사후관리에 관한 금융소비자보호 측면에서의 점검 및 조치

 5. 민원·분쟁의 현황 및 조치결과에 대한 관리

 6. 임직원의 성과보상체계에 대한 금융소비자보호 측면에서의 평가

 7. 제18조 제2항에 따라 담당부서가 요청하는 사항에 대한 사전협의

 8. 내부통제위원회의 운영(제1호부터 제5호까지의 사항을 내부통제위원회에 보고하는 업무를 포함한다)

 9. 제8조 제4항에 따른 내부통제 관련 내부규정 등 수립에 관한 협의

② 금융소비자보호 총괄기관은 금융소비자보호 및 민원예방 등을 위해 다음 각 호

의 사항을 포함하는 제도개선을 관련 부서에 요구할 수 있다. 이 경우 제도개선 요구를 받은 부서는 제도개선 업무를 조속히 수행하여야 한다. 다만, 부득이한 사유로 제도개선 업무의 수행이 불가능할 경우 그 사유를 내부통제위원회(내부통제위원회가 없는 경우 대표이사)에 소명해야 한다.

  1. 업무개선 제도운영 및 방법의 명확화

  2. 개선(안) 및 결과 내역관리

  3. 제도개선 운영성과의 평가

  4. 민원분석 및 소비자만족도 분석 결과 등을 토대로 현장 영업절차 실태 분석 및 개선안 도출

③ 금융소비자보호 총괄기관은 금융소비자의 권리를 존중하고 민원을 예방하기 위하여 다음 각 호의 사항을 포함한 절차를 개발 및 운영하여야 한다.

  1. 금융소비자보호를 위한 민원예방

  2. 금융소비자보호와 관련된 임직원 교육 및 평가, 대내외 홍보

  3. 유사민원의 재발방지를 위한 교육 프로그램 및 제도개선 방안

④ 금융소비자보호 총괄기관은 금융소비자보호 제도와 관련하여 임직원 등에 대한 교육 및 특정한 조치가 필요하다고 판단되는 경우 관련 부서에 협조를 요청할 수 있으며, 협조 요청을 받은 관련부서는 특별한 사정이 없는 한 이에 협조하여야 한다.

제12조(금융소비자보호 총괄책임자의 지정)

① 회사는 금융소비자보호 업무를 담당하는 임원으로 하여금 금융소비자보호 총괄기관의 장을 맡도록 하고, 해당 임원을 "금융소비자보호 총괄책임자"로 한다.

② 금융소비자보호 총괄책임자는 준법감시인에 준하는 독립적 지위를 보장받으며, 적법한 직무수행과 관련하여 부당한 인사상의 불이익을 받지 않는다.

③ 금융소비자보호 총괄책임자는 최근 5년간 금융관계법령을 위반하여 금융위원회 또는 금융감독원의 원장으로부터 문책경고 또는 감봉요구 이상에 해당하는 조치를 받은 사실이 없어야 한다.

④ 금융소비자보호 총괄책임자의 임명 및 자격요건에 관한 세부사항은 별도로 정한 바에 따른다.

제13조(금융소비자보호 총괄책임자의 직무)

① 금융소비자보호 총괄책임자는 다음 각 호의 업무를 수행한다.

　1. 제11조에 따른 금융소비자보호 총괄기관의 업무 통합

　2. 상품설명서, 금융상품 계약서류 등 사전 심의(단, 준법감시인 수행 시 제외함)

　3. 금융소비자보호 관련 제도 기획 및 개선, 기타 필요한 절차 및 기준의 수립

　4. 금융상품 각 단계별(개발, 판매, 사후관리) 소비자보호 체계에 관한 관리·감독 및 검토 업무

　5. 민원접수 및 처리에 관한 관리·감독 업무

　6. 금융소비자보호 관련 부서 간 업무협조 및 업무조정 등 업무 총괄

　7. 대내외 금융소비자보호 관련 교육 프로그램 개발 및 운영 업무 총괄

　8. 민원발생과 연계한 관련부서·직원 평가 기준의 수립 및 평가 총괄

　9. 이 기준 준수여부에 대한 점검·조치·평가 업무 총괄

　10. 제7조 제3항에 따라 대표이사로부터 위임 받은 업무

　11. 금융소비자보호 관련하여 이사회, 대표이사, 내부통제위원회로부터 이행을 지시·요청 받은 업무

　12. 기타 금융소비자의 권익증진을 위해 필요하다고 판단되는 업무

② 금융소비자보호 총괄책임자는 금융소비자의 권익이 침해되거나 침해될 현저한 우려가 발생한 경우 지체 없이 대표이사에게 보고하여야 하며, 대표이사는 보고받은 사항을 확인하여 신속히 필요한 제반사항을 수행·지원하여야 한다.

제14조(금융소비자보호 업무담당자의 지정 및 직무)

① 회사는 회사별 특성을 고려하여 민원예방 및 처리, 제도개선, 민원평가, 전산시스템 운영, 금융소비자보호 교육, 홍보, 민원 감사업무 등을 원활히 수행할 수 있는 적정규모 이상의 금융소비자보호 업무담당자를 선발, 운영하여야 한다.

② 업무수행의 전문성 및 신뢰도 제고를 위하여 금융소비자보호 업무담당자는 입사 3년 이상 경력자로서 상품개발·지원, 영업·서비스기획, 법무, 시스템, 통계, 감사 등 분야의 2년 이상 근무한 자로 한다. 다만, 다음 각 호의 어느 하나에 해당되는 경우에는 예외로 할 수 있다.

　1. 제2항 본문에 해당하는 자와 동일한 수준의 전문성과 업무경력을 갖추었다고

금융소비자보호 총괄책임자가 승인하는 경우

2. 설립 후 10년이 지나지 않은 회사로서 금융소비자보호 총괄책임자가 별도로 정한 내부규정에 따르는 경우

③ 금융소비자보호 업무담당자는 특별한 경우를 제외하고 3년 이상 금융소비자보호 업무를 수행하도록 하여야 한다. 다만, 회사의 조직과 인력 등을 감안하여 감축조정이 필요하거나 승진전보 및 금융소비자보호 총괄책임자의 승인 시에는 예외로 할 수 있다.

④ 회사는 금융소비자보호 업무담당자에 대한 근무평가 시, 징계 등 특별한 경우를 제외하고는 금융소비자보호 관련 실적이 우수한 업무담당자에게 인사상 가점을 부여하여야 한다.

⑤ 회사는 금융소비자보호 업무담당자에 대하여 대내외 소비자보호 관련 교육 참여 기회를 제공하고 금융소비자보호 전문역량 개발을 위한 자격증 취득 기회를 적극 제공하는 등 직무향상을 위한 제도적 장치를 마련·실시하여야 하며, 금융소비자보호 우수 직원 등에 대한 포상(표창, 특별휴가 등) 제도를 시행하여야 한다.

제15조(금융소비자보호 총괄책임자 및 업무담당자의 독립성 보장)

① 회사는 금융소비자보호 총괄책임자 및 금융소비자보호 업무담당자에 대하여 회사의 재무적 경영성과에 연동하지 아니하는 별도의 공정한 업무평가기준 및 급여지급기준을 마련하여 운영하여야 하며, 근무 평가 시 징계 등 특별한 경우를 제외하고는 타 업무 담당자 등 타 직군 등에 비해 직군 차별, 승진 누락 등 인사평가의 불이익이 발생하지 않도록 하여야 한다.

② 회사는 민원발생건수 및 금융소비자보호 실태평가 결과 등을 금융소비자보호 총괄책임자 및 금융소비자보호 업무담당자의 급여 등 보상에 연계하지 아니하여야 하고, 민원발생 및 민원처리과정의 부적정 등의 원인을 직접 제공한 부서 및 담당자의 급여 등 보상에 반영하여야 한다.

③ 금융소비자보호 총괄책임자 및 금융소비자보호 업무담당자의 업무평가 기준 및 독립성 보장에 관한 세부사항은 별도로 정할 수 있다.

제16조(금융소비자보호 총괄기관의 점검 및 조치)

① 금융소비자보호 총괄기관은 금융상품의 개발, 판매 및 사후관리 과정에서 판매되는 금융상품에 영향을 미치는 중요 사항을 점검하고 분석하여야 한다.

② 금융소비자보호 총괄기관은 제1항의 점검 과정에서 고객의 피해 발생이 우려되거나 피해가 발생한 경우 등 중대한 사안이 발생하는 경우 대표이사에게 보고하고 내부통제위원회를 통해 논의하는 등 필요한 조치를 취하여야 한다.

제4장 　임직원 등이 업무를 수행할 때 준수해야 하는 절차 및 기준

제17조(임직원 등의 업무수행에 관한 판매준칙)

① 회사는 임직원 등이 금융상품에 관한 계약의 체결 또는 계약 체결의 권유 등 금융소비자를 대상으로 직무를 수행할 때 회사별 특성, 취급상품의 종류, 판매채널의 현황 등을 고려하여 필요한 범위 내에서 다음 각 호의 구분에 따라 금융소비자를 보호하기 위한 절차와 기준을 마련할 수 있다.

　1. 금융상품: 투자성 상품, 대출성 상품 등

　2. 판매채널: 금융상품직접판매업자, 금융상품판매대리·중개업자, 금융상품자문업자

② 금융상품에 관한 계약의 체결 또는 계약 체결의 권유 등을 담당하는 부서는 담당 업무와 관련하여 제1항에 따른 절차 또는 기준을 제정 또는 변경을 추진하는 경우 금융소비자보호 총괄기관과 사전에 협의하여야 한다.

제18조(금융상품의 개발, 판매 등에 관한 정책 수립)

① 금융소비자보호 총괄기관은 금융상품 개발, 마케팅 및 판매절차 등에 관한 정책 수립 시 금융소비자보호 측면에서 이 기준 및 금융소비자보호법령에 부합하는지 여부를 점검하여야 하며, 점검결과 확인된 문제점을 시정할 수 있도록 부서 간 사전협의절차와 정보공유체계를 구축, 운영하여야 한다.

② 금융상품 개발, 마케팅 등에 관한 정책 수립 시 담당 부서는 다음 각 호와 관련된 사항을 포함하여 금융소비자보호 총괄기관과 사전에 협의하여야 한다.

　1. 금융상품 개발·변경·판매중단

2. 상품설명서 및 상품판매 관련 약관의 제·개정

3. 판매절차의 개발·변경

4. 고객 관련 판매촉진(이벤트, 프로모션 등), 영업점 성과평가 기준 등 주요 마케팅 정책 수립 및 변경 등

5. 기타 소비자 보호를 위하여 금융소비자보호 총괄기관이 정하는 사항

③ 금융소비자보호 총괄기관은 제2항에 따른 사전 협의 시 다음 각 호의 사항을 고려하여야 한다.

1. 금융상품의 위험도·복잡성

2. 금융소비자의 특성

3. 금융상품 발행인의 재무적 건전성, 금융상품 운용 및 리스크 관리능력

④ 금융소비자보호 총괄기관은 금융상품 개발, 마케팅 및 판매절차 관련 정책, 약관 등에 금융소비자보호상의 문제가 있다고 판단되는 경우 관련 부서에 금융상품 출시 및 마케팅 중단, 개선방안 제출 등을 요구할 수 있다.

⑤ 회사는 담당부서가 제2항의 사전협의를 누락한 경우 성과평가 또는 민원평가 등에 반영하여야 한다.

제19조(금융상품 개발 관련 점검항목 및 내부규정 수립)

① 금융소비자보호 총괄기관은 신규 금융상품을 개발하는 경우 금융소비자에게 불리한 점은 없는지 등을 진단하기 위한 점검항목을 마련하여야 하며, 상품개발부서에게 이를 제공하여야 한다.

② 상품개발부서는 새로운 상품을 출시하거나 상품의 중요내용을 변경하는 경우, 제1항의 점검항목에 따라 해당 상품이 적정한지 여부를 점검하여야 한다.

③ 회사는 금융 관련 법규 등에서 정한 바에 따른 금융상품 개발과정에서 다음 각 호의 사항을 포함한 내부규정을 수립하여 운영하여야 한다.

1. 금융상품 개발부서명 및 연락처를 상품설명 자료에 명기하는 등 책임성 강화

2. 금융상품 개발부서의 금융상품 판매자에 대한 충분한 정보 공유 책임 강화(판매회사, 부서, 담당직원뿐 아니라 판매회사가 금융상품 판매를 재위탁한 경우 위탁회사의 직원까지 포함한다)

제20조(금융소비자의 의견청취 등)

① 회사는 금융상품 개발초기 단계에서부터 금융소비자의 불만예방 및 피해의 신속한 구제를 위해 이전에 발생된 민원, 소비자만족도 등 금융소비자 의견이 적극 반영될 수 있도록 업무절차를 마련해 운영하여야 한다.

② 회사는 금융소비자보호를 강화하기 위해 금융상품의 기획·개발단계에서 외부전문가의 의견이나 금융소비자들의 요구를 회사경영에 반영할 수 있는 고객참여제도 등의 채널을 마련해 활용하며, 소비자 제안에 대한 활용실적 분석 등을 주기적으로 실시하여야 한다.

③ 회사는 금융소비자보호를 실천하고 금융소비자 불만 및 불편사항 해결을 위하여 금융상품 판매 및 마케팅 이후 소비자 만족도 및 민원사항을 분석하고 금융소비자의 의견이나 요청을 듣는 등 점검 과정을 실시하며, 점검 결과는 금융상품 개발, 업무개선 및 민원감축 등에 활용하여야 한다.

④ 회사는 제3항에 따른 점검 결과, 제도 개선이 필요한 사안은 즉시 관련 부서에 통보하여 적시에 반영될 수 있도록 하여야 한다.

제21조(금융상품 판매절차 구축)

회사는 금융상품 판매과정에서 이 기준 및 금융소비자보호법령을 준수하고 불완전판매가 발생하지 않도록 금융상품 판매 및 마케팅 담당 부서를 대상으로 금융소비자보호 관점에서 다음 각 호의 판매절차를 구축하고, 이를 매뉴얼화하여야 한다.

1. 금융상품 판매 전 절차

　가. 금융상품 판매자에 대해 금융상품별 교육체계를 갖추고, 금융상품별 판매자격기준을 마련하여 운영하여야 한다.

　나. 문자메시지, 전자우편 등을 활용한 판매과정별 관리절차(반드시 지켜야 할 사항에 대한 점검항목 제공 및 이행여부를 포함한다) 등을 구축·운영하여야 한다.

　다. 금융소비자가 금융상품 선택과정에서 반드시 알아야 할 사항 및 금융상품의 주요 위험요인 등에 대한 금융소비자의 확인절차를 마련하여야 한다.

2. 금융상품 판매 후 절차

　가. 금융소비자의 구매내용 및 금융거래에 대한 이해의 정확성 등 불완전판매 여부를 확인하여야 한다.

나. 불완전판매 및 불완전판매 개연성이 높은 상품에 대해서는 해당 금융상품의 유형을 고려하여 재설명 및 청약철회, 위법계약해지 등의 금융소비자보호 절차를 마련하여야 한다.

다. 문자메시지, 전자우편 등을 활용한 투자성 상품 매매내역 통지, 신탁 또는 일임의 운용내역 통지 등 소비자에 대한 통지 체계를 마련하여 운영하여야 한다.

제22조(금융상품의 개발, 판매 및 사후관리에 관한 정책 수립)

① 회사는 금융상품 개발, 판매 및 사후관리에 관한 정책 수립 시 그 동안 발생된 민원 또는 금융소비자의 의견 등이 적극 반영될 수 있도록 제21조에 따른 판매절차를 포함한 업무 절차를 구축·운영하여야 한다. 금융소비자보호 총괄기관은 구축된 업무절차가 원활히 운영될 수 있도록 적정성을 점검하여야 한다.

② 회사는 신의성실의 원칙에 따라 금융상품 판매 이후에도 상품내용 변경(거래조건, 권리행사, 상품만기, 원금손실조건 충족, 위험성 등) 또는 금융소비자의 대규모 분쟁발생 우려 시 관련사항을 신속하게 안내하여야 한다.

③ 회사는 금융소비자가 법령 및 계약상 권리를 청구하는 경우 신속하고 공정하게 처리될 수 있도록 관련 절차와 기준을 마련하고, 휴면 및 장기 미청구 금융재산 발생예방을 위해 다음 각 호와 같은 관리방안을 마련하여야 한다.

1. 회사는 금융소비자에게 최선의 이익이 될 수 있도록 휴면 및 장기 미청구 금융재산 발생예방 및 감축 등을 위해 필요한 절차와 기준을 마련하여야 한다.

2. 상품의 신규가입·유지 단계에서 금융상품 만기 시 처리방법(재예치·입금계좌 설정 등) 및 만기통보방법 지정 등에 대해 금융소비자에게 안내하는 한편, 금융소비자가 자신에게 유리한 방법을 선택할 수 있도록 하여야 한다.

④ 금융소비자보호 총괄기관은 상품 및 서비스와 관련한 금융소비자의 불만이 빈발하는 경우 금융소비자의 불만내용과 피해에 대한 면밀한 분석을 통하여 금융소비자 불만의 주요 원인을 파악하고 이를 관련 부서와 협의하여 개선되도록 하여야 한다.

제23조(광고물 제작 및 광고물 내부 심의)

① 회사가 금융상품 및 업무(이하 "금융상품 등"이라 한다)에 관한 광고를 하는 경우에 법 제22조 등 관련 법령에서 정한 바에 따라 금융소비자가 금융상품의 내용을 오해하지

아니하도록 명확하고 공정하게 전달하여야 한다.

② 금융상품 등에 관한 광고에는 계약을 체결하기 전에 금융상품 설명서 및 약관을 읽어볼 것을 권유하는 내용, 금융상품판매업자의 명칭, 금융상품의 내용, 금융상품 유형별 구분에 따른 내용, 그 밖에 금융소비자보호를 위하여 법령이 정하는 내용이 포함되어야 한다.

③ 회사는 광고를 하고자 하는 경우 준법감시인의 사전심의 등 관련 법령에서 정한 절차를 거쳐야 하고, 광고 관련 내부통제체계가 적정하게 운영되는지 여부에 대해 주기적으로 점검한 후 필요한 조치를 취하여야 한다.

④ 회사는 금융상품 광고의 제작 및 내용에 관하여 지켜야 할 절차와 기준을 마련하여 운영하여야 한다.

제24조(금융소비자를 대상으로 하는 직무수행의 원칙 및 해석기준)

① 회사는 금융상품 판매 시 이 기준 및 금융소비자보호법령에 따라 적합성 원칙, 적정성 원칙, 설명의무 등을 준수하여야 하며, 이 기준 및 금융소비자보호법령을 위반하여 불완전판매가 발생하지 아니하도록 최선의 노력을 다하여야 한다.

② 회사는 금융상품의 판매과정에서 회사 또는 임직원 등의 귀책사유로 금융소비자에게 피해가 발생하는 경우에는 신속한 피해구제를 위하여 최선의 노력을 다하여야 한다.

제25조(금융소비자와의 이해상충 방지)

① 회사는 임직원 등이 금융소비자의 권익을 침해하지 않고 모든 금융소비자의 이익을 동등하게 다루도록 최선을 다하여야 하며, 금융소비자와의 이해상충이 발생하지 않도록 이해상충 방지 체계를 구축하여야 한다.

② 임직원 등은 금융소비자와 이해 상충이 발생하거나 이해상충이 우려되는 경우 금융소비자보호 등에 문제가 발생하지 아니하도록 필요한 조치를 취하여야 한다.

제26조(금융소비자보호와 관련한 교육)

① 회사는 임직원 등의 이 기준 및 금융소비자보호법령 위반을 예방하고, 임직원 등이 이 기준을 준수할 수 있도록 금융소비자를 대상으로 직무를 수행하기 위해 필요

한 매뉴얼을 작성·배포하고, 임직원 등에 대한 연수 실시 등에 필요한 교육프로그램(윤리역량 강화교육을 포함한다)을 제공하여야 한다.

② 회사는 금융상품 판매 업무에 종사하는 모든 임직원 등에게 금융소비자보호 관련 교육을 연 1회 이상 정기적으로 실시하고, 주요법령 및 제도 변경, 불완전판매 빈발 사례 등은 필요 시 실시하며 그 결과를 내부통제위원회(내부통제위원회가 없는 경우 대표이사)에 보고하여야 한다.

제27조(금융소비자 신용정보, 개인정보 관리)

① 회사는 금융소비자의 개인(신용)정보의 관리·보호 정책을 수립하고 실행할 수 있는 내부규정을 마련하는 등 신용정보 및 개인정보의 관리 및 보호에 필요한 체계를 구축·운영하여야 한다.

② 회사는 금융상품 판매와 관련하여 금융소비자의 개인(신용)정보의 수집 및 활용이 필요할 경우 명확한 동의절차를 밟아서 그 목적에 부합하는 최소한의 정보만 수집·활용하여야 하고, 당해 정보를 선량한 관리자의 주의로써 관리하며, 당해 목적 이외에는 사용하지 아니하여야 한다.

③ 회사는 수집된 개인정보를 관리하는 개인정보 관리책임자를 선임하여야 한다.

제28조(대리·중개업자에 대한 업무위탁 및 수수료 지급기준)

① 회사는 금융상품에 관한 계약의 체결을 대리·중개하는 업무를 대리·중개업자에게 위탁하는 계약(이하 이 조에서 "위탁계약"이라 한다.)을 체결하는 경우, 개별 금융상품별로 금융 관련 법령에서 정한 사항을 준수하여야 한다.

② 회사가 대리·중개업자와 위탁계약을 체결하는 경우 다음 각 호의 내용을 포함하여야 한다.

  1. 모집대상 상품의 종류 및 업무위탁의 범위
  2. 계약기간 및 갱신, 계약 해지사유
  3. 사고방지대책 및 교육에 관한 사항
  4. 수수료 및 지급방법에 관한 사항
  5. 회사의 구상권 행사에 관한 사항
  6. 대리·중개업자의 금지행위

7. 재판관할 등 기타 필요사항

③ 회사는 대리·중개업자에 대한 체계적 관리 및 금융소비자보호 또는 건전한 거래 질서를 위하여 다음 각 호의 내용을 포함하는 관리기준을 마련하고, 금융소비자와의 이해상충 및 금융소비자 개인(신용)정보의 분실·도난·유출·변조·훼손이 발생하지 않도록 대리·중개업자의 위탁계약 이행상황을 관리·감독하여야 한다.

1. 대리·중개업자와의 위탁계약 체결 및 계약해지 절차

2. 대리·중개업자 영업행위 점검절차 및 보고체계

3. 금융소비자 개인정보보호(정보접근 제한, 정보유출 방지대책) 대책 및 관련법규의 준수에 관한 사항

4. 위탁계약서 주요 기재사항(업무 범위, 위탁자의 감사 권한, 업무 위·수탁에 대한 수수료 등, 고객정보의 보호, 감독기관 검사수용의무 등)

5. 대리·중개업자 실적 등에 대한 기록관리

6. 수수료 산정 및 지급기준

7. 교육프로그램, 교육주기, 교육방법 등에 관한 사항

8. 회사 감사인의 자료접근권 보장

④ 회사는 대리·중개업자가 관련법령을 위반하는 경우, 해당 대리·중개업자에 대한 수수료 감액, 벌점 부과, 계약해지 등 불이익에 관한 사항을 정하여 업무위탁 계약서에 반영하여야 한다.

제29조(금융상품 자문업무에 대한 보수기준)

① 회사는 금융상품에 관한 자문업무를 수행하는 경우 금융소비자의 이익을 보호하기 위하여 선량한 관리자의 주의로 자문업무를 충실히 수행하여야 하며, 자문업무 수행 시 금융소비자로부터 받는 보수 및 산정기준을 마련하고 해당 내용을 금융소비자에게 제공하는 계약서류에 명시하여야 한다.

② 회사는 제1항에 따른 보수 이외에 추가로 금전 등을 요구하여서는 아니되며, 금융상품판매업자로부터 자문과 관련한 재산상 이익을 제공받는 경우 해당 사실을 금융소비자보호법령에서 정하는 바에 따라 금융소비자에게 알려야 한다.

제5장 금융소비자보호 내부통제기준 준수 여부에 대한 점검·조치 및 평가

제30조(금융소비자보호 내부통제기준 준수 여부에 대한 점검 및 평가)

① 금융소비자보호 총괄기관은 임직원 등의 금융상품 판매 관련 업무가 이 기준 및 금융소비자보호법령을 충실히 준수하고 있는지 여부를 업무의 중요도 및 위험도 등을 감안하여 주기적으로 점검하여야 한다.

② 금융소비자보호 총괄기관은 각 조직단위의 장으로 하여금 금융소비자보호 총괄기관이 정한 방법에 따라 담당조직 및 담당업무에 대한 이 기준 및 금융소비자보호법령 위반여부를 점검하게 할 수 있다.

③ 제2항에 따라 점검을 실시한 경우 각 조직단위 장은 점검결과를 금융소비자보호 총괄책임자에게 보고하여야 한다.

④ 금융소비자보호 총괄기관은 이 기준 및 금융소비자보호법령의 준수 여부를 점검하는 과정에서 위법·위규행위를 발견하였거나 중대한 금융소비자 피해 우려가 있는 경우 등에는 임직원 등 및 관련 부서장에게 자료제출 요구, 임직원 등에 대한 출석요청, 현장조사(필요 시 준법지원·감사 부서 등에 의뢰 가능) 등의 조치를 취할 수 있으며, 조치를 받은 자 또는 해당 부서는 이에 성실히 응하여야 한다.

⑤ 금융소비자보호 총괄기관은 제1항 내지 제3항에 따른 점검의 방법, 제4항의 위법·위규행위 사실 확인 시 조치사항 등이 포함된 세부절차를 마련하여 시행하여야 한다.

⑥ 금융소비자보호 총괄책임자는 이 조에 따른 점검사항을 평가하고 그 결과를 내부통제위원회(내부통제위원회가 없는 경우 대표이사)에 보고하여야 한다.

제31조(임직원 등의 법령, 규정 위반에 대한 조치)

① 금융소비자보호 총괄기관은 금융소비자보호 업무와 관련하여, 해당 임직원 등이 이 기준 및 금융소비자보호법령을 위반하였다고 판단하는 경우, 위반행위의 정도, 위반횟수, 위반행위의 동기와 그 결과 등을 감안하여 관련 부서(준법지원·감사부서 등)에 해당 사실을 통보하여야 하며, 이를 통보받은 부서의 장은 조사 등을 통해 사실관계를 확인하고 그에 따라 필요한 조치를 취하여야 한다.

② 금융소비자보호 총괄기관은 금융소비자보호와 관련된 위법·위규행위를 발견한 경우에 이를 대표이사에 보고하여야 하며, 이 경우 대표이사는 적절한 조치를 취하

여야 한다.

③ 금융소비자보호 총괄기관은 제2항의 위법·위규행위가 중대하다고 판단될 경우에 이를 감사위원회 또는 상근감사위원(감사위원회를 두지 않는 회사는 상근감사를 의미한다)에게 보고할 수 있다.

제6장

금융소비자 대상 직무수행 임직원의 교육수준 및 자격에 관한 사항

제32조(금융상품 판매 임직원에 대한 교육)

① 회사는 개별 금융상품에 대해 권유, 계약 체결 등 금융소비자를 대상으로 금융상품 판매 관련 업무를 수행하는 임직원 등(이하 이 장 및 제7장에서 "판매임직원 등"이라 한다)에 대하여 이 기준 및 금융소비자보호법령 등 준수와 관련한 교육을 정기적으로 실시하여야 한다.

② 회사는 금융소비자보호법령에 따라 관련 교육을 받은 판매임직원 등이 계약체결을 권유할 수 있도록 하여야 하며, 이를 위해 판매임직원 등이 상품의 위험도, 복잡성 등 금융상품의 내용 및 특성을 충분히 습득하고 윤리역량을 강화할 수 있도록 협회 금융투자교육원 등 외부교육기관을 이용하거나 자체 교육과정을 마련하여 판매임직원등에 대한 교육을 정기적으로 실시하여야 한다.

③ 금융소비자보호 총괄기관은 제1항의 교육 관련 기획·운영을 총괄하고, 해당 금융상품의 판매를 담당하는 부서가 개별 금융상품에 대한 교육을 실시할 수 있도록 지원하여야 한다.

④ 금융소비자보호 총괄기관은 과거 민원이력, 금융감독원 검사 및 현장점검 사례 등을 감안하여 판매임직원 등 중에서 불완전판매 유발 임직원등을 지정·관리할 수 있으며, 동 임직원 등에 대해서는 불완전판매 예방 교육을 별도로 직접 실시하거나 관련부서에 실시를 요청하여야 한다.

⑤ 회사는 판매임직원 등에 대하여 대내외 소비자 보호 관련 교육 참여 기회를 제공하고, 금융소비자보호 우수 직원 등에 대한 포상 제도를 시행하여야 한다.

제33조(금융상품 판매 임직원에 대한 자격)

① 판매임직원 등은 관련 법규가 정하는 자격요건을 갖추어야 하며, 법규에서 정하는 자격요건이 없는 경우에는 회사가 정한 기준에 따른 교육을 이수하여야 한다.

② 다음 각 호의 어느 하나에 해당할 경우에는 금융상품을 판매할 수 없다.

1. 제1항에 따른 자격요건을 갖추지 못하였거나 관련교육을 이수하지 않은 판매임직원 등일 경우

2. 취급하는 금융상품에 대하여 회사가 정한 기준에 따른 평가결과 전문성과 숙련도가 낮은 판매임직원 등일 경우

3. 기타 불완전판매 관련 민원이 회사가 정한 기준을 이상으로 발생하여 회사가 개별적으로 판매를 제한하는 판매임직원 등일 경우

③ 회사는 판매임직원 등이 제2항 각호에 따른 요건에 해당하는지 주기적으로 확인하고, 적절한 보수교육 및 재취득 절차를 마련하여야 한다.

④ 회사는 판매임직원 등에게 금융소비자보호 전문역량 개발을 위한 자격증 취득 기회를 제공하는 등 판매임직원 등이 금융상품 판매업무를 적법하게 수행할 수 있도록 적극 지원하여야 한다.

제7장 **업무수행에 대한 보상체계 및 책임확보 방안**

제34조(성과평가 및 보상체계의 설계 및 운영)

① 회사는 판매임직원등과 금융소비자 간에 이해상충이 발생하지 않도록 소비자만족도 및 내부통제 항목을 반영하여 성과평가 및 보상체계(이하 "평가보상체계"라 한다)를 설계·운영하여야 한다.

② 회사는 금융상품 판매와 관련하여 성과평가 시 불완전판매건수, 고객수익률, 소비자만족도 조사결과, 계약관련 서류의 충실성, 판매절차 점검결과(부당권유, 적합성·적정성 원칙 위반, 설명의무 위반에 관한 점검결과를 포함하며 이에 한정하지 않는다) 등을 반영하여 금융소비자보호 관점에서 실질적으로 차별화가 되도록 성과평가지표(KPI)를 운영하여야 한다.

③ 회사는 제2항에 따른 성과평가지표(KPI) 운영 시 특정상품의 판매실적을 성과평가지표(KPI)에 반영하여서는 아니되며, 금융상품 판매와 관련된 내부통제기준 준수 여부에 대한 점검결과와 제2항에 따른 금융소비자 보호를 위한 항목들을 성과평가지표(KPI)에 반영하여야 한다.

제35조(성과평가 시 책임확보 방안)

금융소비자들이 판매임직원 등에게 귀책사유가 있는 불건전영업행위, 불완전판매 등으로 금융거래를 철회·해지하는 경우 회사는 성과평가에 따라 판매임직원 등에게 이미 제공된 금전적 보상을 환수할 수 있으며, 이를 위해 보상의 일정부분은 소비자에게 상품 및 서비스가 제공되는 기간에 걸쳐 분할 또는 연기하여 제공할 수 있다.

제36조(성과보상체계의 평가 및 논의)

① 금융소비자보호 총괄기관은 민원의 발생 또는 예방을 포함하여 각 부서 및 임직원이 업무를 수행함에 있어 소비자보호에 충실하였는지를 조직 및 개인성과 평가에 반영하는 평가방법 등을 마련하여야 하며, 금융소비자보호 총괄책임자는 이를 점검 및 실제 평가를 총괄한다.

② 성과보상체계를 설정하는 부서는 매년 금융상품 판매 관련 업무를 수행하는 임직원에 대한 성과보상체계를 수립하기 전에 금융소비자보호 총괄기관의 의견을 확인하여야 한다.

③ 금융소비자보호 총괄기관은 제2항에 따른 의견 확인 시 금융소비자보호 관점에서 판매 관련 임직원 등에게 적용되는 평가 및 보상 구조가 적절히 설계되어 있는지 여부 등을 검토하여야 하며, 검토결과를 내부통제위원회(내부통제위원회가 없는 경우 대표이사)에게 보고하여야 한다.

④ 금융소비자보호 총괄기관은 성과보상체계 설정 부서, 성과평가 부서, 상품 개발·영업 관련 부서, 준법감시부서 등과 불완전판매 등 관련 정보를 수집·공유하고 정기적으로 협의하며, 금융소비자보호 관점에서 판매임직원 등에 적용되는 평가 및 보상구조가 적절히 설계되어 있는지를 정기적으로 검토하여야 하며, 검토결과를 내부통제위원회(내부통제위원회가 없는 경우 대표이사)에게 보고하여야 한다.

⑤ 금융소비자보호 총괄책임자는 제3항 및 제4항의 보고 시 필요한 경우 판매임직원 등에 대한 성과평가지표(KPI) 조정을 포함한 평가·보상체계의 개선을 건의할 수 있다.

⑥ 회사는 제3항 및 제4항의 검토결과 등 관련 기록을 금융소비자보호 총괄기관에 보관하도록 하고, 이를 감사·준법감시부서 등에 공유하여 참고토록 하여야 한다.

제37조(이 기준 등의 신설·변경 및 세부사항 위임)

① 회사는 관련법령 제·개정, 감독당국의 유권해석, 금융소비자보호 총괄기관 등의 개선 요구, 대규모 소비자 피해발생 등이 있는 경우 이를 반영하기 위하여 이 기준 등의 제정·변경을 할 수 있다.

② 회사는 이 기준 등의 내용을 신설하거나 변경하는 경우에 이사회의 승인을 받아야 한다. 다만, 법령 또는 관련규정의 제·개정에 연동되어 변경해야 하는 사항, 이사회가 의결한 사항에 대한 후속조치, 그 밖에 이에 준하는 경미한 사항을 변경하는 경우에는 대표이사의 승인으로 갈음할 수 있다.

③ 이 기준 등의 제·개정을 추진하는 부서는 금융소비자보호 총괄기관과 사전 협의를 진행하여야 하고, 금융소비자보호 총괄기관은 이 기준의 제·개정 필요성을 소비자보호 측면에서 검토하고 대표이사에게 검토결과를 보고하여야 한다.

④ 회사는 이 기준 등을 신설하거나 변경하는 경우에는 제·개정 사실 및 그 이유, 소비자에게 미치는 영향, 적용시점, 적용대상 등의 주요사항을 구분하여 인터넷 홈페이지에 게시해야 한다.

⑤ 회사는 이 기준 등의 제·개정 사실을 임직원 등이 확인할 수 있는 방법으로 안내하고, 필요 시 교육을 실시한다.

⑥ 이 기준 등의 시행 및 금융소비자보호에 관한 내부통제 운영에 필요한 세부사항은 별도의 내부규정으로 정할 수 있다.

제9장 고령자 및 장애인의 금융거래 편의성 제고 및 재산상 피해 방지에 관한 사항

제38조(고령금융소비자의 편의성 제고 및 재산상 피해 방지)

① 회사는 고령금융소비자가 금융상품을 정확히 이해하고 적절한 금융거래를 할 수 있도록 하여야 한다.

② 고령금융소비자는 65세 이상 금융소비자를 원칙으로 하나, 회사는 해당 금융상품별 특성 및 소비자의 금융상품 이해정도, 금융거래 경험, 재산 및 소득상황 등을 감안하여 자체적으로 고령금융소비자 분류기준을 마련할 수 있다.

③ 회사는 금융상품의 개발, 판매, 사후관리 등 모든 금융거래 과정에서 투자권유준

칙에 따라 고령금융소비자를 보호하고 관련 내부통제를 강화하기 위해 노력하여야 한다.

④ 회사는 고령자가 금융상품을 정확히 이해하고 적절한 금융거래를 할 수 있도록 고령자가 지니는 위험요인을 점검하고, 강화된 판매절차를 적용함으로써 재산상 피해를 방지하여야 한다.

⑤ 회사는 고령금융소비자의 금융접근성을 제고하고 재산상 피해를 방지하기 위한 세부사항을 별도의 내부규정으로 정할 수 있다.

제39조(장애인의 편의성 제고 및 재산상 피해 방지)

① 회사는 장애인의 금융거래 편의성 제고를 위하여 장애유형에 부합하도록 서비스를 제공하여야 한다.

② 회사는 일선창구에서 준수할 장애 유형별 세부 고객응대 지침을 마련하고 관련 상담·거래·민원접수 및 안내 등을 위한 체계를 구축하여야 한다.

③ 회사가 비대면으로 금융상품을 판매하는 경우, 장애인이 원활하게 이용할 수 있도록 전자금융 이용편의성을 제고하여야 한다.

④ 회사는 장애인이 금융상품을 정확히 이해하고 적절한 금융거래를 할 수 있도록 장애인이 지니는 위험요인을 점검하고, 강화된 판매절차를 적용함으로써 재산상 피해를 방지하여야 한다.

⑤ 회사는 장애인의 금융접근성을 제고하고 재산상 피해를 방지하기 위한 세부사항을 별도의 내부규정으로 정할 수 있다.

광고규제 가이드라인

1. 광고규제 적용대상

1 광고의 정의와 관련하여 금소법에 별도의 규정은 없으며, 「표시광고법」 제2조 제2호에 따른 광고의 정의를 차용

• 규정에서는 '소비자가 불특정다수'일 것을 요구하지 않고 '널리 알리거나 제시하는 행위'를 광고로 봄 → 소비자가 특정 다수(예: 신용카드 회원)인 경우에도 광고에 해당할 수 있음

   - 특정 소비자군을 대상으로 하는 경우, 소비자가 그 광고를 상품 권유로 인지할 정도인지*를 중심으로 광고인지를 판단

   * 예: 특정 연령, 소득을 기준으로 분류된 소비자군의 경우 통상 광고에 해당

2 금소법상 광고규제는 '금융상품' 및 '금융상품판매업자·금융상품자문업자("금융상품판매업자등")의 업무'에 적용

• 금융상품 광고란, 금융상품의 내용, 거래조건, 그 밖의 거래에 관한 사항을 소비자에 널리 알리거나 제시하는 행위임

   - 광고성 보도자료를 온라인 홈페이지 등에 게시하는 행위도 금융상품 광고에 해당(참고판례: 대법원 2009두843)

• 업무 광고란, ① 자문서비스에 관한 광고 및 ② 금융거래 유인 관련 업무*에 관한 광고를 의미

   * 예: 보험 관련 재무설계 서비스 제공, 금융상품(특정 금융상품이 아닌 해당 금융상품판매업자가 취급하는 금융상품 일반) 가입 관련 비대면서비스 제공 등

• 금융상품판매업자에 관한 이미지(image) 광고는 규제대상이 아님

2. 광고의 주체 및 절차

① 금소법(§22①)에서는 금융상품판매업자 등*이 아닌 자의 광고를 엄격히 제한**

  * 금융상품직접판매업자, 금융상품판매대리·중개업자, 금융상품자문업자

  ** 광고할 수 있는 자를 법령에 열거(예: 금융지주회사, 집합투자업자, 증권 발행인 등)

- 온라인 포털, 핀테크 업체는 그 역할이 '광고 매체'가 아니라 판매과정에 적극 개입하는 '광고 주체'에 해당하는 경우에는 금융상품판매업자로 등록해야 함

② 금융상품판매업자 등은 광고 시 ① 내부심의*를 반드시 거쳐야 하며, 업권에 따라서는 ② 협회의 사전심의도 받아야 함

  * 준법감시인 심의를 원칙으로 하며, 준법감시인이 없는 경우 감사가 수행

- 법령에서 인정한 금융업권 협회*는 사전 광고심의가 가능하며, 심의대상·심의기준은 협회가 자율적으로 정할 수 있음

  * 은행연합회, 신협중앙회 外에는 현재 광고심의기구가 설치되어 있는 상태이며, 향후 은행연합회, 신협중앙회도 광고심의기구를 마련할 계획

③ 금융상품판매대리·중개업자는 금융상품에 관한 광고를 할 경우 해당 금융상품의 직접판매업자*로부터 확인을 받아야 함

  * 만약 직접판매업자가 다른 2개 이상의 금융상품이 포함된 광고인 경우, 해당 직접판매업자 모두로부터 확인을 받아야 함

- 블로그, 유튜브 등 온라인 매체를 통해 광고를 하는 경우에도 광고에 직접판매업자의 확인을 받았다는 표시를 해야 함

3. 광고의 내용 및 방법

① 광고 시 금소법뿐만 아니라 표시광고법, 방송법, 대부업법 등 다른 법령에 위배되는 사항이 있는지도 꼼꼼히 확인해야* 함

  * 금소법 제6조(다른 법률과의 관계) 금융소비자 보호에 관하여 다른 법률에서 특별히 정한 경우를 제외하고는 이 법에서 정하는 바에 따른다

- 특히 유튜브, 블로그 등 온라인 매체를 통한 광고 시 뒷광고*(hidden ad) 이슈가 발

생하지 않도록 최근 공정위에서 개정한 「추천·보증 등에 관한 표시·광고 심사지침」을 준수해야 할 것임

  * 유명인이 광고를 하면서 광고주와의 경제적 이해관계를 표시하지 않는 경우 등

② 금소법령상 광고 내용에 포함시키도록 열거된 사항은 광고의 목적, 광고매체의 특성 등을 감안하여 규제취지를 형해화하지 않는 범위 내에서 탄력적으로 운영할 수 있음

- 예컨대 온라인 배너·팝업광고는 광고면적이 협소한 점을 감안, 광고 내용을 연결되는 웹페이지에 나누어 게시하는 것도 가능
- 금소법령상 광고에 포함시키도록 규정된 사항 중 법률(금소법)에 규정된 사항*은 광고에서 제외할 수 없음을 유의

  * 금소법 제22조 제3항 제1호부터 제3호까지의 사항

③ 금소법령에서는 광고의 방법을 포괄적으로 규정하여 광고에 대한 금융상품판매업자등의 자율성을 광범위하게 허용

- 금소법령에서는 광고 시 글자의 색깔·크기 또는 음성의 속도·크기 등을 해당 금융상품으로 인해 소비자가 받을 수 있는 혜택과 불이익을 균형있게 전달할 수 있도록 구성
- 금융상품판매업자 등은 협회 심의기준 및 지적사례* 등을 참고하여 자체기준을 내부통제기준에 반영해야 함

  * 별첨자료 참고(향후에도 협회심의 또는 감독결과를 사례화하여 수시로 제공해나갈 계획)

④ 각 금융업권 협회는 사전심의 시 광고의 내용·방법 등에서 법령 위반이 발견된 경우에는 금융위에 그 사실을 알릴 수 있음

투자자 적합성평가제도 운영지침

투자자 적합성평가제도 운영지침

1. 투자자성향 평가 일반원칙

1 판매자는 투자자성향 평가 취지를 소비자가 이해하기 쉽게 설명하고, 파악하고자 하는 정보를 소비자에게 명확하게 요구*해야 한다.

   * [현장의 일부 투자자성향 평가 예] 어려운 용어(보유 중인 순자산 규모는?), 불명확한 표현(투자상품의 '구조'를 이해하는지?) 사용 등

2 투자자 성향 평가는 법령상 기준*에 따라 일관되게 실시해야 한다.

   * 소비자의 손실감수능력을 소비자 정보를 종합 고려하여 평가하고 그 결과를 금융상품의 위험등급에 관한 정보와 비교할 것(금소법 제17조제3항 후단)

 • 소비자 정보를 평가하는 과정에서 소비자가 제공한 정보 간에 모순이 발생하거나, 정보가 유사한 소비자들 간 평가결과에 적지 않은 차이가 발생할 경우 조정이 이루어져야 할 것이다.

3 평가결과 자료는 반드시 평가근거와 함께 기록·유지해야 한다.

   * 관련 규정: 금융소비자보호 감독규정 제10조 제1항 제1호 다목

- 이를 토대로 짧은 시간 내 투자자성향 평가결과가 급격히 변동된 사례 등 특이 동향을 주기적으로 파악하고 필요 시 조치를 하는 내부통제가 이루어질 필요가 있다.

2. 대면 거래 시 비대면 평가결과 활용 관련

① 영업점을 방문한 소비자가 미리 비대면 평가결과를 받은 경우에 이후 평가기준에 변동이 없다면 추가 평가없이 소비자 정보*에 변동사항이 있는지만 확인하는 것도 가능하다.

　* 금융소비자보호법 제17조 제1항 각 호의 구분에 따른 정보

- 소비자 정보에 변동이 없는 경우에는 기존 평가결과를 활용할 수 있으며, 변동이 있는 경우에는 다시 평가를 해야 한다.

※ 이는 비대면 거래 시 대면 투자자성향 평가결과를 활용하는 경우에도 동일하게 적용된다.

3. 일별 투자자성향 평가횟수 제한 관련

① 금융상품 권유 등을 통해 소비자가 자신의 투자자성향 평가 결과를 알기 전인 경우에 판매자는 소비자의 정보 변경 요구를 원칙적으로 허용해야 한다.

- 소비자가 자신의 정보에 오류가 있어 변경을 요구했음에도 당일 변경을 불허하고 이에 기초하여 투자권유를 하는 행위는 금융소비자보호법 제17조 제2항*에 위반될 소지가 있다.

　* 금융상품판매업자 등은 ~ 정보를 파악하고, 일반금융소비자로부터 서명, 기명날인, 녹취로 확인을 받아 ~ 일반금융소비자에게 지체없이 제공하여야 한다.

② 소비자가 평가결과를 안 후에 판매자는 소비자가 위험등급이 높아 부적합한 금융상품 거래를 위해 의도적으로 자신의 정보를 변경하지 않도록 필요한 조치를 취하는 게 법 취지*에 부합한다.

* 금소법 제10조(금융상품판매업자등의 책무) 3. 금융상품으로 인하여 금융소비자에게 재산에 대한 위해가 발생하지 아니하도록 필요한 조치를 강구할 책무

① [대면거래] 소비자 정보 中 금융상품 이해도, 위험에 대한 태도 등 통상 짧은 시간 내 변경되기 어렵고 오류를 객관적으로 확인하기 어려운 정보는 당일 변경을 허용하지 않는 것을 원칙으로 하되,

  - 객관적 확인이 가능한 소비자의 사실관계 착오, 오기(誤記) 등은 소비자 요청 시 변경을 허용할 것을 권고한다.

② [비대면거래] 판매자가 소비자의 재평가를 통제하기 어려운 점을 감안하여 재평가횟수를 사전 제한할 것을 권고한다.

  - 1일 평가 가능횟수는 최대 3회*를 원칙으로 하되, 고객특성(예: 고령자, 장애인), 정보유형(예: 재산상황, 투자경험) 등을 합리적으로 반영하여 마련한 자체 기준에 따라 횟수를 조정할 수 있다.

   * 주요 증권사 1일 평균 비대면 투자자성향 평가횟수 중 1~3회가 98% 이상인 점 등 감안

③ 판매자는 재평가를 실시하는 경우 소비자의 재평가 요구사유를 파악하고 그 내용을 기록·유지해야 한다.

금융상품 설명의무의 합리적 이행을 위한 가이드라인

1. 설명의무 이행범위 관련

① 금융소비자보호법 및 자본시장법상 설명사항을 통합·정리한 설명서를 제공해야합니다.

- 법령에 따라 교부해야 하는 설명서의 명칭이 다르더라도 어떤 형태로든 해당 설명서의 설명항목이 소비자에 전달된다면 그 취지는 이행되었다고 볼 수 있음

- 과도한 자료는 소비자의 합리적 의사결정을 저해할 수 있는 만큼 유사한 설명서를 산발적으로 제공하는 행위는 지양

※ 금소법 제정 전 만들어진 「영업행위 윤리준칙[1]」상 설명에 관한 사항 및 「비예금 상품 모범규준[2]」상 일반금융소비자에 대한 금융상품 설명서에 관한 사항은 금소법과 거의 동일하므로, 해당 사항은 금소법상 설명의무 준수로 갈음

　　1) 6개 협회(은행연합회, 금융투자협회, 생명보험협회, 손해보험협회, 여신금융협회, 저축은행중앙회)가 소비자보호에 관한 사항을 자율규제로 마련('17)

　　2) 은행연합회가 원금미보장 금융상품 소비자보호 관련 자율규제로 마련('20)

② 판매업자가 금융소비자보호법령에 따라 일반금융소비자에게 설명해야할 사항은 법령에서 정하는 사항으로 한정*

　　* 다만, 판매업자가 스스로 소비자보호를 위해 법령에서 정한 사항 외의 내용을 설명하는 행위까지 제한하지는 않음

- 법령에서 정하지 않은 사항은 판매업자가 설명여부를 자율적으로 판단하여, 소비자의 정보 수용능력*(capacity)을 고려할 필요

　　* 판매업자가 설명의무 이행에 대한 책임 회피를 위해 소비자의 수용능력을 고려하지 않고 판매 시점에 과도한 정보를 전달하려는 행태 지양

- 판매업자는 설명서 및 설명 스크립트에 반영되는 내용에 대해 법적근거 등 반영 사유를 내부적으로 기록·관리할 것

③ 「약관규제법」상 설명의무*는 금융소비자보호법과 별개로 적용
  * 제3조(약관의 작성 및 설명의무 등) ③ 사업자는 약관에 정하여져 있는 중요한 내용을 고객이 이해할 수 있도록 설명하여야 한다. 다만, 계약의 성질상 설명하는 것이 현저하게 곤란한 경우에는 그러하지 아니하다.
  • 금융소비자보호법상 중요 설명사항으로 열거되지 않더라도 약관상 중요한 내용*은 소비자가 이해하기 쉽게 설명해야 함
    * 금소법상 설명의무 위반에 따른 제재대상은 아님
  • 분쟁조정 등 사후구제 과정에서 약관상 중요한 내용에 해당하는지 여부는 판례 (예: 대법원 2016다276177)를 기준으로 개별 판단

2. 설명의 효율성 제고 관련

① (설명의 정도) 설명사항의 중요도, 난이도 및 소비자 상황 등을 고려, "소비자가 상세설명 여부를 선택할 수 있는 범위"를 조정 가능
① 설명서의 요약자료인 "핵심설명서*"는 반드시 설명
  * 소비자의 계약 체결여부에 대한 판단이나 권익보호에 중요한 영향을 줄 수 있는 사항을 요약하여 설명서 맨 앞에 배치한 자료(금융소비자보호 감독규정 §13① 5호)
② 핵심설명서 외의 사항 중 일부는 자체 기준에 따라 "소비자가 설명 간소화를 선택할 수 있는 사항"으로 분류 가능
  → "소비자가 설명 간소화를 선택할 수 있는 사항"의 경우 판매업자는 해당 정보의 목록 및 설명서상의 위치를 알리고, 소비자가 각각의 내용을 확인한 후에 이해했는지 확인받을 것*
  * 금융소비자보호법 제19조 제2항 본문에 따른 확인 절차

〈 "소비자가 설명 간소화를 선택할 수 있는 사항" 분류 원칙 〉
  i) 정보의 객관적인 난이도가 낮아 소비자가 설명서에서 해당 내용을 확인하면 스스로 이해가 가능한 사항
    * (예) 예금자보호, 청약철회권 등 소비자권리, 연계·제휴서비스, 분쟁조정·민원

절차 등

ⅱ) 그 밖의 사항은 권유하고자 하는 금융상품 및 해당 소비자의 거래 경험·시기, 지식수준 등을 종합 고려하여 기준 마련

- 예컨대 최근 거래했던 금융상품과 유사한 상품을 권유하는 경우에 그 상품과 공통된 사항*은 설명 간소화 가능

* 유사한 예로 단일 거래에서 다수의 금융상품을 권유하는 경우에 해당 상품들 간 공통된 사항은 소비자가 설명여부 선택 가능

- 판매업자는 소비자가 설명 간소화를 선택할 수 있다고 판단한 근거로서 객관적 증빙자료를 기록·보관할 필요

② (설명방식) 소비자의 이해를 돕는데 있어 구두설명보다 동영상, AI* 등의 활용이 효과적인 경우에는 이를 적극 활용

* 법령에서 전화모집 절차를 규율하고 있는 보험의 경우, 전화모집시 AI 활용을 허용하기 위해 보험업감독규정 개정 추진 중(「비대면·디지털 모집규제 개선방안 (5.17일)」)

• 금융상품에 공통 적용되는 소비자보호 제도 일반* 및 표준화하여 제시 가능한 범용성이 있는 정보는 가급적 동영상 활용

* 청약철회권·위법계약해지권 행사에 관한 사항, 분쟁조정 절차 등

- 고난도 금융상품과 같이 녹취의무가 있는 경우에도 소비자가 동영상을 정상적으로 제공받았다는 사실만 입증가능 하다면 해당 내용을 일일이 녹취할 필요가 없음

• 전화권유 판매 시 모집인의 고지사항*은 구두전달보다 문자메시지 등을 통해 소비자가 확인하도록 할 필요

* 소속 법인 명칭, 자신이 계약체결 권한이 없다는 사실, 손해배상책임에 관한 사항 등

- 또한 설명내용 중 보험료 세부내역 등 시각적으로 전달하는 게 효과적인 사항은 모바일 등을 통해 실시간으로 전달하고 이해여부를 확인(소비자 질의에도 대응)하는 방식도 가능

3. 설명서 이해도 제고 관련

1️⃣ 금융소비자보호 감독규정상 설명서 작성 시 준수사항(§13①)은 설명서의 취지를 벗어나지 않는 범위 내에서 자율적으로 이행

〈 설명서 작성 관련 유의사항 〉

① 거래 시 소비자의 행태에 대한 실증자료 및 민원·분쟁 분석자료 등을 토대로 자체적인 설명서 작성기준을 마련할 것

② 핵심설명서는 일반적으로 발생하는 민원·분쟁을 방지하는데 초점을 두고 다음의 사항을 유의하여 마련

  ⅰ) 주의 환기를 위해 "설명을 제대로 이해하지 못한 상태에서 설명을 이해했다는 서명을 하거나 녹취기록을 남길 경우 추후 권리구제가 어려울 수 있다"는 경고 문구를 상단에 제시

  ⅱ) 법령상 중요 설명사항 중 민원·분쟁 또는 상담요청이 빈번*한 사항은 사례제시, FAQ 형식 등을 활용

    * 일부 예외적 사례를 열거하지 말고, 적시성·중요성이 높은 사례만 포함시킬 것

    - 판매업자 내부 소비자보호 총괄기관은 관련 내용의 업데이트 필요여부를 주기적으로 검토할 것

  ⅲ) 금융상품 위험등급, 대출 연체 등 재산상 손실이 발생할 수 있는 사항에 관한 설명 시 단순히 유의문구만 기술하기보다 체감도를 높일 수 있도록 구체적인 손실금액을 예시로 제시

  ⅳ) 소비자 이해를 돕기 위해 금융상품의 주요 특징을 소비자가 일반적으로 아는 다른 금융상품과 비교하는 방식으로 설명*

    * 금융소비자 보호 감독규정 제13조 제5항 가목("유사한 금융상품과 구별되는 특징")

    - 수익률 등 계약을 유도하기 위한 정보가 아니라 투자 위험, 수수료, 해지 시 불이익 등 유의해야할 정보 위주로 제시

2️⃣ 설명내용에 대한 소비자의 이해여부 확인의 실효성 확보를 위해 설명내용에 대한 이해여부 확인과 관련한 질의사항을 소비자에게 중요내용을 환기시킬 수 있는 방향으로 제시

강지영·최현자(2021). 금융투자자의 자기책임 인식 수준 및 결정요인: 펀드투자 관련 자기결정성과 투자권유 서비스의 질을 중심으로. 금융소비자연구, 11(2), 5-36.

곽성희(2014). 블랙컨슈머의 악성적 행동에 관한 사례분석: 식품과 공산품을 중심으로. 성신여자대학교 대학원 석사학위논문.

국가청렴위원회(2007.02.). 기업윤리경영 모델.

국가권익위원회(2010). 2010 기업윤리경영모델.

국가권익위원회. 기업윤리 브리프스, 2015-7월호.

국가청렴위원회 기업윤리센터(2006.08.31.). 기업윤리 브리프스 2006-8호.

국가권익위원회(2006.02.28.). 기업윤리 브리프스.

권종호(2010). 금융산업의 발전과 소비자보호. 저스티스, 121, 809-828.

금융감독원(2013). 금융소비자백서.

금융감독원(2023.04.20.). '22년 보이스피싱 피해현황 및 주요 특징 보도자료.

금융개혁과 컴플라이언스(2016.06.24.). 2016학년도 서강대학교 금융법센터 국제학술대회.

금융위원회(2013.09.). 금융교육 활성화방안.

금융투자협회. 2009년 내부통제 전문가 과정 교재.

금융투자협회. 금융투자회사의 Compliance Manual(공통 / 증권·선물).

김민정·김은미·장연주(2021). 가계의 재무관리역량이 재무웰빙(Financial Well-being)에 미치는 영향. 소비자정책교육연구, 17(1), 91-116.

김민정·윤민섭·고은희(2022). 금융소비자보호 담당자의 악성불평행동소비자에 대한 인식 연구. 금융소비자연구, 12(3), 61-88.

김병연(2009). 금융소비자보호제도의 주요이슈와 개선방안. 한국금융연구원 정책조사보고서(2009.11.).

김정호(2010). 초중고 금융 교육 표준안의 구성 배경과 내용 체계, 한국경제포럼, 3(4), 57-72.

김종민·정순섭(2009). 금융규제와 시장원리에 관한 연구. KIF working paper, 2009-1,

1-31.

노형식·송민규·연태훈·임형준(2014). 금융소비자보호 효과 제고를 위한 실천과제: 규제, 사후관리, 역량강화, KIF연구보고서 2014-01호.

박기령(2012). 미국의 대·중소기업 상생협력 관련법제.

박기령(2013). 금융산업의 사회적 자본과 금융소비자보호: 사회적자본의 법제화 2, 경제인문사회연구회 협동연구총서 13-3-11.

박세화(2017.07.). 준법 및 윤리경영을 위한 내부통제의 새로운 과제, 선진상사법률연구 통권 제79호.

박종철(2009). 내부통제와 컴플라이언스, 금융투자협회 교재.

박주영·김은미·김민정(2020). 취약계층 금융소비자보호와 금융소비자교육. 법학연구, 31(1), 45-74.

성영애(2015). 금융소비자의 권리와 책임. 한국금융소비자학회 금융소비자보호를 위한 정책세미나.

송호준·천성용(2017). 금융포용(Financial Inclusion) 활동을 통한 금융회사의 차별화 사례연구. Financial Planning Review, 10(1), 91-124.

심현정·김민정·최현자(2018). 소비자의 보험소비만족에 관한 융합연구: 자기결정성 이론을 중심으로. 한국융합학회논문지, 9(5), 157-169.

안수현(2013). 금융회사 민원서비스의 금융규제적 의미. 증권법연구, 14(2), 585-626.

연합뉴스(2011.06.13.). 부산저축銀 후순위채 피해자 집단 손배소. https://n.news.naver.com/mnews/article/001/0005109786

유선욱(2013). 진정성(authenticity) 효과: 구매행동의도에 대한 조직-공중 관계성과 기업 명성의 매개역할을 중심으로. 한국언론학보, 57(6), 7-34.

윤민섭·김민정·정신동(2020). 금융 블랙컨슈머로 인한 사회적 부담 완화를 위한 제도 개선방안, 한국금융투자자보호재단.

윤언철(2003.05.14.). 윤리경영 실행력을 높일 때다, CEO리포트, LG경제연구원.

이기춘·김정은(2012). 소비자교육의 이론과 실제. 서울: 교문사.

이데일리(2019.06.04.). "해도 해도 너무하네"... 금융사 울리는 블랙컨슈머, 대책은?'

이상복(2017.07.). 기업의 컴플라이언스와 책임에 관한 미국의 논의와 법적 시사점, 선진상사법률연구 통권 제79호.

이시연(2016.08.23.). 금융회사의 지속가능성 제고를 위한 준법경영확립 방안, 2016년 준법감시협의희외 연구 T/F빌표자료.

이은경·전중옥(2014). 진화하는 블랙컨슈머: 블랙컨슈머의 공모행동. 한국심리학회지: 소비자·광고, 15(3), 435-461.

이효경(2017.07.). 일본의 내부통제제도 및 사례에 관한 검토, 선진상사법률연구 통권 제79호.

전국경제인연합회 윤리경영팀. 기업윤리와 기업가치 및 성과간의 관계 분석.

조혜진·서가연(2021). 금융시장 내 블랙컨슈머에 관한 개념 고찰, 금융소비자연구, 11(3), 105-130.

조창훈(2017.07.). Complance 시스템 구축의 실무적 이슈 검토, 선진상사법률연구 통권 제79호.

조홍식(2019.04.15.). Compliance, Why and How?

통계청(2022). 가계금융복지조사 결과.

한진수(2022). 금융 웰빙에 영향을 미치는 요인: 금융 역량과 금융교육. 교육문화연구, 28(2), 263-283.

한화투자증권(2015.05.). 윤리강령.

한화투자증권(2012.01.). 2012 본사부서 컴플라이언스 교육자료.

허경옥(2012). 소비자의 악성불평행동 분석 및 기업의 대처행동 조사 연구. 가정과삶의질연구, 30(6), 167-181.

Andrew Newton(1998). The handbook of Compliance.

Arrow, K. J. (1974). The limits of organization. WW Norton & Company.

Campbell, J. Y., Jackson, H. E., Madrian, B. C., & Tufano, P. (2011). Consumer financial protection. Journal of Economic Perspectives, 25(1), 91-114.

CFPB(2017). CFPB financial well-being scale: scale development technical report. New York: Consumer Financial Protection Bureau.

Fullerton, R. A., & Punj, G. (1993). Choosing to Misbehave: a Structural Model of Aberrant Consumer Behavior, ACR North American Advances.

Harter, S. (2002). Authenticity. In C. R. Snyder & S. J. Lopez(Eds.), Handbook of positive psychology(pp. 382-394). Oxford University Press.

Money Advice Service(2015). Financial Capability in the UK 2015.

OCAP(2008). 블랙 컨슈머의 행동유형과 사례연구. 기업소비자전문가협회.

OECD(2005). Recommendation on principles and good practices for financial ducation and awareness.

OECD(2011). G20 High-level Principles on Financial Consumer Protection.

Ramsay, I. (1985). Framework for regulation of the consumer marketplace. Journal of Consumer Policy, 8(4), 353-372.

Salignac, F., Hamilton, M., Noone, J., Marjolin, A., & Muir, K. (2020). Conceptualizing financial wellbeing: an ecological life-course approach. Journal of Happiness Studies, 21, 1581-1602.

The Department of the Treasury(2009). Financial Regulatory Reform - A New Foundation : Rebuilding Financial Supervision and Regulation.

Zakaria, N. F., & Sabri, M. F. (2013). Review of financial capability studies. nternational Journal of Humanities and Social Science, 3(9), 197-203.

금융감독원 e-금융민원센터 https://www.fcsc.kr/

금융투자협회 https://kofia.or.kr

금융투자협회 투자자지원센터 https://www.kofia.or.kr/inherit/m_86/search.do

생명보험협회 소비자포털 https://consumer.insure.or.kr/

은행연합회 소비자포털 portal.kfb.or.kr

한국거래소 https://drc.krx.co.kr

한국소비자원 https://www.kca.go.kr

한국은행 경제통계시스템 https://ecos.bok.or.kr/

Endnotes

1   Greg Smith, Why I am Leaving Goldman Sachs, The New York Times(March 14, 2012).

2   강지영·최현자(2021). 금융투자자의 자기책임 인식 수준 및 결정요인: 펀드투자 관련 자기결정성과 투자권유 서비스의 질을 중심으로. 금융소비자연구, 11(2), 5-36.

3   금융감독원(2013). 금융소비자백서.

4   김병연(2009). 금융소비자보호제도의 주요이슈와 개선방안. 한국금융연구원 정책조사 보고서 2009.11.

5   Campbell, J. Y., Jackson, H. E., Madrian, B. C., & Tufano, P. (2011). Consumer financial protection. Journal of Economic Perspectives, 25(1), 91-114.

6   거래비용이란 계약, 거래, 교환 등에 수반되는 불확실성이 야기하는 비용으로 구체적으로는 정보수집, 거래조건협의, 계약서 작성, 이행보장을 위한 제제, 감시비용, 분쟁비용 등을 의미한다. 만약 이러한 거래비용이 해당 서비스의 효용을 능가한다면 당연히 시장은 형성되지 않을 것이다.

7   Arrow, K. J. (1974). The limits of organization. WW Norton & Company.

8   박기령(2012). 미국의 대·중소기업 상생협력 관련법제.

9   박기령(2013). 금융산업의 사회적 자본과 금융소비자보호: 사회적자본의 법제화 2, 경제인문사회연구회 협동연구총서 13-3-11.

10 The Department of the Treasury(2009). Financial Regulatory Reform-A New Foundation: Rebuilding Financial Supervision and Regulation.

11 권종호(2010). 금융산업의 발전과 소비자보호. 저스티스, 121, 809-828.

12 김민정·김은미·장연주(2021). 가계의 재무관리역량이 재무웰빙(Financial Well-being)에 미치는 영향. 소비자정책교육연구, 17(1), 91-116.

13 미국 CFPB에서는 재무웰빙을 '금융소비자가 일상생활에서 금융문제를 처리할 수 있고, 미래에 발생할 수 있는 금융 충격으로부터 안전하며, 자유로운 금융 선택이 가능하여 자신의 금융목표를 달성할 수 있는 상태'로 정의하였다.

14 한진수(2022). 금융 웰빙에 영향을 미치는 요인: 금융 역량과 금융교육. 교육문화연구, 28(2), 263-283.

15 CFPB(2017). CFPB financial well-being scale: scale development technical report. New

York: Consumer Financial Protection Bureau.

16 재무웰빙은 재무적 측면에서 오는 삶의 만족과 연관되어 있으며, 재무건강(Financial Health), 재무웰니스(Financial Wellness), 재무행복(Financial Happiness), 재무건전성 (Financial Soundness, Financial Stability), 재무만족도(Financial Satisfaction) 등과 유사한 개념으로 사용된다.

17 송호준·천성용(2017). 금융포용(Financial Inclusion) 활동을 통한 금융회사의 차별화 사례 연구. Financial Planning Review, 10(1), 91-124.

18 이종걸 의원 보도자료, 2012.09.24.

19 불공정·사기성 부분은 기업 패소하고, 불완전판매 부분은 기업의 일부 승소함.

20 이자율헤지상품 중 이자율스왑은 여신 중소기업의 변동금리대출을 고정금리대출로 전환시켜 이자율 상승(이자부담 증가) 위험을 헤지.

21 일정기준 충족하는 영세기업만 대상, 전액배상(8,281건), 일부배상(5,655건), 총 21억 97백만 파운드(원화 약 3.3조원) 배상.

22 '13년 전수조사 시 2001년 판매건부터 조사함에 따라 제소기간법상 불법행위 제소기간 (limitation period, 6년)이 경과된 건도 포함하여 조사·배상.

23 PPI(Payment Protection Insurance): 은행이나 신용공급자들이 일반 대출이나 신용카드 이용 등에 부가하여 판매하는 보험으로, 대출차주가 예상치 못한 사고 및 질병으로 사망·실직하여 대출을 상환하지 못하게 될 경우 보험사가 채무를 대납해주는 보험계약.

24 쿠폰스왑은 기업의 콜옵션(녹아웃) 매수와 풋옵션매도를 1:3비율로 결합하여 엔화가치 하락 위험을 헤지하나 엔화가치 상승 시 손실 발생(키코와 반대 손익구조).

25 日신용조사 회사 데이코쿠 데이터뱅크에 따르면 '08년~'09년 중 엔화가치 상승으로 도산한 기업의 1/3이 외환파생상품 손실 때문인 것으로 알려짐.

26 환리스크헤지 필요성, 헤지 필요금액의 적정성, 환차손을 발생 시 기업이 이를 감당할 만한 재무능력 보유하였는지 여부.

27 OECD(2005). Recommendation on principles and good practices for financial education and awareness.

28 2013년 금융위원회, 금융감독원 보도자료 "소비자의 건강한 금융생활을 위한 금융교육 활성화 방안 수립".

29 한국은행(2018). 금융위기 이후 미국의 주요 금융규제체계 개편 추진 현황 및 전망, 조사연구.

30 성영애, 최현자(2020). 금융소비자와 시장. 학현사.

31 성영애, 최현자(2020). 금융소비자와 시장. 학현사.

32 성영애, 최현자(2020). 금융소비자와 시장. 학현사.

33 전자금융거래법상 전자금융의 정의: 금융회사 또는 전자금융업자가 전자적 장치를 통해 금융상품 및 서비스를 제공하고, 이용자가 금융회사 또는 전자금융업자의 종사자와

직접 대면하거나 의사소통을 하지 않고 자동화된 방식으로 이를 이용하는 거래.

34 핀테크(FinTech): 금융(finance)+기술(Technology), 전통적인 금융모델 및 금융회사가 아닌 새로운 형태의 금융서비스를 소비자에게 제공할 수 있도록 금융과 기술이 결합하는 것.

35 연합인포맥스(2022). 금소법 후에도 비대면 채널 펀드 투자자 보호 '사각지대'(http://news.einfomax.co.kr).

36 통신사기피해환급법상 전기통신금융사기의 정의: 전기통신을 이용하여 타인을 기망하거나 공갈함으로써 재산상의 이익을 취하거나 제3자에게 재산상의 이익을 취하게 하는 행위.

37 신한은행 보통사람 금융생활보고서(https://www.shinhan.com/hpe/index.jsp#902301000000).

38 하나은행 대한민국 웰스리포트(http://www.hanaif.re.kr/boardDetail.do?hmpeSeqNo=35625).

39 KB금융지주 한국 부자보고서(https://www.kbfg.com/kbresearch/report/reportView.do?reportId=2000360).

40 MZ세대의 은퇴인식과 퇴직연금 운용 트렌드(https://investpension.miraeasset.com/contents/view.do?idx=15103).

41 NH투자증권 중산층보고서, 대한민국 상위 1% 보고서(https://www.nhqv.com/index.jsp 〉100세시대연구소 〉THE100리포트 발간호별 조회).

42 소비자역량에 해당하는 소비자능력은 개인이 다양한 소비활동의 장에서 적절하게 역할 수행을 할 수 있게 하는 역량 또는 능력으로서 소비자 역할을 현명하게, 효율적으로 수행하기 위하여 필요한 소비자 지식, 소비자 태도, 소비자 기능의 총체로서, 인지적 영역, 정의적 영역, 실천적 영역을 포함하는 포괄적인 개념으로 정의됨(이기춘·김정은, 2012. 소비자교육의 이론과 실제. 서울: 교문사).

43 Money Advice Service(2015). Financial Capability in the UK 2015.

44 김정호(2010). 초중고 금융 교육 표준안의 구성 배경과 내용 체계, 한국경제포럼, 3(4), 57-72.

45 박주영·김은미·김민정(2020). 취약계층 금융소비자보호와 금융소비자교육. 법학연구, 31(1), 45-74.

46 노형식·송민규·연태훈·임형준(2014). 금융소비자보호 효과 제고를 위한 실천과제: 규제, 사후관리, 역량강화, KIF연구보고서 2014-01호.

47 노형식·송민규·연태훈·임형준(2014). 금융소비자보호 효과 제고를 위한 실천과제: 규제, 사후관리, 역량강화, KIF연구보고서 2014-01호.

48 Zakaria, N. F., & Sabri, M. F. (2013). Review of financial capability studies. International Journal of Humanities and Social Science, 3(9), 197-203.

49 OECD(2005). Recommendation on principles and good practices for financial education and awareness.

50 CFPB(2017). CFPB financial well-being scale: scale development technical report. New

York: Consumer Financial Protection Bureau.

51 Salignac, F., Hamilton, M., Noone, J., Marjolin, A., & Muir, K. (2020). Conceptualizing financial wellbeing: an ecological life-course approach. Journal of Happiness Studies, 21, 1581-1602.

52 금융감독원 금융교육센터(2020).

53 INFE(International Network on Financial Education): 경제·금융교육 관련 국가 간 정보 교환 및 국제표준(모범사례) 개발 등을 목적으로 2008년 5월 OECD 산하에 설립.

54 김민정·김은미·장연주(2021). 가계의 재무관리역량이 재무웰빙(Financial Well-being)에 미치는 영향. 소비자정책교육연구, 17(1), 91-116.

55 연합뉴스(2023.05.27.). 누구든 당할 수 있다... 연간 피해 5천억.

56 박정희, "금융발전이 소득불평등에 미치는 영향에 대한 실증분석", 『경제연구』, 제31권 2호, 2013, 158면.

57 신진욱, "한국에서 자산 및 소득의 이중적 불평등 국제 비교 관점에서 본 한국의 불평등 구조의 특성", 『민주사회와 정책연구』, 제23호, 2013, 62~63면.

58 송호준, 천성용, "금융포용 활동을 통한 금융회사의 차별화 사례 연구", 『Financial Planning Review』, 제10권 1호, 2017, 114-115면.

59 정부가 2018년 제시한 금융혁신 4대 전략은 '그라민뱅크(Grameen Bank)'를 벤치마킹한 것이라고도 할 수 있음. 가난한 사람들에게 돈을 빌려주는 방글라데시 국적의 사회사업가 Muhammad Yunus에 의해 창설된 마이크로 크레딧 개념의 대출 서비스이다. 그라민 뱅크는 특히 저소득층 여성들에게 생업에 필요한 소액의 대출을 지원하고 장기적 상환을 유도하여 서민의 경제생활에 좋은 영향력을 끼친 공로를 인정받아 2006년 노벨평화상을 수상하였다. 그라민뱅크의 이자율은 소득창출을 위한 대출상품 20%, 주택자금 마련을 위한 대출상품 8%, 학자금 대출 5%, 노숙자(Beggar) 0% 등으로 구성된다.

60 Demirgüç-Kunt, A. & Singer, D., 『Financial inclusion and inclusive growth: A review of recent empirical evidence』, World Bank Policy Research Working Paper No. 8040, 2017, 4면.

61 Demirgüç-Kunt, A., Honohan, P., & Beck, T. 『Finance for all?: Policies and Pitfalls in Expanding Access』, A World Bank Policy Research Report, 2008, 6~7면.

62 손지연, 『취약계층의 소비자역량 향상방안: 금융소비자의 취약성을 중심으로』. 한국소비자원 정책연구보고서, 2015, 34~36면.

63 전자금융분야에서 일어나는 보이스피싱, 파밍, 스미싱, 메모리해킹 등 인터넷과 스마트폰 기반의 신종금융사기 및 개인정보침해 등이 있음(맹수석, "IT금융거래와 금융소비자보호방안", 『법학연구』, 제29권 1호, 2018, 1~2면).

64 Platum(2016), 금융 프로슈머들의 공간, 크라우드펀딩. (https://platum.kr/archives/58035)

65 곽성희(2014). 블랙컨슈머의 악성적 행동에 관한 사례분석: 식품과 공산품을 중심으로. 성신여자대학교 대학원 석사학위논문.

66 윤민섭·김민정·정신동(2020). 금융 블랙컨슈머로 인한 사회적 부담 완화를 위한 제도 개선방안, 한국금융투자자보호재단.

67 조혜진·서가연(2021). 금융시장 내 블랙컨슈머에 관한 개념 고찰, 금융소비자연구, 11(3), 105-130.

68 허경옥(2012). 소비자의 악성불평행동 분석 및 기업의 대처행동 조사 연구. 가정과 삶의 질연구, 30(6), 167-181., 김민정·윤민섭·고은희(2022). 금융소비자보호 담당자의 악성불평행동소비자에 대한 인식 연구. 금융소비자연구, 12(3), 61-88.

69 OCAP(2008). 블랙 컨슈머의 행동유형과 사례연구. 기업소비자전문가협회.

70 이은경·전중옥(2014). 진화하는 블랙컨슈머: 블랙컨슈머의 공모행동. 한국심리학회지: 소비자·광고, 15(3), 435-461.

71 Fullerton, R. A., & Punj, G. (1993). Choosing to Misbehave: a Structural Model of Aberrant Consumer Behavior, ACR North American Advances.

72 이데일리(2019.06.04.). "해도 해도 너무하네"… 금융사 울리는 블랙컨슈머, 대책은?'

73 「소비자기본법」 제55조(피해구제의 신청 등) ① 소비자는 물품 등의 사용으로 인한 피해의 구제를 한국소비자원에 신청할 수 있다. ② 국가·지방자치단체 또는 소비자단체는 소비자로부터 피해구제의 신청을 받은 때에는 한국소비자원에 그 처리를 의뢰할 수 있다. ③ 사업자는 소비자로부터 피해구제의 신청을 받은 때에는 다음 각 호의 어느 하나에 해당하는 경우에 한하여 한국소비자원에 그 처리를 의뢰할 수 있다. 1. 소비자로부터 피해구제의 신청을 받은 날부터 30일이 경과하여도 합의에 이르지 못하는 경우, 2. 한국소비자원에 피해구제의 처리를 의뢰하기로 소비자와 합의한 경우, 3. 그 밖에 한국소비자원의 피해구제의 처리가 필요한 경우로서 대통령령이 정하는 사유에 해당하는 경우. ④ 원장은 제1항의 규정에 따른 피해구제의 신청(제2항 및 제3항의 규정에 따른 피해구제의 의뢰를 포함한다. 이하 이 절에서 같다)을 받은 경우 그 내용이 한국소비자원에서 처리하는 것이 부적합하다고 판단되는 때에는 신청인에게 그 사유를 통보하고 그 사건의 처리를 중지할 수 있다.

74 「산업안전보건법」 제41조(고객의 폭언 등으로 인한 건강장해 예방조치) ① 사업주는 주로 고객을 직접 대면하거나 「정보통신망 이용촉진 및 정보보호 등에 관한 법률」 제2조 제1항 제1호에 따른 정보통신망을 통하여 상대하면서 상품을 판매하거나 서비스를 제공하는 업무에 종사하는 근로자(이하 "고객응대근로자"라 한다)에 대하여 고객의 폭언, 폭행, 그 밖에 적정 범위를 벗어난 신체적·정신적 고통을 유발하는 행위(이하 "폭언 등"이라 한다)로 인한 건강장해를 예방하기 위하여 고용노동부령으로 정하는 바에 따라 필요한 조치를 하여야 한다. ② 사업주는 고객의 폭언 등으로 인하여 고객응대근로자에게 건강장해가 발생하거나 발생할 현저한 우려가 있는 경우에는 업무의 일시적 중단 또는 전환 등 대통령령으로 정하는 필요한 조치를 하여야 한다. ③ 고객응대근로자는 사업주에게 제2항에 따른 조치를 요구할 수 있고, 사업주는 고객응대근로자의 요구를 이유로

해고 또는 그 밖의 불리한 처우를 해서는 아니 된다.

75 윤민섭·김민정·정신동(2020). 금융 블랙컨슈머로 인한 사회적 부담 완화를 위한 제도
    개선방안, 한국금융투자자보호재단.

76 학계에서도 금융분야 악성불평행동소비자에 대해서는 이제 논의가 시작되는 단계이며,
    관련 연구는 OCAP(2008), 윤민섭 외(2020), 조혜진, 서가연(2021) 등에 국한되어 있다.

77 윤민섭·김민정·정신동(2020). 금융 블랙컨슈머로 인한 사회적 부담 완화를 위한 제도
    개선방안, 한국금융투자자보호재단.

78 금리(단리·복리), 인플레이션, 디플레이션, 환율, 리스크·리턴 등.

79 김종민·정순섭(2009). 금융규제와 시장원리에 관한 연구. KIF working paper, 2009-1,
    1-31.

80 지방자치단체의 조례는 법률과 명령의 범위 내에서 지방의회가 의결한 법이다. 조례 하
    위에 조례규칙이 있다.

81 대판 1987.09.27., 86누484, 대판 1998.06.09., 97누19915.

82 단체소송은 일정한 자격을 갖춘 단체로 하려금 전체 피해자들의 이익을 위해 소송을 제
    기할 수 있는 권한을 부여하는 제도로 주로 사업다들의 위험행위를 금지 및 중단시키기
    위한 소송제도로 이용된다. 참고로 집단소송(class action)은 피해 집단에 속해 있는 개인
    에게 당사자 적격을 인정하여 그로 하여금 집단구성원 전원을 위하여 소송을 수행할 수
    있게 하는 제도로 주로 소액다수의 피해구제를 위한 손해배사청구소송임.

83 오지영 외(2012)는 피해액 추정을 통해 소비자에 대한 손해배상을 원활하게 하려는 데
    에 목적이 있는 담합으로 인한 소비자피해액을 산정에 관한 연구를 하였다.

84 고객에게 부당하게 불리한 조항(가령 담보권 설정비용을 고객에게 부담하거나 아파트
    청약금을 돌려주지 않는 약관)이나, 고객이 계약의 거래형태 등 관련된 모든 사정에 비
    추어 예상하기 어려운 조항(이외조항, 기습조항) 등이 있으면 안 되고, 계약의 본질적
    권리를 제한하는 조항 및 사업자 면책조항, 부당하게 과중한 손해배상을 고객에게 예정
    하는 조항 등임.

85 청약철회기간은 원칙적으로 14일(계약서를 교부받은 날로부터 / 계약서의 공급보다 재화
    공급이 늦게 이루어진 경우에는 재화 등을 공급받거나 공급이 개시된 날로부터)이지만 보
    험업법처럼 특수영역에서 청약철회를 별도로 규정하고 있는 경우 해당 법이 우선임.

86 중요한 표시·광고사항 고시(공정거래위원회 행정규칙)

87 신고만으로 유료 투자자문이 가능한 유사투자자문업(동법 제101조)은 일정 자기자본 요
    건 등을 갖추고 등록해야 하는 투자자문업과 상이함.

88 은행법 제27조의2, 동법 시행령 제18조의2에서 상세히 열거하고 있는데, 자본시장법에
    서 정하고 있는 금융투자업의 거의 모든 업무, 보험대리점 업무(방카슈랑스), 퇴직연금
    사업자의 업무, 여전법의 신용카드업, 단보부사채신탁 등 업무범위가 상당히 넓음.

89 예금 등이라고 표현한 것은 자본시장법 등에 의한 상품이어도 일부 원금보전이 되는 상

품은 예금자보호법에 의해 보호가 되기 때문임.

90 2개의 대리중개업자: ① 신협 공제상품모집인, ② 대출모집인.
    4개의 자문업자: ① 투자성, ② 보장성, ③ 대출성, ④ 예금성 상품 독립자문업자.

91 위탁관계 없이 독립적으로 업무를 수행하는 "보험중개사"는 관리책임 대상에서 제외.

92 1社에 전속되거나 소속 개인 판매대리중개업자가 5명 미만인 판매대리중개업자 등*의
    경우에는 제외(대부업자 및 대부중개업자, 상호저축은행중앙회, P2P업자, 온라인소액
    투자중개업자 등).

93 내부통제기준의 포함사항에 금융소비자보호 모범규준(행정지도)상 내부통제 관련 내용
    을 반영함.

94 (예외) 기본계약 체결 이후 계속적·반복적으로 거래, 기존 계약과 동일하게 갱신, 자문
    업자의 금융상품자문서 제공, 온라인투자연계금융업법 및 대부업법상 설명의무 이행.

95 (예외) 자본시장법상 투자설명서 또는 간티투자설명서를 제공하는 경우에는 해당 내용
    을 설명서에서 제외할 수 있음.

96 (예외) 예금성 상품 등 설명서 내용이 간단하여 요약이 불필요한 금융상품은 제외.

97 계약체결자료, 계약이행자료, 광고자료, 소비자의 권리행사자료, 내부통제자료, 업무위
    탁자료 등.

98 ① 원칙 10년, ② 보장성 상품의 보장기간이 10년을 초과하는 경우 해당 계약체결자료·
    계약이행자료는 보장기간까지, ③ 내부통제자료는 5년 이내.

99 금융위·공정위·기재부·교육부·행안부·복지부·노동부·여가부 고위공무원 및 금감원
    부원장(소보처장).

100 안수현, 2013.

101 금융위원회 보도자료, 제6차 금융개혁회의 개최(2015.07.02.).

102 금융감독원 보도자료, 2021년 금융민원 및 금융상담 동향(2022.04.12.).

103 금융감독원 보도자료, 2022년 금융민원 및 상담동향(보도자료, 2023.04.20.).

104 은행, 한국산업은행, 중소기업은행, 농협, 수협, 보험업법에 의한 보험회사, 증권회사,
    종합금융회사, 여신전문금융회사, 상호저축은행 등 각종 금융회사를 열거하고 있음.

105 예금보험공사, 한국자산관리공사, 협회, 거래소, 예탁결제원, 지방자치단체, 집합투자
    기구, 기금운용법인, 공제사업법인, 일정 요건을 충족하는 단체 및 개인, 외국정부 등.

106 이소정, 행정청의 고시가 약관설명의무 면제 사유에 해당하는지 여부, 법조신문
    (2019.08.12.), http://news.koreanbar.or.kr/news/articleView.html?idxno=20260

107 대법원 2000.12.22. 선고 99다1352 판결 참조.

108 대법원 2001.12.11. 선고 2001다61852 판결 참조.

109 대법원 1995.10.12. 선고 94다16786 판결 참조.

110 상품 설명 시 사용된 안내장의 기재 내용은 다음과 같다.
    ① 대한민국 국가신용등급(무디스 "A3")으로 "국고채 금리+1.2%"의 수익 추구

② 6년간 매 분기 고정금리로 지급

③ 만기에 사전에 결정된 방식으로 손익을 확정하는 파생상품 간접투자신탁

111 통장의 기재내용은 다음과 같다.

① 상품명: 수익증권(○○파워인컴 파생상품투자신탁 제1호)

② 운용회사: ○○자산운용

③ 펀드종류: 파생상품형

112 거래내역은 다음과 같다.

① 가입 금액 50,000,000원

② 해지금액 28,074,500원(21,925,500 손실 발생)

③ 수익금 수령액 9,212,500원(= 708,530원 × 13회)

④ 중도환매 수수료 561,490원

113 대법원 2003.01.10. 선고 2000다50312 판결 참조.

114 "파생결합증권(DLS) 제9호" 상품의 개요는 다음과 같음.

• 기초자산: WTI최근월선물, 니켈현물

• 만기지급일: 2008.06.18(만기 1년, 매 4개월마다 자동조기상환부여)

• 수익구조

- 자동 조기상환/만기상환: 연 18%

① 첫 번째 자동조기상환평가일에 두 종목의 가격이 모두 최초 가격의 85% 이상

② 두 번째 자동조기상환평가일에 두 종목의 가격이 모두 최초 가격의 80% 이상

③ 최종기준가격 결정일에 두 종목의 가격이 모두 최초 가격의 75% 이상(장중 최초
   가격 대비 55% 이하로 하락한 적이 있는 경우 포함)

- 만기상환: 기준종목의 최종 가격이 최초 가격×75% 미만이고, 두 기초 자산 가격(장
   중가포함)이 모두 최초 가격×55% 미만으로 하락한 적이 없는 경우 연 5%

- 만기상환: {(기준종목 최종 기준 가격/기준종목 최초 기준 가격)-1}×100%[만기까
   지 한 종목이라도 최초 가격의 55% 이하로 하락한 적이 있고(장중 포함)]+[두 종목
   중 한 종목이라도 만기 평가 가격이 최초 기준 가격의 75% 미만이면] 원금손실(하락
   률이 큰 종목 기준)

- 기준종목: 두 기초 자산 중 최초 기준 가격 대비 상승률이 낮은 종목

115 보통 ELS에 대한 헤지는 해당 영업부서가 아닌 상품부서(prop-trading)에서 수행한다.

116 이숭희, "ELS 분쟁의 현황과 법적 쟁점", 『YGBL』 제2권(제2호), 연세 글로벌 비즈니스
   와 법 센터, 2010, 60면.

117 서울중앙지방법원 2010.07.01. 선고 2009가합90934 판결.

118 서울고등법원 2012.12.14. 선고 2010나58607 판결.

119 서울고등법원 2012.12.14. 선고 2010나71761 판결.

120 서울고등법원 2012.12.14. 선고 2010나58607 판결.

121 서울중앙지방법원 2010.05.28. 선고 2009가합116043 판결.

122 서울중앙지방법원 2010.07.01. 선고 2009가합90394 판결.

123 서울고등법원 2012.12.14. 선고 2010나58607 판결.

124 서울고등법원 2012.12.14. 선고 2010나71761 판결.

125 대법원 2015.05.14. 선고 2013다2757 판결; 대법원 2015.05.14. 선고 2013다3811 판결.

126 맹수석, "ELS 투자에 있어서 증권회사의 고객보호의무", 『선진상사법률연구』 통권 제 72호, 법무부 상사법무과, 2015, 171면.

127 대법원 2015.05.14. 선고 2013다2757판결; 대법원 2015.05.14. 선고 2013다3811 판결.

128 맹수석, "ELS 투자에 있어서 증권회사의 고객보호의무", 『선진상사법률연구』 통권 제 72호, 법무부 상사법무과, 2015, 170~171면.

129 대법원 2015.05.14. 선고 2013다2757판결; 대법원 2015.05.14. 선고 2013다3811 판결.

130 맹수석, "ELS 투자에 있어서 증권회사의 고객보호의무", 『선진상사법률연구』 통권 제 72호, 법무부 상사법무과, 2015, 171면.

131 대법원 보도자료, "ELS 상환기준일 주식 대량매도 사건 관련 보도자료-대법원 2013다 2757(나)외 1", 대법원(2015.05.29), 7면.

132 이중기, "이사의 충실의무의 강행성 여부와 충실의무에 대한 사적자치: 신탁충실의무 법의보충적 적용을 중심으로", 『비교사법』 제22권(제3호), 한국비교사법학회, 2015, 1311면.

133 A증권의 당시 담당트레이더는 문제가 되는 대량매도행위로 인하여 기소가 되어 2015.08월경 징역 2월, 집행유예 2년의 형사 처벌을 받았다. 한누리 법무법인 자료. https://onlinesosong.com/lawsuits

134 2005년 3월 10일~15일간 총 256명 투자자들이 121.3억원을 청약하였다. 현재까지 소 송을 한 투자자는 총 15명이며 소송금액은 투자원금 기준으로 10억 3,700만원에 불과 하다. 한누리 법무법인 자료 http://www.hannurilaw.co.kr

135 이 사건은 시효가 만료되어 증권관련 집단소송을 제기할 수 없는 상황이다.

136 서울지법 2013.07.05. 선고 2010가합84234 판결(원고승소); 서울고법 2013.10.08. 선고 2013나53535 판결(원고 일부 승소); 대법원 2016.02.18. 선고 2015다68072 판결(심리 불속행 기각).

137 증권법이 증권사의 충실의무자 지위를 명시적으로 규정하지 않았음에도 불구하고 증 권사와 투자자와의 사이에 이해가 상충된 경우 증권사의 충실의무가 인정됨을 선언한 판결이다. 대법원의 태도는 영미의 법원이 구체적 사실관계에 기해 필요한 충실의무를 선언한 것과 다르지 않다. 증권회사의 충실의무의 근거를 신의칙과 증권거래규정에서 찾고 있다. 이중기, "이사의 충실의무의 강행성 여부와 충실의무에 대한 사적자치: 신 탁충실의무법의보충적 적용을 중심으로", 『비교사법』 제22권(제3호), 한국비교사법학 회, 2015, 1311면.

138 증권거래법을 적용받던 증권회사는 민법 제681조 위임의 선량한 관리자의 주의의무가 준용되었고, 증권투자신탁업법도 선량한 관리자의 주의의무가 부과되었다.; 증권투자신탁업법 제17조(신탁재산의 관리) ① 위탁회사는 선량한 관리자로서 신탁재산을 관리할 책임을 지며, 수익자의 이익을 보호하여야 한다.

139 김병연, "자금수탁자의 신인의무-인정 필요성 및 적용영역에 관하여", 『사법』 제32호, 사법발전재단, 2015, 37, 54면; 김병연·권재열·양기진, 『자본시장법』, 박영사, 2015. 102면.

140 위 판결에서 법원이 판단의 근거를 '신의성실의 원칙'에서 찾은 점은 시사하는 바가 크다. '신의성실의 원칙'은 민법의 일반 대원칙으로서, 법원에서 '신의성실의 원칙'까지 끌어낸 것은 그만큼 우리나라의 자본시장법에서 금융투자상품의 운용에 대한 행위규제 조항이 부실하다는 것을 반증한다. 불공정행위가 발생하기 전에 금융투자상품의 운용에 대한 보다 세밀한 규제 조항을 마련할 필요가 있다. 이상훈, "ELS를 판매한 증권회사의 신의성실의 원칙상의 주의의무(서울중앙지방법원 2010.07.01. 선고 2009가합 90394 판결)", 경제개혁연구소, 2012, 4면.

141 증권시장의 거래는 소위 대면거래(face-to-face transaction)가 아니라 거래의 직접적인 상대방이 누군지 알지 못한 상태에서 이루어지는 소위 "open or impersonal market"인 공개시장에서 이루어지는 것이기 때문에 증권시장에서의 위반행위는 위반행위 그 자체로 그치는 것이 아니라 시장에 대한 사기(fraud-on-the-market)의 특징을 가지기 때문이다. 따라서 손해와 책임의 증명에 있어서 일반적인 사법상 이론을 적용하기에는 무리가 있기 때문에, 일반 사법상의 법원칙을 수정하여 엄격책임을 부과할 필요성이 매우 높으며 피고가 책임으로부터 자유롭기 위해서는 스스로 자신의 정직함을 증명하여야 하는 부담을 져야 한다고 본다. 증권시장에서 발생하는 시세조종이나 사기적 부정거래가 대면거래가 아닌 소위 시장에 대한 다양한 사기적 형태로 이루어지고 피해의 규모도 크다는 점, 원고의 증명책임의 부담이 일반적인 민사거래의 경우보다 더 크다는 점이 있다. 김병연, "미국 증권법상" "Scheme Liability"에 관한 연구, 『기업법연구』 제23권(제1호), 한국기업법학회, 2009, 338면, 352면.

142 입법 시 조문화 과정에서 세밀하지 못한 부분이 발생할 가능성은 항상 열려 있다. 법원은 법의 해석과정에서 명문의 규정에 없는 것에 대한 판단을 하는 경우도 있기 때문에 명문의 규정에서 명시적으로 금지된 것이 아니라면 전체적인 법 취지에서 판단하는 것이 필요하다. 김병연, "자금수탁자의 신인의무-인정 필요성 및 적용영역에 관하여", 『사법』 제32호, 사법발전재단, 2015, 38면, 각주 7.; 충실의무법은 어느 정도 법원의 개입 재량을 전제하고 있고, 법원으로 하여금 당사자의 기본관계에 대해 후견적 지위에서 충실의무의 이름으로 개입할 수 있게 해 주는 법이다. 이중기, "신탁법에 기초한 영미 충실의무법리의 계수와 발전: 회사법, 금융법의 충실의무를 중심으로", 『홍익법학』 제12권(제1호), 홍익대학교 법학연구소, 2011, 40면.

143 "수탁자의 충실의무는 수탁자가 신탁목적에 따라 신탁재산을 관리하여야 하고 신탁재
산의 이익을 최대한 도모하여야 할 의무로서, 신탁법상 이에 관한 명문의 규정이 있는
것은 아니지만 일반적으로 수탁자의 신탁재산에 관한 권리취득을 제한하고 있는 신탁
법 제31조를 근거로 인정되고 있다." 대법원 2005.12.22 선고 2003다55059 판결.

144 대법원 2005.12.22 선고 2003다55059 판결.

145 대법원은 증권·금융거래에서 고객보호의무법리를 형성하고 있다. 이 법리는 매우 한
국적인 발전을 하고 있다. 최승재, "고객보호의무법리에 대한 연구", 『증권법연구』 제
11권(제1호), 한국증권법학회, 2010, 10면.

146 보호의무가 무엇인지, 그리고 증권규제법적으로 이러한 보호의무는 어떠한 의미가 있
는 것인가에 대해서는 여전히 의문이 제기된다. 안수현, "투자자문회사의 선관주의-대
법원 2008.09.11. 선고 2006다53857 판결", 『상사판례연구』 제22집(제1권), 한국상사판
례학회, 2009. 103면; 고객보호의무라는 개념을 일의적으로 명확하게 규정한다는 것은
매우 난해한 일이다. 이숭희, "ELS 분쟁의 현황과 법적 쟁점", 『YGBL』 제2권(제2호),
연세 글로벌 비즈니스와 법 센터, 2010, 3면; 판례는 이러한 투자권유자의 의무를 왜
보호의무라고 명명하였는지 밝히지 않고 있다. 권순일, 『증권투자 권유자 책임론』 박
영사, 2002, 209면.

147 최승재, "고객보호의무법리에 대한 연구", 『증권법연구』 제11권(제1호), 한국증권법학
회, 2010, 24면.

148 이석환, 『투자신탁의 이론과 Prudence Rule』 무한, 2004, 220면; 김종국, "설명의무의법
적지위", 『경희법학』 제42권(제2호), 경희법학연구소, 2007, 194면.

149 KIKO 가처분판결에서 서울고등법원 법원은 "장외 파생상품시장에서 거래되는 통화
옵션계약은 (중략) 적합성의 원칙이나 설명의무는 은행이 전문가로서 비전문가인 고
객의 합리적인 의사결정을 돕는 차원에서 신의칙상 부수적으로 인정되는 성질의 것이
므로 (중략) 설령 그와 같은 의무가 인정된다 하더라도 그 역시 계약에서 직접 도출되
는 주된 의무가 아니며 신의칙상의 부수적 의무일 뿐이므로 위와 마찬가지로 보아야
할 것이다." 서울고등법원 2009.08.21. 자 2009라997 결정; 최승재, "고객보호의무법리
에 대한 연구", 『증권법연구』 제11권(제1호), 한국증권법학회, 2010, 21면.

150 Charles Hughes & Co. Inc. v SEC, 139 F.2d 434(2d Cir. 1943).

151 석명철, 『미국증권관계법』, 박영사, 2001, 918~923면.

152 "대륙법에서는 이러한 신임관계의 법리가 없어도 충분히 잘해 나가고 있음을 인식하
게 되는 순간 외경을 느끼게 된다. 대륙법체계는 판례법체계에 비하여 훨씬 더 많은 것
을 요구하는 신의성실(good faith)의 개념에서 연원하는 혜택들을 많이 얻고 있다고 알
려지고 있으며, 또한 계약에서 정한 특정의무의 이행을 명하는 데서도 불편을 느끼지
않고 있다. 그리하여 대륙법은 영국 판례법에서 수임자에게 요구하는 것과 똑같은 강
도의 자기 부정을 요구하지 않으면서도 또 토해내기식의 구제수단에 물권적 혜택을

153 최승재, "고객보호의무법리에 대한 연구", 『증권법연구』 제11권(제1호), 한국증권법학회, 2010, 18면.

154 최승재, "고객보호의무법리에 대한 연구", 『증권법연구』 제11권(제1호), 한국증권법학회, 2010, 4면.

155 자금수탁자로서의 신인의무 혹은 고객보호의무의 입법이 필요하다. 판례상의 고객보호의무 위반과 같이 금융투자업자에게 단순히 손해배상책임을 가중하고 과실상계를 제한하는 정도에 그치는 것이 아니라 고객을 위한 수익전념의 원칙(혹은 고객보호 최우선의 원칙)이 도입되어야 한다. 김용재, "자본시장통합법상 이해상충방지체제에 관한 제언-미국의 규제원칙을 참조하여", 『상사법연구』 제26권(제2호), 한국상사법학회, 2007, 445~446면.

156 선량한 관리자의 주의의 근원이 되는 추상적 경과실로 보기는 어렵다. 서울중앙지방법원 재판부에서도 동 행위에 대하여 "적어도 미필적 고의가 있다"고 판단한 바 있다. 서울중앙지법 2013.07.05. 선고 2010가합84234 판결; 추상적 경과실은 이해상충이 발생할 때 본인의 이익을 추구하는 인간의 본성을 판단하는 기준으로 적용하기는 어렵다.

157 이숭희, "ELS 분쟁의 현황과 법적 쟁점", 『YGBL』 제2권(제2호), 연세 글로벌 비즈니스와 법 센터, 2010, 68면, 각주 51.

158 서울고등법원 2012.12.14. 선고 2010나58607 판결.

159 김주영, "파생결합증권거래와 민법 제150조(조건성취, 불성취에 대한 반신의행위)", 『BFL』 제75호, 서울대학교 금융법센터, 2016, 33면.

160 김용재, "미국 투자자문업법상 주의의무에 대한 법적 쟁점과 그 시사점 분석", 『경영법률』 제25집(제1호), 한국경영법률학회, 2014, 200면.

161 금융기관과 고객 간에 형성된 계약상, 법상, 또는 지속된 거래의 반복에 의한 신뢰관계를 신인관계라고 부르는 것은 가능하다고 본다. 대법원의 판시에 비추어 고객보호의무를 저버린 위법한 행위가 되려면 기본적으로 신인관계가 존재하고, 형성된 신뢰에 대신 배신적 행위가 있어야 한다. 최승재, "고객보호의무법리에 대한 연구", 『증권법연구』 제11권(제1호), 한국증권법학회, 2010, 25면.

162 Consumer compliance Risk(금융소비자 리스크), in general, is the risk of legal or regulatory sanctions, financial loss, consumer harm, or damage to reputation and franchise value caused by a failure to comply with or adhere to: Consumer protection laws, regulations, or standards. The organization's own policies, procedures, codes of conduct, and ethical standards. Principles of integrity and fair dealing applicable to the organization's business activities and functions.

163 하나은행 소비자리스크관리위원회를 운영 중인데, 기존 금융회사 관점에서 중점적으

로 이뤄지던 리스크관리 체계에서 벗어나 소비자 관점에서 체계적인 리스크관리로 전환해 설립된 이사회 내 위원회다.

164 CFPB는 은행·비은행부문 중 자산 100억달러 이상 대규모 예금수취기관 및 소비자금융을 취급하는 비은행과 관련된 소비자 보호기능을 수행(자산 100억달러 미만 예금수취기관 등 기타 은행·비은행부문은 OCC 등 종전의 감독기구에서 소비자보호 기능 담당).

165 ’21.03월 금소법이 시행되었으나 당시 금융회사의 준비기간을 고려하여 내부통제기준 마련 등을 ’21.09.25.까지 유예함에 따라 ’21년도 실태평가는 기존의 금융소비자보호모범규준(행정지도) 체계에 따라 평가하였으며, ’22년 평가 시부터 금소법 체계에 맞추어 평가함.

166 정찬진(2005). 고객서비스 푸질조사방법으로서 미스터리 쇼핑에 대한 고찰.

167 보험신보 기사(2018,10.08.). 변액보험 미스터리 쇼핑 결과 발표 ‘긴장’, 이재호 기자.

168 금융감독원 2019.12.28. 보도자료 ’2018년 보험사의 변액보험 판매에 대한 미스터리 쇼핑 결과.

169 금융투자협회, 2009년 내부통제 전문가 과정 교재(2009).

170 Harter, S. (2002). Authenticity. In C. R. Snyder & S. J. Lopez(Eds.), Handbook of positive psychology(pp. 382-394). Oxford University Press.

171 유선욱(2013). 진정성(authenticity) 효과: 구매행동의도에 대한 조직-공중 관계성과 기업명성의 매개역할을 중심으로. 한국언론학보, 57(6), 7-34.

172 심현정·김민정·최현자(2018). 소비자의 보험소비만족에 관한 융합연구: 자기결정성 이론을 중심으로. 한국융합학회논문지, 9(5), 157-169.

173 금융위원회, 금융감독원 보도자료, 금융소비자보호법 시행 후 원활한 금융상품거래를 위해 판매자 소비자가 알아야 할 중요사항을 알려드립니다(2021.03.29.).

174 전문투자형 사모펀드의 경우 원칙적으로 적합성 원칙이 적용되지 않으나 일반금융소비자가 요청하는 경우에는 적용됨(적정성 원칙도 동일).

175 [금소법 §44②] 금융상품판매업자 등이 설명의무를 위반하여 금융소비자에게 손해를 발생시킨 경우에는 그 손해를 배상할 책임을 진다. 다만, 그 금융상품판매업자 등이 고의 및 과실이 없음을 입증한 경우에는 그러하지 아니하다.

176 1) 전자문서의 내용을 열람할 수 있고, 2) 전자문서가 작성·변환되거나 송신·수신 또는 저장된 때의 형태 또는 그와 같이 재현될 수 있는 형태로 보존될 것.

177 (대출성) 리스·할부금융(재화 인도된 경우로 한정), 지급보증, 신용카드, 증권담보대출 등, (보장성) 제3자 보증보험, 90일 보장 보험, 건강진단 지원 보험 등.

178 해지를 하지 않는 경우에 투자손실이 발생하는 경우도 포함.

179 예) 대출 이자, 카드 연회비, 펀드 수수료·보수, 투자손실, 위험보험료 등.

색인

저자소개

원대식

경제학박사. 홍익대, 한림대, 덕성여대, 강릉원주대에서 금융 관련 과목을 가르쳤으며, 한양대학교 경제금융대 겸임교수 겸 IAB위원장, 글로벌 자산운용 및 디지털금융을 주도하고 있는 주식회사 Wavebridge의 전략고문, 2차전지 및 LED 소재기업인 주식회사 BASS의 사외이사 겸 투명경영위원장, 법무법인 민주 고문, 한국경제TV 글로벌금융대상 심사위원장, 신협중앙회 및 한국지방재정공제회 투자심의위원, 원주시 투자유치 자문위원 등으로 활동하고 있다.

금융감독원 국제협력실, 리스크검사지원국, 은행감독국 리스크지원실, 금융소비자보호총괄국, 상호금융검사국, 금융교육국 등에서 근무했으며, 현재 금융감독원에서 사용하고 있는 '금융소비자실태평가제도'를 직접 개발했다. 또한 세계 최초로 KRI를 활용한 리스크감독관리기법을 개발하여 우리나라에서는 리스크분야 처음으로 스위스 Basel위원회에 초청받았으며, 저서로는 『금융그룹의 운영리스크관리』 등이 있다.

박종철

미국 뉴욕주 변호사, 법학전문박사. 중앙대학교 보안대학원 겸임교수로 강의하고 있다. 현재 우리경영연구원장, 한국 ESG학회 부회장, 한국중견기업학회 부회장, 대신경제연구소 자문위원, 삼성중공업 ESG 자문위원, 신용보증재단중앙회 ESG 경영위원, (사)금융부동산규제연구원 부원장 등을 맡고 있다.

한화투자증권 준법감시인, 금융소비자보호 총괄책임자(CCO), 정보보호 최고책임자(CISO), 개인정보보호 최고책임자(CPO), 푸르덴셜투자증권 전략기획실장(CFO 겸직), 한국지속경영연구원장을 역임하였다.

저서로는 『ESG 경영과 법률』, 『ESG 레볼루션』, 『ESG창업』, 『보안거버넌스의 이해』, 『보안컨설팅과 보안실무』 등이 있다.

김민정

서울대 소비자학 박사. 서울대 노년은퇴설계지원센터 연구교수를 역임하였으며 충남대 소비자학과 교수로 재직하면서 '금융소비자학' 소단위 전공과정을 개발하여 책임교수를 맡고 있다.

금융감독원, 국민연금공단, 신용회복위원회, 서민금융진흥원, 금융소비자보호재단 등의 기관 및 다수의 금융회사와 함께 금융소비자보호 및 교육 관련 프로젝트를 진행하였으며, 성균관대, 이화여대, 인천대, 인하대 등에서 금융소비자보호 및 재무설계 강의를 담당하였다.

현재 금융소비자학회와 한국FP학회 학술지 편집위원으로 활동하고 있으며 금융소비자보호와 금융소비자교육, 재무웰빙, 노후은퇴설계 및 은퇴코칭 분야에 관심을 가지고 연구하고 있다.

금융소비자보호의 이해와 관리

초판발행	2023년 8월 30일
지은이	원대식·박종철·김민정
펴낸이	안종만·안상준
편 집	탁종민
기획/마케팅	최동인
디자인	이솔비
제 작	고철민·조영환
펴낸곳	(주) **박영사**
	서울특별시 금천구 가산디지털2로 53, 210호(가산동, 한라시그마밸리)
	등록 1959.3.11. 제300-1959-1호(倫)
전 화	02)733-6771
f a x	02)736-4818
e-mail	pys@pybook.co.kr
homepage	www.pybook.co.kr
ISBN	979-11-303-1821-9 93320

copyright©원대식·박종철·김민정, 2023, Printed in Korea

정 가   27,000원